当代文化旅游资源与产业发展研究

罗文宝◎著

中国原子能出版社

图书在版编目（CIP）数据

当代文化旅游资源与产业发展研究 / 罗文宝著. --
北京 : 中国原子能出版社, 2022.11
ISBN 978-7-5221-2550-3

Ⅰ. ①当… Ⅱ. ①罗… Ⅲ. ①旅游文化－旅游业发展
－研究－中国 Ⅳ. ①F592.3

中国版本图书馆 CIP 数据核字 (2022) 第 235622 号

当代文化旅游资源与产业发展研究

出版发行 中国原子能出版社（北京市海淀区阜成路 43 号　100048）

责任编辑 马世玉　杨晓宇

责任印制 赵　明

印　　刷 北京天恒嘉业印刷有限公司

经　　销 全国新华书店

开　　本 787 mm×1092 mm　1/16

印　　张 13

字　　数 226 千字

版　　次 2022 年 11 月第 1 版　2022 年 11 月第 1 次印刷

书　　号 ISBN 978-7-5221-2550-3　**定　价** 72.00 元

作者简介

罗文宝　男，汉族，四川通江人，出生于 1969 年 6 月，经济学博士，副教授，长江师范学院管理学院副院长，长江师范学院地方政府治理研究中心兼职研究员，中国区域经济学会理事。主持和主研国家社科基金项目 3 项，主持省部级课题 2 项，主编教材 3 部，出版专著 3 部，在《社会科学研究》《亚太经济》《学术交流》等期刊发表学术论文 20 余篇，其中，CSSCI 来源期刊 8 篇，中文核心期刊 5 篇。主要承担西方经济学、旅游经济学等多门课程的教学工作。

前 言

在旅游经济活动中，人们不仅能够得到精神上的享受，还能够得到文化上的享受。旅游经济活动的各个环节，如生产、流通、决策、管理等等，都蕴含着各种文化因素，因此，旅游经济活动是以一定的文化方式进行的。在旅游业中，经营者的目的是盈利，但是经营者的目的必须要通过向人们提供文化享受才可以达到。旅游与文化之间是相辅相成、相得益彰的。

文化旅游，是指围绕旅游活动形成的各种精神文明与物质文明的总和。文化旅游始终作用于旅游活动之中，它以文化的内在价值为依据，以旅游活动中的主体、客体、媒介等相互关系为基础，它是一种全新的文化形态。

文化旅游产业由文化产业与旅游产业相互融合而成。文化旅游产业，是一种综合性产业，它的形式是旅游活动，通过各种文化旅游资源吸引大量的游客前来，使这些游客能够体会到这些文化旅游资源的重要含义；通过宣传区域和地方的优良传统和创意文化，不断促进文化交流，不断繁荣文化产业。从实践层面上看，文化旅游产业已经存在很长时间了，众多的文化旅游资源（如各类遗迹遗址、博物馆 / 艺术馆、民俗文化等）一直以来都是旅游业赖以发展的重要资源，特别对中国的入境旅游来说更是如此。

本书第一章为文化旅游概述，分别介绍了文化旅游的基本概念与形态、文化旅游的分类及特质和文化旅游研究的历史和现状三部分内容；本书第二章为文化旅游资源及其开发研究，分别介绍了文化旅游资源的内涵、文化旅游资源的开发、山水文化资源及其开发和建筑文化资源及其开发四部分内容；本书第三章为文化旅游产业概述，分别介绍了文化旅游产业的发展概况（以中国为例）和文化旅游产业的市场研究两部分内容；本书第四章为文化旅游产业的发展路径探究，分别介绍了文化旅游产业与城市文化的协调发展和文化旅游产业与民族文化的协调发展两部分内容；本书第五章为中国当代文化旅游实践案例研究，分别为湖北历史文化旅游研究、中国白酒文化旅游研究和江西茶文化旅游研究三部分内容。

在撰写本书的过程中，作者得到了许多专家学者的帮助和指导，参考了大量的学术文献，在此表示真诚的感谢！本书内容系统全面，论述条理清晰、深入浅出。

限于作者水平，加之时间仓促，本书难免存在一些疏漏，在此恳请同行专家和读者朋友批评指正！

作者

目录

第一章　文化旅游概述

本章讲述的是文化旅游概述，主要从以下几方面进行具体论述，分别为文化旅游的基本概念与形态、文化旅游的分类及特质和文化旅游研究的历史和现状三部分内容。

第一节　文化旅游的基本概念与形态

随着文化旅游的兴起，"文化旅游"迅速成为一个热词。如今无论是在媒体报道中还是在地方政府部门文件、政府官员讲话中，"文化旅游"的说辞已经是遍地开花。凡提及发展旅游的话题，"文化旅游"的字样几乎必然会跃上纸端。在近年一个新造的旅游概念"全域旅游"一词出现后，"文化旅游"的使用频率又上了一个台阶。

无论怎样，对"文化旅游"的众说纷纭，提升了文化旅游的市场需求。虽然现实当中人们对"文化旅游"的认知未必一致，但这并不影响社会的不同需求方按照各自的理解从"文化旅游"当中找到各自的需求。

应当看到，对"文化旅游"的理论探究，仍是一种社会需要。对"文化旅游"的理论探究，对于文化旅游的稳健发展仍是十分重要的。

对"文化旅游"的理论探究仍需要回到"文化"和"旅游"的原点上来进行。而当我们对"文化"和"旅游"诸问题分别进行深入剖析之后，就会发现，再来深入探究"文化旅游"的问题，似乎就已经容易了许多。

一、文化旅游的基本概念

文化旅游作为一种广受旅游者推崇、每每被旅游业者视为看家产品的旅游形式，一直以来存在于研究者的视野当中。人们为文化旅游概念所做的定义，也以研究者各自不同的理解存留了下来。

英国学者艾伦·法伊奥（Alan Fyall）总结了他人对文化旅游所做的民族学和人类学解释："从民族学角度来看，文化旅游可以定义为'基于寻求一种全新的深层次文化经历，无论是在审美、知识、情感还是心理方面都是一种特殊的旅游活动。'从人类学角度来看，文化不仅仅是文化中心或旅游吸引物，不仅是让当地人表演一些宗教仪式、典礼或舞蹈，文化的更丰富的含义在于这些活动与许多不为人们所熟知的传统习俗密切相关，也是当地居民日常生活的一部分。"①

美国学者瓦伦·史密斯（Valene Smith）也以举例说明的方式对文化旅游进行了定义："文化旅游是去体验，有时甚至是去参与那些逐渐从人们脑海中消失的生活方式。目的地如诗如画般的情景，或换而言之，'本土色彩'是主要的吸引力所在。文化旅游的活动包括在典型的乡村客栈中进餐参加化装宴会以及欣赏民俗舞表演、古典艺术和手工艺品展或参观弗吉尼亚州的殖民地威廉斯堡、密歇根州迪尔伯恩市的绿野村，或者去康涅狄格州的神秘海滩，这些都是典型的文化旅游的例子。"②

显然，这类定义相比"文化旅游"前置的"文化"两字含义而言，都显得太过狭窄。只摘出来文化概念中特别小的一部分，而将文化一词所包含的其他主要内容做了忽略，过于狭隘也过于可惜。瓦伦·史密斯所做的六种旅游类型分类，将"文化旅游"与"民族旅游""历史旅游""环境旅游""消遣旅游""商务旅游"混放在一起，也多少显得有些牵强混乱。

如果必须要对"文化旅游"下一个明确定义，那就应该不偏离"文化"一词本身为"文化旅游"这个组合词所做的涵盖，也无须纠缠"文化"概念理论的复杂性，只需考虑"文化"与"旅游"结合后的现实性、实用性、可操作性，那么一个言简意赅的文化旅游定义是这样的：凡以文化为核心模块的旅游，即可称之为文化旅游。

之所以需要对"文化旅游"做一个言简意赅、直截了当的定义，自然与"文化旅游"概念在今天的现实社会里的各类理解与应用有关。

① ［英］艾伦·法伊奥（Alan Fyall）. 旅游吸引物管理 新的方向 [M]. 郭英之，译 . 沈阳：东北财经大学出版社，2005.

② ［美］查尔斯·R·格德纳，等 . 旅游学 [M]. 北京：中国人民大学出版社，2008.

现实社会中“文化旅游”一词常常会被披上玄妙华丽的外衣。但是，“文化旅游”其实并非“文化人”（知识分子）的专属旅游形式，参加“文化旅游”并不需要跨过一道称为“文化”的门槛。因为无论是“高雅艺术”还是“大众艺术”，均能被“文化”所包括。对于旅游经营者来说，需要的只是设计出针对不同知识储备人群的分级分层的旅游线路产品，而一定不能将文化旅游单纯视为高大上的产品分类，以此隔绝文化水平不太高的旅游者。毋庸讳言，旅游者选择各种“文化旅游”旅游线路产品时，必定会首先考虑这些路线产品与自身的文化、品位、兴趣爱好是否相当。否则，再精美的文化旅游线路产品，也难免会让非适用者感到“无趣”和“疲劳”。

文化旅游在现实中常会被理解并操作成“寻古旅游”。一些旅游经营者或研究者，会将“探访古代文明”作为“文化旅游”的判别红线，这显然是不准确的。文化旅游中的“文化”，并不单单指古代文化，文化旅游也并不是“寻古旅游”。人类的文化包含古代文化、近现代文化、当代文化，文化旅游应当是全时间段的文化探访，而不能仅仅针对古代文化，这无疑是捡了芝麻丢了西瓜。

现实层面中对文化旅游的理解与操作最多的问题，仍在于把文化旅游局限在进庙烧香、参观展馆、剧院观戏这类具象旅游行为当中，原因仍是对“文化”的理解不准确，结果让原本应当丰富多彩、活色生香的文化旅游生生变成了呆板平面的文化贴图。要厘清文化旅游的概念，以一个言简意赅的定义来划定文化旅游的范畴，则有望避免这类的问题。

二、文化旅游的形态

现实中文化旅游因人们作为社会人所处的不同位置、考量的不同，其表现形态也呈现出很大的不同，其主要形态有以下三种。

第一种，旅游者的文化旅游形态。

旅游者的文化旅游形态呈现出来的主要是自我价值的评判，可以有对世界的兴趣、对观念的参悟，也可以有对某一类流行文化的崇慕；既可以是筹谋在先，动身在后，“兵马未动，粮草先行”，也可以是一时兴起、随性而为。为了了解印度，准备三年然后一而再再而三地实地到访印度即属于前一种情况；而谈话间兴致陡生，相约几天后几个人一起到洛杉矶实地感受奥斯卡颁奖礼盛况，则显属后一种情况。

第二种，旅游经营者的文化旅游形态。

旅游经营者呈现的文化旅游是以旅游线路产品的形式面向市场、面向旅游消费者的，其最大的特质在于基本或完全成熟，在行程计划、交通工具确定、游览景点的选择及安排时长、领队或导游的衔接、率领及讲述等问题上都有一个通盘考量。文化旅游需要专业的策划和投入，不可以随心所欲，因为这类文化旅游线路产品是要卖给旅游者的。产品是否有特色、有吸引力，是否适销对路、旅游者认可与否等问题，缺一不可，都需要考虑在内。对于希望参加文化旅游又不愿自己劳神搞定一次旅游过程中必须要解决的出、住、行、游诸项问题的旅游消费者，旅游经营者推出的文化旅游线路产品或许是一个不错的选择。这类旅游经营者的文化旅游线路产品因为多以大众旅游者为行销对象，其缺憾往往也十分明显：线路产品比较单调乏味，经年不变显得老旧，在吸引年轻的旅游消费者方面不具优势而弱势明显。

第三种，地方政府部门的文化旅游形态。

这一类的文化旅游因政府权力部门能够借助媒体的力量广散远播，是今天中国当代社会文化旅游的最主要传播途径。文化旅游近年之盛，很大的原因来自这方面的助推。但这类形态的文化旅游，通常是由地方政府部门以振兴地方经济为目标而做出的，“文化搭台，旅游唱戏”“文化搭台，经济唱戏”。在这类“文化旅游”当中，往往缺少对旅游细节的考量，只图一时热闹，而文化旅游的持恒效果不佳。例如一些地方政府举办的“剪纸节”“民俗节”等活动，当时动静不小，很快踪影全无。但不容否认的是，这类活动对地方名气的远播，仍起到了不小的作用。

第二节　文化旅游的分类及特质

文化旅游因人类的发展而出现，又因人类的旅游发展而兴盛。宽泛而言，人类的历史、人类的旅游历史，与文化旅游发展史不仅密不可分而且高度重合。因为对“文化”概念的理解存在区别，以往人们常会把“文化旅游”圈定在一个小小的范围内，其实在今天看来，显然有些狭隘了。比如德国旅游研究者瓦莱纳·施密特就曾认为，“文化旅游”即去参加乡村社会，去看去听那里的民俗文艺。他对旅游进行了另外几个分类，即“人种旅游”（寻找古老的居民，以了解他们的风俗习惯。这种旅游者与人种学家和探险家相近）、“历史旅游”（去参观博物馆、教堂、尚存在或已消亡的文明的历史名胜）、“生态旅游”（一些精英人物去探寻阿拉斯加、加拉帕戈斯群岛和南极洲）、“消遣旅游”（这种大众旅游包括体育和休闲活动，但往往集中在海边、温泉或雪山）。其实按照今天人们对文化的理解，所有的这些分类也都应被归入文化旅游的范畴内来解读。

文化旅游的特质，因与人类文化、人类文明、人类历史、人类发展乃至人类的未来的特殊联系而得以显现。

一、文化旅游的宽泛分类

许多对“文化旅游”的定义，往往也会连带着将文化旅游进行分类。英国的约翰·斯沃布鲁克（Swarbrooke）在其《旅游消费者行为学》（Consumer Behaviour in Tourism）一书中，就将文化旅游分为三个方面内容：去参观文化遗产性的旅游资源和旅游目的地，想要尝试和体验国家、宗教以及当地食物和美酒的度假旅游，观看传统体育项目和参与当地的休闲娱乐活动[①]。

将由“人类生活方式的总和”（德国哲学家赫尔德语）的“文化”领衔的“文化旅游”进行分类自然不易。从理论上讲，因人类的生活方式成千上万且变化多端，展示、体验这种成千上万且变化多端的文化的“文化旅游”，也同样可以是成千上万且变化多端的。但事实上，并非所有的人类生活方式都能被“文化旅游”所吸纳。知识的、法律的、道德的、政治的、经济的、市场的、好恶的、兴趣爱好的等人们所做的各种选择，都决定了“文化旅游”只可能是一种局限性很强的旅游方式。现代旅游业从1851年托马斯·库克旅行社成立起算不足200年，挑选制作的“文化旅游”产品虽数以万计，但较之人类生活方式的庞大内容，怕也只能算是九牛一毛。

能够纳入“文化旅游”的人类生活方式，往往具有诸多相同的特质，比如符合人类文明理念和普世价值、有对真善美的向往和追求、有较高的性价比，等等。其中与文化艺术、人类历史相关的文化旅游，常常受到不同时代、不同国度的旅

① ［英］约翰·斯沃布鲁克（John Swarbrooke），［英］苏珊·霍纳（Susan Horner）. 旅游消费者行为学 [M]. 俞慧君，张鸥，漆小艳，译. 北京：电子工业出版社，2004.

游者的普遍喜爱，经久不变，而后固化为“文化旅游”的核心模块。

文化旅游的这些核心模块，与联合国世界旅游组织的认知完全一致。世界旅游组织在《全球旅游伦理规范》中，就干脆将第四条“旅游：人类文化遗产的利用者和改善这些遗产的贡献者”直接设定为小标题。

（一）由文化遗产厘定的文化旅游

文化旅游当中体量最大的内容来自文化遗产，而“物质文化遗产”及“非物质文化遗产”的概念内涵与边界，已经得到了官方完整科学的表述。在文化旅游中，我们可以根据文化遗产的相关界定来进行简单介绍。

在 1972 年的《保护世界文化和自然遗产公约》（世称《世界遗产公约》）以及 2003 年的《保护非物质文化遗产公约》中，都对文化遗产进行了相关界定。

《世界遗产公约》给定的“文化遗产”（Cultural Heritage）概念包括三个类型范畴，这三个类型范畴分别是文物、建筑群和遗址。

（1）文物，也就是能够体现出文化含义的物品以及从历史、艺术或科学角度上来看，具有特殊文化价值的物品，比如洞窟、碑画、铭文、建筑物等等。

（2）建筑群：在建筑式样、环境景色结合方面具有突出表现价值的独立的或连接的建筑群。

（3）遗址：所谓遗址，就是指以前人类活动过之后遗留下来的古迹、地址，它是指从人类学、审美、历史等角度看具有突出价值的考古地址、人类工程等地方。

尽管《世界遗产公约》已经对世界遗产进行了解释，但是要具体地判定世界遗产，还需要具体的评判依据，这个评判依据就是《执行世界遗产公约的操作准则》，这是《世界遗产公约》的配套文件，这个文件对世界遗产的评定制定了几项标准。以下是世界文化遗产评定标准的介绍，只有符合下面的一项或者几项标准，才可以称之为世界文化遗产。

（1）有些文明已经消逝了，对于某些消逝的文明来说它能够显示出这种文明的延续，为消逝的文明做出见证。

（2）人类的历史，是不断向前发展、不断进步的历史。在人类的历史上，有许多重要阶段。可以作为这些重要历史阶段的见证，或者说是某些杰出成就的具体范例。

（3）与现实中的某些文学艺术作品或者信仰、思想等有着比较直接的联系。

（4）从空间上某个文化区域内，或者从时间上某个时期内，对于景观设计、建筑艺术、城镇规划等产生过重要影响。

（5）人类在发展过程中，不断地与环境交融汇合，物竞天择、适者生存。在这个过程中，人类的居住地也在不断地变化。可以代表人类与环境的不断交融，作为传统的人类居住地、使用地的杰出范例。

（6）能够代表一种人类的特殊性的创造性天才杰作。

截至 2019 年 5 月，列入《世界遗产名录》中的世界遗产共计 1092 项，其中文化遗产数量最多，为 845 项。

文化遗产类别当中还包括曾被以单独类别列出后又归并在“文化遗产”大类中的“文化景观遗产”（Cultural Landscape Heritage）。

所谓“文化景观遗产”，就是指全人类公认的、具有突出意义和普遍价值的一种“自然与人类的共同作品”。文化景观遗产十分特别，它并不是一种单纯层面上的遗产，与单纯的普遍意义上的自然遗产、文化遗产等都有所不同，它体现的是在长期生产、生活过程中人类与自然的和谐相处，它体现了一种人与自然的平衡之道，它体现的是可持续发展的理念。文化景观遗产的视角十分特别，它强调人与环境共存。通过对文化景观遗产进行分析，我们可以将它分为三类，这三类分别是人类有意设计和建筑的景观、有机进化的景观以及关联性文艺景观。

（1）由人类有意设计和建筑的景观。人类抱着某个目的来对景观进行建造和设计，比如对公园、园林等进行的设计等等，通常是出于美学原因而进行建造。

（2）有机进化的景观。有机进化，是指在自然环境与社会环境的不断变化之中，地球上的物质为了与自然环境和社会环境相适应而进行的一种进化过程。在这种有机进化过程中，物质的形式开始发生改变，从最初的形式逐渐演变为目前的形式。这种有机进化的景观主要可分为两类，一类是残遗物景观，另一类是持续性景观。所谓残遗物景观，就是指化石，化石是指古生物的遗骸或者遗物。在很久以前的某些生物死亡之后，经过有机物的分解，某些残存的坚硬部分便被泥沙掩埋，经过石化之后变成了石头，这就是化石。化石，代表着一种过去某段时间已经完结的进化过程，它们具有突出而普遍的价值；另一类是持续性景观。如今，社会的生活方式发生了显著变化，持续性景观是指能够展示出历史上的演变发展的物证，而且这个物证本身仍然在不断的演变过程中。

（3）关联性文化景观。这主要是指能够与文化、艺术、宗教等相互联系的景观，它并不是以文化物证为特征，而是能够与文化、艺术、宗教等有比较紧密的联系。

文化景观遗产，它是“自然与人类的共同作品”，它的理念就是人与自然和谐发展。文化遗产类别的出现，标志着现代文明向前了一大步，人们的认识也逐渐开始变得深远，它使得《世界遗产公约》的执行与实施有了一定的变化。如今的世界遗产认定，越来越趋向于认可自然遗产与文化之间的相互关系，人与自然的关联也得到了越来越多人的重视。1993 年秋天，关于文化景观问题的专家会议在德国泰姆普林（Templin）举行。会议决定，修订《执行世界遗产公约的操作准则》的内容，以利于文化景观的评定；同时文化景观的收录适用世界遗产中文化遗产的 6 个标准。我国境内的文化景观遗产包括庐山、五台山、西湖、红河稻米梯田、左江花山壁画 5 项。

世界遗产中另有一专门的类别“文化与自然双重遗产”（Cultural and Natural Mixed Heritage）。“文化与自然双重遗产”，意思是说它既属于文化遗产，又属于自然遗产，它包含两方面的内容，符合自然遗产与文化遗产的双重认定标准。

在世界遗产中的文化与自然双重遗产，并不是指简单的文化遗产与自然遗产的叠加，而是蕴含了一种观念的改变，即人类从之前要利用自然、改造自然，逐渐转变为要与自然和谐相处，要寻求人与自然的平衡之道。这种文化与自然双重遗产，与单纯的文化遗产不同，与单纯的自然遗产也不同，它是一种单独类别的遗产，将文化与自然合二为一，其中包含了在审美、艺术、历史等方面有着世界意义的遗迹、建筑物、文物等文化遗产，还包含了在科学、审美等方面具有世界价值的生物、地域等自然遗产。目前《世界遗产名录》中此类遗产共计 38 项，其中我国境内的泰山、黄山、武夷山、峨眉山均属此遗产类别。

文化遗产根据其存在形态可分为物质文化遗产和非物质文化遗产，物质文化遗产是指有形的文化遗产，如石刻、壁画、遗迹等等；非物质文化遗产是指无形的文化遗产，如杂技、美术、民俗等等。

与《世界遗产公约》配套的《非物质文化遗产公约》对“非物质文化遗产”（Intangible Cultural Heritage）概念做了相关界定：非物质文化遗产，包含能够被视为文化遗产的各种知识、技能、表演，以及与这些知识、技能、表演有关的文化场所、工艺品等等。随着时代的变迁，这些非物质文化遗产为了适应时代与环境的变化，也在不断的创新之中。通过欣赏这些非物质文化遗产，我们可以从中感受到历史的厚重以及岁月的变迁。

2003 年，联合国教科文组织通过了《保护非物质文化遗产公约》，这个公约对于非物质文化遗产的相关内容进行了解释与定义，阐述了公约的整体宗旨，其中，关于“非物质文化遗产”的主要内容，如下所示。

（1）传统的手工艺技能；（2）社会的礼仪、风俗、节庆；（3）表演艺术；（4）宇宙与自然界相关的知识与实践；（5）一些口头的表述与传说，这其中包括一些能够作为非物质文化遗产媒介的语言。

我国有《国家级非物质文化遗产名录》，这是由国务院批准、由文化和旅游部确定并公布的我国非物质文化遗产的名录，在 2006、2008、2011、2014 年间四次对外发布国家级非物质文化遗产。中国是世界上拥有非物质文化遗产最多的国家。

中国在 1985 年 12 月 12 日加入《世界遗产公约》、2004 年 2 月 12 日加入《非物质文化遗产公约》后，在 2011 年 2 月 25 日制定通过了《中华人民共和国非物质文化遗产保护法》。在《中华人民共和国非物质文化遗产保护法》中我国也明确了非物质文化遗产的概念与内容。

在《中华人民共和国非物质文化遗产保护法》中，非物质文化遗产，是指能够被视作文化遗产组成部分的被各族人民世代传承的各种传统文化的表现形式，以及与这些传统文化表现形式相关的具体场所与具体实物。其中，非物质文化遗产的内容包括：（1）医药、历法以及传统的技艺；（2）传统音乐、书法、戏剧、杂技等；（3）传统的民间习俗，如节庆、礼仪等；（4）传统的口头文学以及能够作为这些口头文学载体的语言；（5）其他非物质文化遗产。

关于物质文化遗产与非物质文化遗产的相关概念与主要内容，联合国教科文组织已经做了相关的界定与分析，中国对非物质文化遗产的内容也做了呈现，这为文化旅游提供了具体的内容，同时也厘定了大致的框架，成为文化旅游的最主要构成部分。

截至 2019 年 6 月，列入《世界遗产名录》的文化遗产数量为 845 项（其中包括了文化景观遗产 102 项），文化与自然双重遗产 38 项；列入《非物质文化遗产名录》的非物质文化遗产共计 508 项。虽然这些遗产项因国际政治、地区安全、宗教冲突、环境脆弱、交通不便、旅游认知度不高等各类原因并非都可以与旅游关联在一起，但以这两个名录相关遗产项为依据的所有旅游者的旅游行程、旅游经营者的线路产品设计、遗产地当地管理方的旅游推广，都应无可争辩地被视为文化旅游的范畴。

（二）与“八大艺术”相关的文化旅游

艺术是用形象来反映现实却比现实更具典型性的社会意识形态。从艺术史的角度来看，人类艺术作品的存世时间几乎与人类的历史一样长，从早期的史前艺术一直延续到今天的当代艺术。

随着各门艺术的出现、发展与兴盛，人类对艺术门类的认定也持续了相当长的时间。从古希腊时代，即有“三大艺术”——绘画（Painting）、雕塑（Sculpture）和建筑（Architecture）首先被认定。其后随着文学（Literature）、戏剧（Drama）以及音乐（Music）、舞蹈（Dance）的入围，又有了“五大艺术”“七大艺术”的提法。相比其他艺术形式，电影（Film）因出现的历史最晚，且在出现后面临持续不断的“电影是独立艺术还是综合艺术”的争执，是“八大艺术”中最迟被囊括在内的艺术门类。

“八大艺术”的分类延续至今，亦有人再作精简，将艺术分为了三类：文学（包括戏剧、诗歌和散文）、表演艺术（包括舞蹈、音乐和戏剧），以及视觉艺术（包括绘画、电影、建筑、陶瓷、雕塑和摄影）。

“八大艺术”当中的“文学”，与“文化旅游”的关联最为直接，深爱文学的旅游者也最乐于参与其中。英国作家罗杰·塔厚尔（Roger Tagholm）所写的《漫步文学伦敦》（Walking Literary London），正是为这类旅游者提供的精确指引。

受人敬仰的著名作家往往会顺理成章被他曾生活过的城市拿来借力吸引旅游者，阿根廷首都布宜诺斯艾利斯对此操作烂熟于心、得心应手，皆因在这座城市出生并生活过一位伟大的“作家中的作家”博尔赫斯。豪尔赫·路易斯·博尔赫斯（Jorge Luis Borges，1899 年 8 月 24 日—1986 年 6 月 14 日）是阿根廷著名诗人、小说家、散文家兼翻译家，其作品享誉世界，读者遍布全球。许多人到访布宜诺斯艾利斯，博尔赫斯曾任馆长并在诗中赞美为“天堂模样”的阿根廷国立图书馆，是他们必游的景点。其他留有博尔赫斯踪迹的地方，比如博尔赫斯博物馆、科隆剧院、他曾生活过的麦普街（Maipu）994号、执教过的布宜诺斯艾利斯大学抑或和他没有太多联系只是用他的名字揽客的“博尔赫斯文化中心”，也常可见慕名而来的世界各地的旅游者。

“八大艺术”中的“建筑”吸引旅游者、被旅游者追捧的事例更为人们熟悉。无论是埃及的金字塔还是中国的长城都闻名于世且成为旅游者心仪的旅游目的地。对此旅游经营者深得其味，北京故宫、巴黎圣母院等重要历史建筑的图片，常常被用在招徕旅游者的广告中。

对此，评论家安德鲁·巴兰坦（Andrew Ballantyen）做过这样的分析：“建筑之所以重要，一个原因是它能透露给我们一些线索，从而使得我们了解历史上的统治者真正看重的事物；另外一个原因，是建筑还能告诉我们，它如何使我们——活着的人——以特定的方式生活成为可能，并且让我们能够彼此和向自己证明什么才是我们关注之事。”[①]

许多对建筑关注、喜爱建筑的旅游者追访建筑，往往会将建筑本身看得与建筑内的陈设一样重要。比如，到访东京国立西方艺术博物馆（National Museum of Western Art，Tokyo）的建筑爱好旅游者，除了美术馆展品的诱惑之外，也会将探寻这座建筑本身具有的特殊意义当作到访的目的。这座著名的水泥建筑，是建筑家勒·柯布西埃（Le Corbusier）的重要作品，已在2016年与7个国家的17座建筑一起被联合国教科文组织认定列为世界遗产。

雕塑、公共建筑和纪念碑等艺术形式，因面向整个社会、对公众展示，将旅游者作为观众其实一直以来都是这类艺术作品的一个基本追求。设立在露天的大卫雕像一定要让人们走到近前围绕去看；巴特农神庙设在所有人都能轻易看到的位置而不是只有祭司才能看见的位置。各型各类的“文化旅游”的震撼力，正是借助艺术作品的这类特质得以发散。

“八大艺术”中的舞蹈、音乐以及其他表演艺术演出，对旅游者的感召力亦不可小觑。2015年美国的音乐剧《汉密尔顿》（Hamilton）正式上演时，预订一下子就订满三年。慕名前来观看的国内旅游者从佐治亚州、缅因州、艾奥瓦州各个方向赶到纽约，争先成为这一演出的体验者、实践者。

影响力年复一年不减的音乐会当数奥地利维也纳新年音乐会。这个始自1939

① ［英］巴兰坦．建筑与文化[M]．王贵祥，译．北京：外语教学与研究出版社，2007.

年的具有悠久历史的音乐会，早已成为受到全世界关注的每年新年到来时的全球第一场音乐盛会。1989 年中央电视台通过卫星开始同步直播这场音乐会，国内的人们自此结识并逐渐熟识了这场音乐与芭蕾交织的音乐会。维也纳新年音乐会的举办地金色大厅成了出境旅游者必去的打卡之地，更有少数幸运者通过提前订票现场观看过这场举世瞩目的演出。

“八大艺术”中的“绘画”，尤其是那些最为著名的绘画作品，永远都不会缺少对旅游者的感召力。因而无论是在巴黎卢浮宫收藏的达·芬奇《蒙娜丽莎》前，还是在西班牙马德里的普拉多博物馆并排摆放的戈雅的《裸体的玛哈》和《穿衣的玛哈》画作前，永远都会聚满全世界的旅游者。

2015 年年初，位于美国佛州圣彼得斯堡的达利博物馆，成为这座二十多万人的小城最热闹的地方。早上寒意正浓时，博物馆门外就已经有上百人在等待入场。这里举办的“达利与毕加索双人展”，吸引了不少对 20 世纪最伟大的三位画家中的达利与毕加索熟悉的人们，其中包括许多老人与学生，以及外地、外国的旅游者。展览精妙的广告语，无疑增加了这个双人展对外来旅游者的诱惑：“TWO LEGENDS，SIDE BY SIDE”（两相连，肩并肩），“PICASSO/DALI，DALI/PICASSO”（毕加索 / 达利，达利 / 毕加索）。将达利与毕加索的作品放在一起展出，可以说让这个艺术展的看点倍增。虽说该馆的票价与美国各类博物馆、艺术馆相比显得有些不菲，但因为这里既有达利也有毕加索，这样的机会即便是在达利及毕加索的祖国西班牙，亦属十分难得。展览主办方因而自豪地称这一展览为“Landmark Exhibition”（里程碑式的展览）。展览介绍中还有一句点睛之语：“They Changed the Ways that Art was Understood”（他们改变了艺术的理解方式），诸多参观者既会表示赞同又可以受到这句话的诱惑。这个展览不仅将不需付费的语音讲解耳机提供给人们，而且还有同样不需另付费用的义务讲解。这类讲解分为对成人的和对孩子的两种。对孩子们的讲解相对浅显一些、速度慢一些，因而也适用那些对达利与毕加索不甚熟悉的普通观众。跟听的人们不光有孩子，成年人、老人也有不少。

与“八大艺术”门类相关的旅游活动无疑皆属“文化旅游”范畴。这样的一种朴素认知，或许是在 1964 年成立的“中国旅行游览事业管理局”（其后又两次更名为“中国旅行游览事业管理总局”“中华人民共和国国家旅游局”）存世 50

多年后，归并在文化部而非曾经讨论过的归并在商务部、交通运输部的几个方案的一个可视为符合文化的内在逻辑的原因。

今天的国内旅游企业若想以“八大艺术”做“文化旅游”的大文章，或许要与政府主管部门打一些交道。需要特别指出的是，无论是原“文化部”还是新成立的“文化和旅游部”，所管理的文化事项，都只局限在八大艺术门类中的六类：绘画、雕塑、文学、戏剧、音乐、舞蹈，而建筑、电影两类，依据政府部门分工，则分别由其他两个不同的政府部门管辖。

（三）“文化旅游”囊括与人类生活方式相关的多类旅游方式

文化旅游的基本判别并不复杂，凡核心模块为文化的旅游，皆可以“文化旅游”名之。依照这样的认知，能够纳入“文化旅游”的旅游类型、旅游形式，自然不能局限在“文化遗产”或“八大艺术”的范畴，“文化”的丰富含义使得“文化旅游”必然种类繁多、形态不一。

将到访以物理形态存在的古建筑、古迹遗存的旅游列在文化旅游的范畴，这是目前绝大多数旅游经营者放在广告的“文化旅游”栏下的主要内容。长城旅游、故宫旅游以及以古代文明源头为目的地的旅游，比如埃及旅游、印度旅游等，还包括古城旅游、古镇古村旅游、丝绸之路旅游等具历史含量的旅游，都属文化旅游范畴。这一类的历史文化旅游，自现代旅游业出现之日就已经诞生，吸引了一代又一代旅游者，滋养过一家又一家旅游经营者。再过 10 年、50 年，这类极具生命力的历史文化旅游仍将会存在，且不会有太大改变。

以物理形态存在的人类文化附着物并不是必须要到遗址废墟才能见到，它们常常会以物品的形式得到保存，而到访保存这些文化物品的博物馆，也自然属于文化旅游。

与人类制造联系在一起的各类旅游形式，也可以放在“文化旅游”的范畴内来进行认知。通过这些交通工具，人类可以很方便地到达世界上的任何地方，利用飞机，人们可以在一天之内从一个国家飞到另一个国家。人们进行的一些旅游也与这些交通工具有关，如自行车旅游、火车旅游、飞机旅游等等。这种与人类制造存在内在联系的工业旅游，也应该被纳入文化旅游之中。

文化包含了人的意识形态，也收罗了人的喜怒哀乐及兴趣爱好。而兴趣爱好具备趋同性，旅游就是人们的兴趣爱好之一，人们去到与自己平时的生活环境不同的地方，去感受不同的生活气息；人们去到风景优美的地方，舒缓自己紧张的心情，陶冶情操……为了满足人们的需求，各种旅游产品层出不穷，如徒步旅游、登山旅游、冰雪旅游、踏春旅游等等，各种旅游爱好者也让这些旅游形式年复一年魅力不减。与此相关的还有体育旅游、奥运旅游之类，也都是以集中人群的一类爱好为招徕方式。足可见文化旅游在满足、适应人们的个性需求、兴趣爱好方面，所具备的优势远超其他类型旅游。2017 年美国拍摄的高分纪录长片《在北极的天空下》(Under an Arctic Sky)，记录的是著名的极限摄影师克里斯克卡尔(Chris Burkard)带领着一群冷水域冲浪爱好者在冬天来冰岛的西峡湾冲浪的一段旅游经历，从文化的视角去看，这仍旧可以被称为一次文化旅游（图 1-1-1）。

图 1-1-1　纪录片《在北极的天空下》

综上不难看出，文化旅游是一类具有极高包容性的旅游类型、旅游形式，文化的核心模块是其最重要的判别依据。因文化乃集人类生活方式之大成，以文化为核心模块的文化旅游则顺理成章囊括了与人类生活方式相关的各型各类的旅游。

二、文化旅游的特质

（一）民族性

在文化旅游中，一个很重要的特性便是民族性。这是因为，文化旅游与民族文化有着很大的关联。在文化旅游中，民族文化是一个十分重要的内容。民族文化与民族的形成发展密切相关，是某个民族所独有的，是本民族能够与其他文化相区分的重要标志，能够展现出民族的精神内涵与价值观。在文化旅游中，有很多通过展示民族文化来不断吸引游客、增加知名度的例子。比如云南西双版纳，这里有热带雨林自然景观，还有着浓郁的民族风情，傣族的泼水节十分著名，通过向游客泼水来送上美好的祝愿；在呼伦贝尔，不仅有着一望无际的大草原，还有热情的蒙古族民众，通过向人们展示蒙古族文化，使人们感受到异域风情，促进文化的不断交流，从而推进旅游业的生态发展。

（二）综合性

文化旅游还具有综合性，它以文化交流为基础，包含多种文化旅游形态。在文化旅游中，要推动文化旅游与特定的旅游景点的融合，并借助各种文化旅游形式，加深游客的印象，展示丰富的民族风情；还要推动文化旅游与特产物品的集合，打造独特的旅游产品。针对游客的差异性，要打造多元化的文化旅游模式，丰富文化旅游的内容，使游客能够感受到人文情怀。

（三）传承性

文化旅游还具有传承性。现在，有很多文化已经濒临消失，如果无法将它们传承下去，那么它们就可能湮灭在历史的长河中。要根据当地的基本情况，立足地域文化，选择当地的一些有价值的文化，作为切入点，不断促进旅游与文化的融合，推动文化旅游的发展。在选择文化时，要选择地域性的、代表性的、有价值、有意义的文化，这样的文化才值得后人传承下去。

（四）创造性

文化旅游还具有创造性。文化旅游，是一种创造性的文化形式，它将传统文化与新兴学科文化融合起来，使它们共同在旅游业中发挥作用。在文化旅游中，文化是一个十分重要的元素，文化旅游的原材料是文化，文化要经过挖掘、设计、加工之后展现在人们眼前。中国文化博大精深、蕴含丰富，要以旅游为载体，不断挖掘中国文化的优势、促进文化与旅游的融合，从而吸引游客，最终形成中国特色的文化旅游发展模式，不断推动文化旅游产业的发展。

第三节　文化旅游研究的历史和现状

一、文化旅游研究的历史

（一）国内对文化旅游的研究

我国对于文化旅游的研究，从整体上来看，比较缺乏理论性、系统性的研究。“旅游文化”和“文化旅游”这两个词，看起来很相像，很容易弄混。所以，在国内，有关人员首先对“旅游文化”和“文化旅游”的含义进行了细致的辨别分析，这也是我国对文化旅游进行研究的最开始的阶段。之后，就是对文化旅游的概念、特征、种类等进行分析研究。对这些概念、特点、类别的研究，也能够更加清晰地明确文化旅游的内涵。国内对文化旅游的研究认为，文化旅游并不是一种具体的旅游产品，而是一种思路，一种创意，是将文化与旅游融合在一起，通过这种文化气息吸引游客的创意和思路。在此之后，我国对于文化旅游的研究主要集中于某类文化资源开发设计的产品、创意、模式方面，对于文化旅游方面的相关创意、思路等进行了详细探索。

（二）国外对文化旅游的研究

与国内相比，国外对于文化旅游的探讨研究要更早，也更加深入，积累了许多经验，也做出了一些成果。针对“文化旅游”的概念，国外提出了三种定义，这三种分别是广义、狭义和中性定义。国外通过对“文化旅游”的相关概念定义的比较研究，对其内容、范畴、类型等做了进一步的明确认知。

二、文化旅游研究的现状

（一）国外文化旅游的研究现状

在国外，文化旅游业蓬勃发展，关于文化旅游的相关研究也开始得比较早。在 20 世纪 70 年代，关于文化旅游方面的概念研究就已经开始了。1977 年，“文化旅游”的概念被提出。在文化旅游中，旅游是形式，文化是关键。Reisinger（赖辛格）将文化旅游的目的看作是体验文化经历。游客们在进行文化旅游的过程中，可以欣赏到一些文化遗产，还可以观赏当地的音乐、舞蹈、戏剧等等，可以品尝风味小吃、欣赏自然风光、体验当地的民俗风情等等；文化旅游包含很多，如体育、自然、艺术、习俗、信仰等等。世界旅游组织和欧洲旅游与休闲教育协会对于文化旅游也进行了定义，他们认为人们进行文化旅游的目的是满足自身的文化需求，它是在一些日常活动范围之外的文化景观所在地进行的非营利性活动。随着时间的推移，社会在不断地发展，经济水平也在不断地提高，文化旅游产业也发展得十分迅速。到了 20 世纪 90 年代，对于文化旅游的研究内容更加广泛，研究方向也更加细化，文化旅游得到了广泛的关注，主要关注的范围有文化旅游社区、文化旅游目的地营销、文化旅游吸引物等等。在这个时期，关于文化旅游研究的主要关注点是艺术、民族文化、遗产、城市文化旅游等等。

国外学者在对文化旅游进行研究时主要从两方面进行研究，这两个方面分别是定性和定量两个方面；研究方法主要注重应用研究和实证分析，研究的内容涉及较广，如文化遗产保护、文化旅游营销、区域文化旅游发展等等。但是对于某些方面的研究则比较少，比如文化旅游的现状、文化旅游的基础理论、文化旅游发展问题等等。

（二）国内文化旅游的研究现状

对于文化旅游的研究，国内起步比较晚。在 20 世纪 80 年代中后期，国内才开始进行文化旅游的相关研究。最开始，对文化旅游进行研究时，我国主要是对文化旅游区和文化旅游资源进行探讨。这时候国内进行文化旅游研究的有陈百刚、赖洁玉等等，他们主要是对国内一些比较著名的文化旅游路线进行分析探究。陈百刚分析了浙东古代文化旅游路线的背景、内容以及产生的影响，赖洁玉对于湖北三国文化线路的开发和利用进行了探讨研究。到了 20 世纪 90 年代，文化旅游开始受到更多人的关注，文化旅游的相关研究也逐渐增多，研究的领域也更加广泛，研究的内容也更加细致。此时国内研究的主要对象是民族文化旅游、区域文化旅游、宗教文化旅游等等。我国最早的关于文化旅游概念界定的相关研究，就是郭丽华所做的研究。针对文化旅游的内涵，郭丽华抛弃了研究者的角度，分别从两个不同的角度进行分析界定，这两个不同的角度分别是旅游者角度和旅游经营者角度；她还对两个看起来比较相像的词语“旅游文化”和“文化旅游”进行了辨别分析。到了 21 世纪，社会在不断地发展进步，研究文化旅游的人逐年增多，文化旅游方面的相关文献也在不断地增加，这个时期的研究对象主要是宗教文化旅游、历史文化旅游、民族文化旅游等等。总体来说，随着时间的推移，国内关于文化旅游的相关研究越来越深入、越来越细致，不过纵观国内文化旅游领域的研究发展，我们可以发现，我国对于文化旅游的基础路线开发、基础理论辨析等初级方面的研究逐渐变少，关于文化旅游资源的开发、创意产业的发展等方面的研究逐渐增多。

国内文化旅游的相关研究方面主要使用的研究方法是定性的方法，比如文化旅游的概念界定与辨析、文化旅游的发展现状、文化旅游资源的线路开发等等。随着国外的文化旅游相关研究逐渐传入中国，国内文化旅游学术界开始不断发展，我国文化旅游的相关文献逐渐增多，研究方法也趋于多元。近些年来，文化旅游目的地实证研究、文化旅游资源定量评价研究等逐渐受到重视。

第二章　文化旅游资源及其开发研究

本章讲述的是文化旅游资源及其开发研究，主要从以下几方面进行具体论述，分别为文化旅游资源的内涵、文化旅游资源的开发、山水文化资源及其开发和建筑文化资源及其开发四部分内容。

第一节　文化旅游资源的内涵

一、旅游资源

（一）旅游资源的概念

旅游资源，从字面意义上来看，就是指游客在旅游过程中需要的资源，但是关于它具体的概念与内容，我国学者往往“见仁见智”，并没有一个统一的定论。就目前来看，以下几种概念在学术界的认同度较高，也较为典型。

（1）旅游资源，就是指能够为游客提供的观赏资源以及良好服务。游客在旅游过程中，渴望观赏到美景、放松心情、疗养精神、获得一定的乐趣，同时还想要接收一些知识、进行考察研究等等，这种旅游资源概念的范围比较广，可以说涵盖了旅游中的所有资源。

（2）“旅游资源是指对旅游者具有吸引力的自然存在和历史遗产，以及直接用于旅游目的的人工创造物。它可以是有具体形态的物质实体，也可以是不具有具体物质形态的文化因素。”[①] 这一解释被多数人认可，不过“直接用于旅游目的的人工创造物”包含了旅游产品和旅游吸引物，而这二者不适宜被纳入资源范畴。

① 保继刚，楚义芳，彭华．旅游地理学 [M]. 北京：高等教育出版社，1993.

（3）“旅游资源对旅游者来说，就是旅游目的地及有关旅游的一切服务设施；对旅游地来说，就是客观存在着的客源市场。”[①]这一概念的界定在旅游学术界是被很多人认可的。

（4）旅游资源就是“凡能激发游客旅游动机的、能为旅游业所利用的（或者使游客的旅游行为得以实现），并由此而产生经济效益和社会效益的自然和社会的实在物”[②]，这是孙文昌所提出的一个概念。不过，后来他又根据杨振之的观点提出了新的定义，即“旅游资源是指自然界或人类社会中凡能对旅游产生吸引力、有可能被用来规划开发成旅游消费对象的各种事与物（因素）的总和”[③]。

上面这几项，都是关于旅游资源概念的相关解释分析。通过观察分析这些概念，我们可以发现，旅游资源的概念十分丰富，要想更好地理解其概念，就需要准确把握以下的这些内容。

第一，旅游资源具有吸引力。旅游资源可以向旅游者提供审美和愉悦的凭借，激发旅游者的旅游动机，帮助旅游者实现对美和愉悦的追求，因而它具有某种吸引力。如果不具备这种吸引力，那么就不是旅游资源。

第二，旅游资源主要呈现出两种状态，一种是未经人类开发、呈潜在的待开发状态；另一种已经被开发利用，只是其旅游价值还未耗竭。

第三，旅游资源必须具有价值。从旅游者的角度来看，旅游资源应当能满足旅游者的需要，如衣、食、行的需要，健康的需要，精神文化需要，探索需要……从旅游企业的角度来看，旅游资源应当是开展旅游经营的主要依据，能够为旅游企业招徕旅游者，并产生经济与社会效益。

第四，旅游资源离不开地域空间。人们在旅游时，必定要去到一个地方，才能享受到旅游资源，而如果没有去到那个指定的地方，就不能享受旅游资源。因此，旅游资源依托于地域，它基本上是不能移动的。

把握了上述一些内容后，我们就可以对旅游资源的概念进行总结：旅游资源，就是指依托于地域空间内的、具有价值和吸引力的一种观赏性的资源，它能够凭借自身的特点吸引游客前去，并且带给游客愉悦价值。

① 杨振之．旅游资源开发 [M]. 成都：四川人民出版社，1996.

② 孙文昌．现代旅游开发学 [M]. 青岛：青岛出版社，2002.

③ 郭文．旅游学概论 [M]. 北京：中国轻工业出版社，2013.

（二）旅游资源的分类

由于旅游资源所包含的内容十分丰富，且随着旅游业的发展而不断地发展变化，旅游资源并没有比较完整统一的分类方案。按照不同的标准进行划分，会有不同的类型。以下就是几种常见的分类。

1. 按照《中国旅游资源普查规范》分类

1992 年，我国中科院地理所与国家旅游局资源开发司对中国旅游资源的状况进行普查分析后，制定了《中国旅游资源普查规范》。该文件中对旅游资源进行了系统的分类，这是一种实用性和操作性都很强的分类体系。

2. 按照旅游资源管理级别分类

我国国土面积大，地势辽阔、旅游资源众多，要对这些旅游资源进行管理，就必须要对这些旅游资源进行分级。通过分级管理，来优化资源配置、改善管理功能。那么，可以将这些旅游资源分为四类，其级别逐次下降，这四类分别是世界级、国家级、省级以及市（县）级。

（1）世界级旅游资源

世界级旅游资源主要包括被联合国教科文组织批准列入《世界遗产名录》的名胜古迹、世界级地质公园和列入联合国“人与生物圈”的自然保护区等旅游资源。

（2）国家级旅游资源

国家级旅游资源比世界级旅游资源低一级。国家级旅游资源，就是指由国务院审批确定并公布的旅游资源，如国家风景名胜区、国家重点文物保护单位、国家级自然保护区等等。这类旅游资源具有重要的观赏价值、历史价值和科学价值，在国内的知名度非常高。

（3）省级旅游资源

省级旅游资源主要包括省级风景名胜区、省级历史文化名城、省级文物保护单位、省级自然保护区以及省级森林公园等。这类旅游资源具有较重要的观赏价值、历史价值和科学价值，有地方特色，在省内外有较大影响力，吸引受众区域可以是国内、地区或省内。

（4）市（县）级旅游资源

市（县）级旅游资源主要包括市（县）级风景名胜区和市（县）级文物保护

单位。这类旅游资源具有一定的观赏价值、历史价值和科学价值，主要用于接待本地旅游者。

3. 按照旅游活动的内容分类

游客在旅游过程中，可以体验到众多的旅游活动，比如优美的景色观赏、耐心的服务、知识的讲解等等。根据旅游活动的内容，可以将旅游资源分为四类。下面，针对这四类旅游资源，进行一个简单的讲解。

（1）观赏型旅游资源

观赏型旅游资源主要是指以优美的自然风光、著名的古代建筑、遗址、园林及现代城镇景观、山水田园以及以游览祈福为目的的宗教寺庙等为主的旅游资源。这类旅游资源能够满足旅游者通过观光和旅游过程获得各种精神享受的需求。

（2）知识型旅游资源

知识型旅游资源主要是指以文物古迹、博物展览、科学技术、精湛的文学艺术等为主的旅游资源。这类旅游资源能够满足旅游者通过参与旅游活动而获得开阔眼界、增长阅历和知识的需求。

（3）康乐型旅游资源

康乐型旅游资源主要是指以康复保健、文体活动、度假疗养、人造乐园等为主的旅游资源。这类旅游资源能够满足旅游者通过参与旅游活动而提高体质、减轻病痛等的需求。

（4）体验型旅游资源

体验型旅游资源主要是指以节庆活动、社会时尚、民风民俗、特色饮食、宗教仪式等为主的旅游资源。这类旅游资源能够实现旅游者通过参与旅游活动而获得乐在其中、乐在其身的目的。

4. 按照旅游资源开发利用的程度分类

按照旅游资源开发利用的程度，旅游资源可被分为现实态旅游资源和潜在旅游资源。

（1）现实态旅游资源

现实态旅游资源主要是指已经被人们开发利用，并创造出一定经济和社会效益的旅游资源。这一类旅游资源是支撑旅游产业发展的基础和根本。

（2）潜在旅游资源

潜在旅游资源主要是指那些具有吸引功能，只是目前还没有开发或者还没有条件开发的旅游资源。这类旅游资源往往会随着社会经济发展和社会意识的发展，以及技术、资金、政策、市场等条件的完善最终得到人们的开发利用。

二、文化旅游资源

（一）文化旅游资源的概念

文化旅游资源，从字面意思上看，就是指文化性的旅游资源。但是，关于文化旅游资源的概念，目前论调众多，还没有一个能够统一的结论。文化旅游资源与文化资源和旅游资源有关，要理解文化旅游资源，就要先了解文化资源和旅游资源。任冠文教授就是从这个角度对文化旅游资源的概念进行了解释，即“凡能被旅游业所利用来开展旅游活动，能够吸引旅游者产生旅游动机，并能满足旅游者对文化需求的各种自然、人文客体或其他因素，都可以被称为文化旅游资源”①。本书在这里主要借用这一概念进行探讨。

文化旅游资源通常既有有形的，也有无形的；既有物质的，也有非物质的。它与旅游资源最大的区别就是它更强调满足旅游者追求文化知识的需求。由此看来，旅游资源中的人文旅游资源就完全属于文化旅游资源的范畴。

（二）文化旅游资源的主要类型

关于文化旅游资源的分类，至今也是没有一个统一的标准。文化旅游资源所包含的内容极多。通过细致分析文化旅游资源，对其内容进行深入解读，我们可以将它分为五类，下面对文化旅游资源的五个类别进行具体的分析阐述。

1. 建筑文化旅游资源

建筑文化旅游资源主要指的是我国的古建筑，以其深厚的文化底蕴构成了我国文化旅游资源的基础。我国历史悠久，在历史的长河中，古建筑的类型非常多，有宫殿、园林、坛庙、陵墓、民居、寺庙、楼阁等等。

宫殿是古建筑中最高级、最豪华的类型，是帝王专有的居所，具有强烈的政治、伦理意味，它以建筑艺术烘托出皇权至高无上的威势。我国宫殿建筑从秦汉

① 任冠文. 文化旅游相关概念辨析 [J]. 旅游论坛，2009，2（02）：159-162.

到明清经历了一个漫长的进化过程，现在保存下来的规模大且完整的宫殿主要有北京故宫、沈阳故宫和西藏的布达拉宫。其中，北京故宫不管在国内还是在世界范围内都最有名，它南北长 961 米，东西宽 753 米，面积约为 725 000 平方米，现有房间 8704 间，各建筑物全部是红色墙壁、黄琉璃筒瓦。按照区域可分为内廷和外朝。其中，内廷是皇帝与家属居住区；外朝则是行政区，皇帝和大臣们在外朝办事、颁布大政、举行仪式等等。故宫严格按照“外朝内庭”“五门三朝三宫”的形制进行布局，这种布局突出地体现了传统的封建礼制，也体现了封建帝王的权力和森严的封建等级制度。旅游者们一进入故宫，就会被其本身所拥有的强大的历史文化气息所包围，让人彻底地体验到时间与空间的持续性艺术之美。

园林，是运用一定的艺术手段与工程技术创作而成的一种美的环境区域。我国现存有许多园林，如北京的颐和园、承德的避暑山庄、苏州的拙政园等等。园林有许多类型，如公园、花园、庭园、植物园等等，随着园林学科的发展，还包括森林公园、国家公园以及休养胜地等。其中，古典园林是一种重要的文化旅游资源。它在发展过程中深受古代诗画同源、画中有诗、诗中有画的观念影响，具有很浓郁的意境之美。尤其是江南私家园林的建造者多为文人画家，他们在创造山水园林时似作诗、如画画，总要抒发一种感情、表达一种意愿、追求一种理想。而这些都会通过园林的命名、匾额、横联、题咏和铭记明确反映出来。例如，苏州拙政园中的远香堂就是因宋代周敦颐《爱莲说》中的“出淤泥而不染，濯清涟而不妖”“香远益清，亭亭净植”的语意取名，充分反映了一种高洁磊落的文人情怀。

总之，建筑文化旅游资源是十分丰富的，限于篇幅，这里就不一一阐述了。

2. 聚落文化旅游资源

聚落主要指人类聚居的地方，包括乡村、城镇和城市。我国历史悠久、幅员辽阔，因而聚落大都以不同的建筑风貌展现在人们眼前。不同的聚落，展现出不同地域人们的生活习惯、风情民俗等等。因此，聚落也是一种十分重要的文化旅游资源，聚落能够让旅游者体验到物质文化与精神文化充分融合下的地域风采。

从乡村来看，古村落是我国民间传统文化的集中体现，是重要的聚落文化旅游资源。例如，分布于安徽省南部山区的“皖南古村落”，多是明清时期的遗存，反映了徽商鼎盛时期的社会文化。

从城镇来看，我国分布有很多个极富特色的城镇，有很多已经被开发。例如，江苏的周庄镇、同里镇、黄桥镇；浙江的西塘、乌镇、龙门镇；上海周边的朱家角镇、枫泾镇、南翔镇；湖北的周老嘴镇、七里坪镇；湖南的芙蓉镇、滩头镇；云南的沙溪镇、黑井镇；河南的神屋镇、荆紫关镇；等等。这些都是中国著名的历史文化名镇。

从城市来看，我国一些著名的古都名城、军事名城、历史纪念名城和特色风貌名城，以及现代化大都市都是重要的聚落文化旅游资源。古都名城有北京、西安、南京、洛阳等；军事名城有徐州、泉州等；历史纪念名城有延安、南昌等，特色风貌名城有平遥古城、丽江古城、凤凰古城等。其中，丽江古城位于云南省的丽江市，它是中国历史文化名城中唯一一座没有城墙的古城。古城布局错落有致，既具有山城风貌，又富有水乡韵味。历经了数代的岁月洗礼后，丽江古城中的民居既融合了汉族、白族、彝族、藏族等的民族精华，又吸收了纳西族的独特风采。其街道内铺大多都是红色角砾岩，雨季不会泥泞、旱季也不会尘土飞扬，且角砾岩上的花纹图案自然雅致，与古城的整个氛围极其相配。

3. 民俗文化旅游资源

民俗，是指在生产生活中不断传承下来的民间的习俗、传统、礼仪、节庆等等，而民俗文化旅游资源能够展现出当地的生活方式与民俗习惯，具有十分鲜明的地域特色。我国土地广阔、民族众多、历史悠久，因而民俗文化资源相当丰富。随着 21 世纪“文化旅游热潮”的兴起，民俗文化大大激发了生活在现代城市快节奏中的人们的兴趣。因此，旅游行业和旅游学领域都越来越重视如何更快更好地开发民俗文化旅游资源。

民俗文化旅游资源包含的内容众多，不同的学者进行分类的依据不同，民俗文化旅游资源被分成的类别也不同。对民俗文化旅游资源进行分类的依据有民俗文化旅游资源的本体属性、存在形态以及旅游者的需求方式等等。在这些分类依据中，以第一种依据进行分类较为常见。根据民俗文化旅游资源的本体属性，可以将民俗文化资源分为物质类、社会类和精神类，具体情况如表 2-1-1 所示。

表 2-1-1　民俗文化旅游资源分类

主类	亚类	基本类型
物质民俗	生产民俗	采集、狩猎、畜牧、农耕、手工业民俗等
	消费民俗	服饰、饮食、居住民俗等
	流通民俗	市商、交通、通信民俗等
社会民俗	家族民俗	称谓、排行、社团、帮会民俗等
	村落民俗	集市、乡规、村社民俗等
	民间组织民俗	行会、社团、帮会民俗等
	礼仪民俗	生育、成年、婚嫁、寿诞礼俗等
	岁时节令民俗	传统节日、公历节日、二十四节气等
精神民俗	信仰祭祀民俗	民间宗教信仰、礼俗禁忌等
	口授语言民俗	民间神话、民间传说、民间故事等
	民间艺术民俗	民间音乐、民间舞蹈、民间美术等
	民间游戏娱乐民俗	民间游戏、民间体育竞技、民间杂艺等

当前，我国的民俗文化旅游还处在探索阶段，有些民俗文化旅游资源已经被开发出来，有些尚处于待开发阶段。

4. 宗教文化旅游资源

宗教是一种社会历史现象。在很久以前，人们对于世界的认知并不深刻，对于很多自然现象无法解释，只能诉诸神明。这时候，宗教诞生了。随着时间的推移，宗教在其发展过程中不断地与其他文化形式相结合，产生了宗教文学、宗教音乐、宗教美术、宗教建筑等。从旅游资源学的角度来审视，宗教一方面促进了自然旅游资源的开发，另一方面又创造了大量的文化旅游资源。宗教文化是人类历史上一种古老而又普遍的、复杂的社会历史文化。它本身就是具有特色的、有着非常强大的吸引力的文化旅游资源，再加上人们虔诚的宗教信仰和强烈的求知欲望，旅游动机很容易被激发。中国现在就有很多知名的宗教旅游胜地。

我国有四大宗教，即佛教、道教、伊斯兰教和基督教，每一种宗教都有其自身的文化特色，与宗教有关的建筑、音乐、绘画、名山、节日、活动等就都成了重要的宗教文化旅游资源。例如，敦煌莫高窟、洛阳的白马寺、拉萨的布达拉宫、哈尔滨的圣・索菲亚大教堂、杭州的凤凰寺等都是中国著名的宗教建筑文化旅游景观；安徽九华山、四川峨眉山、浙江普陀山、山西五台山、湖北武当山、江西三清山等都是中国著名的宗教名山；三元节、复活节、圣诞节、古尔邦节等是有名的宗教节日。

5. 艺术文化旅游资源

中国是世界四大文明古国之一，有着非常悠久的文化艺术历史，如传统的绘画、书法、音乐、舞蹈、曲艺等。它们各具风格，也是重要的文化旅游资源。

中国绘画历史悠久，经过数千年的不断丰富、革新和发展，有着显著的民族风格和艺术成就。它主要以毛笔、墨和绢纸为工具，以点线结构为主要表现手段，讲求笔墨、气韵、意境、格调等，这与西洋绘画有着根本的不同。书法，是以文字为基础，通过其结构与线条的丰富变化而展现出来的一种独特的艺术形式，它深刻地反映着中华民族的文化精神、伦理道德与审美情趣，具有非常独特的艺术魅力。音乐，最初起源于人们对自然与动物声音的模仿，后来随着时间的推移、社会的进步，音乐成为人们表达感情的一种重要手段，并逐渐发展成为一种重要的艺术。舞蹈和音乐从起源之初，就一直是联系在一起的，它们是中国传统表演艺术的重要文化特征。中国舞蹈基本以大型群舞为主，同时还多执舞具而舞。发展到今天，舞蹈已然成为中华民族精神文化的重要表现形式之一。所有这些都是重要的艺术文化旅游资源，它们常常与一些文化旅游胜地紧密地联系在一起。

第二节　文化旅游资源的开发

一、文化旅游资源开发理论基础

文化旅游资源开发过程不仅受到文化资源开发理论的影响，还受到市场开发理论及旅游资源理论影响，所以本书将文化旅游资源开发理论基础分为文化产业开发理论、市场开发理论及旅游资源理论等几个方面来分析。

（一）文化产业开发理论基础

1. 文化生产力理论

在人类社会发展过程中，存在两种生产力，即物质方面的生产力和精神方面的生产力，这两种生产力共同推动着社会的发展和进步，二者密不可分、缺一不可。在这两种生产力的关系中，物质生产力是基础，它是文化生产力存在的前提条件，而文化生产力是物质生产力发展的高端状态。文化生产力，是精神生产力的一种，它是指生产和提供文化产品和文化服务的能力，随着文化生产力的普遍发展，逐渐催生了一种新的产业形态，这个新的产业形态就是文化产业。马克思在《1844 年经济学哲学手稿》中提出："宗教、家庭、国家、法、道德、科学、艺术等等，都不过是生产的一些特殊的方式，并且受生产的普遍规律的支配。"[①]马克思提出的这段话已经涉及文化生产力的相关问题。到后来，随着社会的发展，文化生产力开始被明确提出，并将它归类到精神生产力之中。

文化生产力属于精神生产力，而一般情况下精神具有强烈的主观色彩。创造者在文化生产过程中，会将自己的思想、情感、精神等融入其中，因此，文化生产力具有意识形态的特征；另外，精神生产力必须要以某个物品作为媒介，通过物质的形式展现出来，这样它才能够展现在人们面前。因此，文化生产力还具有非意识形态的特征。

2. 文化资本理论

文化资本理论最先在布迪厄的《资本的形式》中出现。布迪厄在这篇论文中通过对资本进行分析，对资本进行了区分，将它分为三种基本类型，这三种类型分别是经济资本、社会资本和文化资本。这三种资本之间可以互相进行转化，这种转化关系，是资本能够再生产的策略的基础。经济资本，就是指制度化的以财产权形式存在的资本；社会资本，就是指制度化的以社会关系中的各种头衔而存在的资本；文化资本，就是指制度化的以教育资格的形式存在的资本。这三种资本中，经济资本可以直接转化为金钱，而社会资本和文化资本要在一定条件下才可以转化为经济资本。

对于文化资本这一资本类型，布迪厄进行了细致分析，然后依据文化资本存在形式的不同划分为三种类型，这三种类型分别是具体的形式、客观的形式以及体制的形式。第一类，具体的形式，这是指文化资本以精神或肉体持久"性情"的形式存在；第二类，客观的形式，这是指文化资本以文化产品的形式存在，比如乐器、书籍、图片等等；第三类，体制的形式，这是指文化资本以一种客观的、必须进行区别对待的一种形式存在。

随着时间的不断推移，社会在不断地发展。自从文化资本这个术语被提出之

① ［德］马克思，［德］恩格斯．马克思恩格斯全集 第 42 卷 [M]. 中共中央马克思恩格斯列宁斯大林著作编译局，译．北京：人民出版社，1979.

后，后面的学者也就开始不断地进行继承和发展，并引用文化资本这个术语展开分析研究。比如吕庆华在《文化资源的产业开发》一书中认为，在人类生活过程中，能够形成人类生活共同要素的东西，都具有一定的文化价值[①]。如果文化的经济价值能够用货币单位衡量，那么个人或团体就可以给文化产品赋予文化价值；文化资本就是文化价值的积累，随着物品或者服务的不断流动，这种文化产品还具有经济价值。在流通过程中，这件文化产品就是一件具有使用价值和价值的商品。

随着文化资本理论的不断发展完善，文化产业也在不断地开展之中。在文化产业开发过程中，文化资本理论为它提供了理论基础，使得世界各国越来越关注文化产业的发展。

3. 文化资源产业开发的二重规律

文化资源开发不仅受一般的商品价值规律的影响，同时因为文化对人的价值产生持久影响，它同时还受社会价值规律的影响。

（1）文化资源产业开发的商品价值规律

商品价值规律包括：商品价值由生产商品的必要劳动时间决定，商品以价值为基础实行等价交换；所有的商品开发和商品交换都受价值规律的影响。商品价值规律对文化资源开发的主要影响通过几个方面产生作用，主要有：供求机制、价格机制和竞争机制。等价交换原则、利润最大化原则渗透到文化生产、再生产过程并影响文化生产的方向、效率及文化生产经营者的选择行为。但需要注意的是，商品价值对于文化资源开发而言具有局限性，主要表现在：一是人类的精神需求通常是复杂多样的，文化产品往往无法满足人类精神的需求，所以需求与满足之间的矛盾比一般物质商品的需求与满足之间的矛盾更大；二是因为文化资源具有价值影响的特殊作用，市场不能对文化资源的社会价值进行筛选，如封建迷信、淫秽色情、凶杀暴力等文化产品，通过一般价值规律不能完全调整，需要有关部门进行市场手段之外的管理；还有一些文化产品，比如图书馆、博物馆、歌剧院等，它们不能按照一般的价值规律运行，需要有关部门通过文化事业管理的方式进行扶持。

---

① 吕庆华．文化资源的产业开发 [M]. 北京：经济日报出版社，2006.

（2）文化资源产业开发的社会价值规律

文化具有社会性的特点，文化的社会性主要特点就在于文化对人的精神产生持久性的影响，对人们价值观的形成具有重要的影响。文化社会价值规律为文化资源开发提供了一个规范，并对它进行约束，使它朝着人们价值的方向发展。

（二）经济学与市场学理论

将经济学与市场学理论应用于文化旅游资源开发方面，我们可以发现，在旅游经济学理论中，文化旅游资源的开发以及文化旅游相关产品的生产、消费、运行等，不仅具有经济活动的运行规律，还具有文化旅游资源本身的独特的运行规律。

在旅游市场学理论中，我们可以发现，文化旅游资源的开发与旅游促销手段、旅游市场定位、旅游产品的功能定位等有关。在文化旅游市场定位中，影响因素主要包括所开发产品的功能特点、资源地的地理区位特点、潮流产品以及客源群体的旅游偏好。

（三）可持续发展理论

可持续发展理论，就是指要保持经济、生态与社会的可持续发展，即“既满足当代人的需要，又对后代人满足其需要的能力不构成危害的发展”[①]。可持续发展理论在文化旅游资源开发中主要表现为以下三个方面的内容：生态环境的可持续性、社会发展的可持续性、文化发展的可持续性。

（四）系统理论

系统理论主要是为旅游规划提供理论指导。在文化旅游资源开发方面，系统理论的作用如下所示：

（1）使旅游产业要素进行合理配置，从而产生最大的综合效益；

（2）全面、多角度开发旅游区；

（3）从旅游区域来看，加强区域之间的旅游交流与合作，促进区域旅游业的持续健康发展。

---

① 世界环境与发展委员会. 我们共同的未来 [M]. 长沙：湖南教育出版社，2009.

（五）审美理论

文化旅游资源是美的积淀，是一个民族或多个民族文化审美的积淀。“真”“善”“美”是美的浓缩和主要表现方式。在文化旅游资源开发过程中，不管是什么样的文化旅游资源，它的开发必须符合审美的需要，这样才能被消费者所接受。

一、文化旅游资源开发总体规划

其前提条件是要对文化旅游资源进行细致深入的调查分析，在这个基础上，确定其发展目标、开发定位等等。文化旅游资源开发总体规划，是在文化资源开发之前进行的一个计划设计的过程。具体可分为以下几个方面。

（一）确定发展目标

发展目标，就是指文化旅游资源项目最终发展的方向以及其最终要达成的目的，这是文化旅游资源项目的灵魂。在对旅游文化资源进行深入调查评价之后，要通过可行性分析，然后才能确定其发展目标。文化旅游资源开发目标可以分为区域的经济发展目标、环境建设目标、社会发展目标、遗产保护目标等，不同的文化旅游项目往往有不同的目标。但是不管项目有多少目标，每个项目的目标有多不同，每个项目都有一个总体目标，这个目标必须是量化的、可以测评的。目标还可以是从时间上来被区分的，分为总体目标和阶段目标。

（二）文化旅游资源开发的定位

定位，指的是确定方向，指出方位。从文化旅游资源开发角度来看，定位指的是从不同角度确定文化旅游资源的特征，是文化旅游资源开发者为适应消费者的行为，而设计自身的形象、功能、市场和模式。所以，本书中将文化旅游资源开发定位分为以下四个部分。

1. 形象定位

为消费者树立一个鲜明独特的自身形象，使消费者能够印象深刻，该形象可以满足消费者的兴趣或者偏好。

2. 功能定位

文化旅游资源适应于开展文化旅游活动的总体功能。

3. 市场定位

确定目标市场，确定是境外市场、全国市场还是地方市场。

4. 模式定位

模式定位，就是指在文化旅游资源开发过程中，要根据不同的需求，根据文化旅游资源的开发项目确定不同的模式。比如，在投资主体方面，可分为企业主导型、政府主导型、外商投资型、民间投资型等等。

（三）文化旅游资源开发规划区范围、规模和性质的确定

对文化旅游资源开发区域的确定，决定了文化旅游资源的空间规模大小。只有明确了规划区的范围和规模，才能进行具体的项目布局，并进一步实施项目。

（四）项目总体布局

对项目各个要素进行布局，确定项目功能区域分布。不仅仅是对主要旅游景点、景物布局，也要对相关配套设施进行布局和规划。因此，项目总体布局是整个项目总体规划的关键步骤，决定了项目的成败。

（五）确定开发步骤和主次

对项目中重点部分和基础部分进行确定，确认项目开发先进行哪一步、后进行哪一步，使项目合理有序地完成。

第三节　山水文化资源及其开发

一、山水文化的类型和价值

（一）山水文化

1. 山水的含义

山水，从字面意思上来看，就是指山与水，但是总体来看，“山水”又不仅

仅是指山和水，还包括花草树木、鱼鸟虫石、云雾雨露。山水，是一种广义的自然景观，不仅指磅礴的山脉、激荡的河流，还包括林中的草木、水中的虫鱼、山上的亭楼等等，它包含一种综合的形态，是自然的代称。从现代旅游美学的角度看，“山水”是具有美学价值的“山水”，是指具有美学、科学和文化价值的景观，是专供人们进行观光、审美、科研、文化教育等精神活动的主要场所。近几十年来人们发现的很多奇山异水（张家界、武陵源、九寨沟、黄龙等），经过开发已成为新的风景名胜区。为建设新安江水库而使富春江两岸的许多奇峰峻岭变成了千岛湖中的小岛，成为一个新的国家风景名胜区；三峡大坝的建成，使原来水流湍急的三峡出现高峡平湖的壮丽景象，成为新的旅游景观，有了新的面貌和新的内涵；昆明世界园艺博览会，汇五大洲之名贵花木，集世界各地园艺之精华，为春城昆明增添了一个新的生物景观。因此，“山水”的含义不断地变化着。由于山水的文化积淀深厚，又具有文化、科学和美学价值，可称为“山水文化”。

所谓文化积淀深厚，是指大多数山水风景区都有着悠久的开发历史，在景区里面积淀着历代封建王朝的烙印，包含着丰富的文化内涵。例如，历代帝王从秦始皇到乾隆皇帝都要到泰山去“封禅”。那些封建帝王们为了祈求天地神祇的祝福，保佑封建王朝的长治久安及自身的长生不老，都专程到东岳泰山来报天地之功，这是当时的一大盛典。中国第一个专制皇帝秦始皇在即位的第三年去登泰山封禅；紧跟着秦始皇封禅的是另一位皇帝——汉武帝；第三位封禅的是东汉开国君主光武帝刘秀……直至乾隆帝，曾经有 13 位帝王 31 次来此进行过祭祀活动。帝王们登山封禅的过程，也是大规模游览的过程。在游览中，他们留下了帝王踪迹。如泰山的五大夫松是秦始皇登山避雨的大树；《祭泰山铭》是唐玄宗留下的墨迹……据《史记·封禅书》记载，秦始皇泰山祭天，中途遇雨，歇于大树下，秦始皇因此树护驾有功，乃封之为“五大夫”；唐玄宗李隆基书写的《祭泰山铭》在泰山碧霞祠侧，即唐摩崖，正文 966 字，加上题额刚好千字，这是他在开元十三年（公元 725 年）十月率领百官去泰山封禅时亲笔所写，刻于岱顶大观峰峭壁上；北宋大中祥符元年（公元 1008 年）十月封禅泰山，宋真宗制造神话，加封“碧霞元君”，护修岱庙，兴建“天贶殿”，把祭天地的封禅活动转化为祭神活动；明太祖朱元璋封泰山之神为“正神”，每年都派人来祭神，曾作文以颂泰山之高大雄伟；清乾隆祭泰山先后有十一次，其中六次登上岱顶，在封建帝王的封禅史上是最多的。他在宣扬“功德”的同时，也歌颂了泰山的雄伟壮丽，留下了不少为泰山增色的诗词，如《题封禅事》《题汉柏作》等。

在许多名山中，除了帝王封禅巡游之外，历代不少文人墨客登山游览，留下了众多的山水诗词和游记。在他们的心目中，这些名山胜水已经不是崇拜山神的地方，而是陶冶心情、游览观赏的场所。在他们的笔下，山水实景与诗境之美交融，使人尽享自然之美，并进入精神愉悦之境，如李白的《望庐山瀑布》《早发白帝城》，杜甫的《望岳》，苏轼的《饮湖上初晴后雨二首・其二》，等等。他们欣赏到绝美的景色，心中赞叹不绝，于是写下诗句，抒发自己的所见所感。当我们参观黄鹤楼时，也不由得会想起苏东坡的“大江东去，浪淘尽，千古风流人物”的佳句。这一切都表明，我国的“山水”有着深厚的历史积淀、丰富的文化内涵。

2. 山水文化的含义

什么是山水文化？山水文化内涵是什么？这里我们对山水文化的内涵进行具体的分析和研究。

山水，是自然的代称；文化，则有广义与狭义之分，广义上的文化是指人类在认识世界、改造世界过程中创造的所有物质财富与精神财富的总和，狭义上的文化单纯指人类生产生活过程中创造出的精神财富。因此，我们可以得出以下结论。

山水文化，应当是指与山水景观有关的文化，而且这些文化应当包含物质文化与精神文化。其中，与山水有关的物质文化是指客观存在的山水景观所包含的文化内涵，如黄山、华山、峨眉山等名山和大江、大河、大湖等所包含的文化意蕴。所谓与山水有关的精神文化，是指表现山水的各种山水诗词、山水画、山水游记、碑刻、题记、匾额、故事、传说等。中国山水诗鼻祖南朝大旅行家谢灵运曾经说过：“夫衣食，生之所资；山水，性之所适。”他一语道破了中华民族视游山玩水为精神生活的民族性格。在人与自然的沟通中所留下的踪迹就是山水文化。在古代，这些踪迹或是山中樵夫和江上渔翁闲谈的话题，或是士大夫、文人墨客寄情的载体，或是民间流传的故事传说；在现代，则成了旅游者观光游览、休闲度假的对象。

另外，山水景观是客观存在的。人类在欣赏山水的过程中，用自然的眼光以及审美意识来进行解释，从而形成了山水文化。因此，可以说山水文化是人类的一种审美文化。没有人的发现，它是成不了动人的山水现象的。例如，宋人郑震描写黄山奇丽风光的诗："奇峰三十六，仙人结青鬟。日际云头树，人间天上山。九州人共仰，千载鹤来还。遥见樵苏者，披云度石关。"他描绘了"山似青鬟、树在云间、人在仙山"的奇景，渲染了"日照高山树，人度云间关"的动人画面。唐代诗仙李白的《望庐山五老峰》，诗曰："庐山东南五老峰，青天削出秀芙蓉。九江秀色可揽结，吾将此地巢云松。"一个"削"字，将险峻、陡峭、高耸入云的五老峰形象，活生生地烘托出来。五老峰侧，有庐山的三叠泉瀑布，落差共约一百五十余米，其中第三级最长，也最壮观，每一叠瀑布都独具神韵，因此，它有"庐山第一奇观"之誉。南宋诗人刘过《观三叠泉》诗描绘了该瀑布的美"初疑霜奔涌天谷，翻若云奔下岩宿。散为飞风扬轻烟，垂似银丝贯珠玉。随风变态难尽名，观者洞骸心与目。"这一优美的诗句，把三叠泉的美，把其高峻、冷凝、轰响刻画得淋漓尽致。游人看到此诗，就会联想起看三叠泉产生的奇异感受，使自己达到悦神的精神享受的目的。由上述例子可见，这些奇景若不是人们带着审美的眼光去发现和挖掘，便只是一堆山石，这就是山水文化的精髓所在。

（二）山水文化的类型

1. 山水精神文化

（1）山水艺术

①山水诗词

在中国历史上，诗词是一颗不能忽视的耀眼明珠。中国诗词的类型有很多，描绘的情境也有很多，山水诗词便是以山水为主要描绘主体的诗词。山水诗词兴起的朝代是魏晋南北朝，在唐代逐渐发展成熟。唐代，山水诗派的双璧就是孟浩然和王维。这个时期的山水诗词有很多，如《春江花月夜》《望岳》《登岳阳楼》等等；写过山水美景的诗人也有很多，如张若虚、李白、杜甫、孟浩然等等。张若虚写《春江花月夜》，描绘出一幅月照春江的美景图，烘托出一种情景交融的氛围，从此开启了山水诗的新篇章；李白一生游览名山大川，观赏过许多美景，留下了许多山水诗名篇，让后人倍加赞叹；杜甫在登泰山之时，作《望岳》，描绘出东岳泰山雄伟磅礴的气质，赞美了壮观巍峨的景色，展示了杜甫对于祖国山川的无限热爱。在这些诗人的影响之下，中国山水诗异彩纷呈，山水诗文在中国文学史上蔚为大观。其中形成的不独于意象的诗蕴，对日后日渐成熟的园林艺术具有独到的影响。

②山水画

中国有许多名山大川、溪流湖泊，中国古代文人除了使用山水诗来对其美景表示赞叹，还运用山水画来将其巍峨壮丽、灵动自然的景色生动细致地描绘出来。同山水诗相似，山水画创作也是在唐代开始兴盛繁荣。山水画有多种流派，如水墨山水、青绿山水等等。山水画的代表人物有顾恺之、宗炳、黄宾虹、张大千等等，他们从事山水画创作，不断发扬山水画文化，不断增强技法、探求画理，展示出山水画的民族特色。从古至今，历代山水画大师们都留下了许多不朽的作品与文化遗产，他们重视“外师造化”，不断探索新的绘画技法与绘画风格，将山水画推向了一个又一个高峰。

在中国古代绘画中，山水画占有十分重要的地位。中国古代画家对于山水画十分注重，从公元 6 世纪到 19 世纪这么长的一段时间内，中国画家绘画的主题都是山水，或者以山水为核心的各种植物、动物等等。

③山水游记

山水游记，就是指作者在登山临水时，将巍峨的高山、灵动的流水通过游记的形式描写出来，同时也记录下作者当时的所见、所闻、所感。山水游记的代表人物是元结和柳宗元，他们二人对于山水游记的发展起到了非常重要的作用。到了明清时代，各种山水小品层出不穷、丰富多彩，令人眼前一亮。文人们在山水间游历，心态不同，感受也不同，他们在写山水游记时所重视的点也不同。山水游记具有很多种形态，大致可以分为两类，一类比较注重考察和写实，另一类比较注重抒情和议论。第一种，比较注重考察和写实，也就是比较着重探索山水的“真”，通过对大自然山水的外在美好形态的描写展现出对于大自然的热爱，这方面的代表人物是徐霞客。徐霞客是我国著名的旅行家和文学家，他真实地践行了“读万卷书，行万里路”，立志一生走遍祖国的大好山川，他将自己的经历写在《徐霞客游记》这本书中，不仅描绘了祖国的地貌风光，还描写了各种地理、动植物状况。《徐霞客游记》既是一本地理著作，又是一本文学著作，实现了科学与文学的完美融合。这本书不仅展现了他深厚的文学功底，还展现了他丰富的地理知识。阅读这本书，我们不仅可以感受到各种美妙的奇景、探险的乐趣，还可以与他产生一种微妙的共鸣，激发起深埋心底的豪情壮志。第二种，比较重视抒情和议论。这种山水游记的特点是将叙事、写景、抒情和议论融为一体，将山水作为一种情感的媒介，重点是表情达意、抒发心中感怀。这种山水游记的代表人物是柳宗元。

（2）山水哲学

在我国文明发展的黎明时期，由于对自然山水认识水平的不足、生产力发展水平的低下，人们把自然山水看作天的化身，于是产生了以祭祀、崇拜山川神祇为特点的原始宗教。其后，随着我国古代人民对自然界认识能力的提高，山水慢慢走出宗教的谜团，成为人们进行哲学沉思、审美观照的对象。

①宇宙生成论

中国古代哲学最早企图解释宇宙万物的产生，是从阴阳五行观，特别是“五行”学说作为开始的。《易传》称“润万物者莫润乎水”，让人明确地意识到，包括山水在内的物质实体之间的交感和摩荡，并产生了世界万物。蕴含了中国哲学的宇宙生成论的五行观，在先秦以后继续发挥着它的重要意义。

汉代董仲舒提出了“五行相生相胜”的观念，并把原始的《尚书·洪范》以水为五行之首的秩序改为木、火、土、金、水，水居五行之末。董仲舒的五行观把五行与社会人事联系起来，更多地带上了神化迷信色彩，可以说是思辨哲学的一个退步。

传统的五行观到了宋明理学时代，体现的起源论哲学的理性思辨光芒再次焕发出来。理学家吸收了道家哲学关于宇宙生成、万物化生的理论，在世界的本体（理、道或气）外化为宇宙自然、万物人类时，五行被作为一种物质质材，或如朱熹所称的“生物底材料”，成为从理（或气）到物不可或缺的中介之一，从而成为被赋予更具理性思辨色彩的宇宙生成图式的重要组成部分。

②道家的水性哲学

以老庄为代表的道家哲学具备带着水性的特点。他们往往从水性中感悟出深邃的宇宙人生哲理，从深不可测的水中领悟到渊乎不可测的“道”。

在老子的五千言《道德经》中，经常以水或与水有关的有形事物来比喻、说明其“道”的特点及其“道”应用于社会人事的处世准则。在《老子》一书中，水及其流经之处的川谷等因与“道”“德”具有深刻的内在联系而具有极为重要的意义。也许，老子哲学正是在对水性的感悟并旁及其他社会、自然事物而高度抽象的智慧结晶。总之，水在老子哲学中无疑具有十分突出的地位。由此可见，老子哲学是水性哲学。

③儒家的道德感悟

与以老、庄为代表的道家哲学相比，山水与先秦儒家哲学的关系则出现了一些新的因素。山开始在儒家创始人孔子的思想中占据与水同等重要的地位，山与水作为一个对等而又常常联系在一起的范畴出现在中国文化中。

孔子积极奔走于列国之间以求实行他的道德政治理想而“不知老之将至”，但他对山水却情有独钟。相传孔子“登东山而小鲁，登泰山而小天下”，巍巍高山培植、孕育了他“泛爱众”的博大胸怀。他经常以山之高峻来比拟理想中的古代圣明君王的仁爱美德，并且把山当作他所崇拜的“仁者”的形象。至于水，更是引发出孔子无限的哲理情思，触发他深沉的哲学感慨。《孟子》记载孔子：“亟称于水，曰‘水哉，水哉！’”《荀子・宥坐》《说苑・杂言》等均记载孔子回答他的学生子贡关于何以“君子见大水必观焉”的问题。这些记载在具体内容上也许不一定是真实的，但孔子特别喜爱水，那应该是确有其事的。而且，对水的沉思，在孔子那里更具有哲学意味。由于孔子的思想以伦理道德为核心，他对山水的感悟、赞美，也就多从道德人格上着眼。“巍巍乎，舜禹之有天下也而不舆焉！”“大哉尧之为君也！巍巍乎！唯天为大，唯尧则之。荡荡乎，民无能名焉。巍巍乎其有成功也，焕乎其有文章！”（《论语・泰伯》）这里以山的高峻、水的广博来形容尧、舜、禹的仁德。《礼记・中庸》云：“天地之道，博也，厚也，高也，明也，悠也，久也。”孔子的仁爱道德理想之博厚，正好以山高水长来形容，而人面对充分体现了这一崇高理想的仁德，就如同面对高山那样充满了仰之弥高的敬仰之情。

在孔子的山水观念中，山水的道德意义特别是美学意义要大于它的哲学启示。而在山、水两者中，相比较之下，山的道德意味更浓，而水的哲学启迪则较山丰富。

孔子之后，儒家门徒及其后学对孔子具有道德哲学意味的山水观做出了更为精细的阐释和发挥，使孔子所建立的山水与道德这条纽带变得更为牢固。《孟子》《荀子》《尚书大传》《韩诗外传》《说苑》以及董仲舒的《山川颂》都对孔子的山水道德有所感悟，特别是为“智者乐水，仁者乐山”做出了更为具体的解释和发挥。

2. 山水物质文化

（1）山形态文化

山形态文化，就是山所蕴含的内在的文化。中国的山脉众多，许多山都有各自的文化内容，如五岳即泰山、衡山、恒山、嵩山、华山，以道教而著名的武当山、青城山，以佛教而闻名的峨眉山、五台山、普陀山，以风景闻名的庐山、黄山等等。山形态文化的历史悠久，要追溯到远古时代。在远古时代，我们的祖先就曾经以山作为主要的活动场所。

①五岳

中国自古以来便有“三山五岳”的称呼。从很久以前，帝王常常要到山上祭祀天地，表明自己受命于天，这些祭祀的山便被称为“岳”，五岳是指五座山，这五座山分别是东岳泰山、西岳华山、南岳衡山、北岳恒山、中岳嵩山。在这五座山中，泰山居首。关于五岳说法的提出，从汉代开始，直到隋朝时期才确定下来。东岳泰山已经作为文化、自然混合遗产被列入了《世界遗产名录》。在中国山形态文化中，五岳发挥着十分重要的作用，是中国传统文化的缩影。

②佛教名山

佛教名山，是指以佛教而闻名的山脉。中国山脉有很多，其中佛教名山占的比重最大。中国佛教名山中，最具盛名的有四处，这四大佛教名山分别是：四川峨眉山、山西五台山、浙江普陀山以及安徽九华山，这四大佛教名山分别是四个菩萨的道场。所谓道场，就是指修行学道的场所。四川峨眉山，是普贤菩萨的道场；山西五台山，是文殊菩萨的道场；浙江普陀山，是观世音菩萨的道场；安徽九华山，是地藏菩萨的道场。通过这些佛教名山，我们可以了解佛教在中国的发展，感受佛教文化。另外，这些佛教名山上的建筑、雕塑、壁画等也都展现出独特的艺术特征。

③道教名山

道教名山，是指因道教而闻名的大山。道教，是中国的本土宗教。中国有许多道教名山，这些道教名山中蕴含着丰富的道教文化。比较著名的道教名山有青城山、武当山、崆峒山、茅山、龙虎山、三清山等等。武当山层峦叠嶂，十分险峻，在这里有着宏大的道教建筑群，隐没在山谷水涧之中，展现出一种飘渺的朦胧意境。经古建筑专家鉴定，在武当山现存着我国保存最完整、规模最大、等级最高的明代道教建筑群，举世罕见。龙虎山是道教正一派的发源地，拥有着十分丰富的人文景观，有上清宫、天师府、正一观等等。

④风景名山

风景名山，就是因为风景而闻名的大山。中国的风景名山有庐山、黄山、武夷山、桂林山脉、雁荡山等等。李白曾经为庐山写过几首诗，如《望庐山瀑布》《庐山谣寄卢侍御虚舟》。在诗中，诗人赞叹了庐山的层峦叠嶂、云雾缭绕、巍峨高耸，也赞美了庐山瀑布如同银河一般飞流直下的壮观景象。黄山有四绝，分别是奇松、怪石、云海、温泉，游客们源源不断地前往黄山，感受着黄山独特的自然风光。人们对于黄山曾有这样的赞誉，即“五岳归来不看山，黄山归来不看岳”。武夷山，是国家 5A 级景区，世界文化与自然双遗产地，空气清新、风景秀丽，有着十分丰富的野生动植物资源。游览武夷山，不仅可以攀登山脉，还可以九曲观光，使游客沉醉在武夷山水之中。关于桂林山脉，曾经有这样一句俗语“桂林山水甲天下，阳朔美景胜桂林”。泛舟在漓江之上，就如同身处在一幅精美的山水画卷之中，令人身心舒畅。雁荡山被称为“东南第一山”，比较著名的就是奇峰、怪石、飞瀑、幽洞和深谷。另外，九寨沟、武陵源等地也是世界级的风景名胜区，风景优美，犹如人间仙境，令人流连忘返。

⑤政治名山

所谓政治名山，就是因某些政治因素而闻名的大山，比如骊山。骊山虽并不十分出名，但是历史十分悠久，周幽王、秦始皇、唐玄宗等人都与此山有着一些联系。

（2）水形态文化

水形态文化，就是水所蕴含的内在的文化。中国有许多水域，包括江河、湖泊、海滨等等，这些不同的水域有着不同的特点，也有着不同的文化内涵。

①江河文化

在中国传统文化背景下，江河文化具有十分特殊的意义。江河是人类文明的发祥地，江河文化是居住在江河两岸的人们用水、治水、崇拜水等过程中孕育出的灿烂文化。按照地域，我国主要有着黄河水文化、吴越水文化、荆楚湘江文化、运河文化、川江岷江文化等多种水形态的文化。

黄河水文化，是指黄河流域的主要水文化。黄河是中国第二大河，它起源于青海，最后注入渤海。黄河在流动过程中，经过许多个省份，呈现出“几”字的形状，支流在流动过程中带来许多泥沙，这些泥沙混合在河流中，使之呈现出黄色，因此得名。黄河的水势磅礴、支流众多，是古代文化的发源地。黄河水文化有大禹治水遗址、三门峡附近的风陵渡、伊水边的龙门石窟等，还有王之涣《登鹳雀楼》《凉州词》等著名诗作，三国时代曹植的《洛神赋》、传世画作《清明上河图》等都是反映黄河水文化的经典代表，传世不衰。

吴越水文化，指江苏、浙江一带的水文化，它以太湖流域为中心，从古至今诞生了许多著名人物，如东晋时期著名名士谢安，曾经就居住在绍兴的上虞一带，还有书圣王羲之、王献之父子等等；近代如王国维、鲁迅等等。

荆楚湘江文化，也是我国比较典型的水文化。荆楚是古时候的说法，包括湖北全境及其周围地区，现指湖北省。湘江是湖南省最大的河流，属于长江流域。荆楚湘江文化，是指长江流域中游的水文化，这一地区孕育了大量的诗人与词人，留下了许多著名的文学作品，比如屈原的辞赋等。

中国有着许多大大小小的江河，这些江河流域往往有着自己的独特的历史，展现出独特的韵味，孕育成各自的文化。因此，中华文化也变得如此博大精深、蔚为壮观。

②湖泊文化

湖泊文化，是指以湖泊形态孕育出来的灿烂的水文化。湖泊，不仅是人类休养生息之地，给人类提供物质上的滋养，而且还具有十分美丽的景色，给人们提供精神上的享受。人们常说湖光山色，在阳光的照耀下，湖泊与山石相互映衬，波光粼粼、交相辉映，展现出一种淡泊宁静的氛围，形成了一幅极美的自然画卷。

国内比较著名的有五大湖，这五大湖分别是鄱阳湖、洞庭湖、太湖、洪泽湖、巢湖。在中国风景名胜区内，有许多就以湖泊作为主体，有许多湖泊还有着十分动人的神话传说，融合自然景观与人文景观的双重美于一身。

③泉水文化

泉水文化，就是以泉形态孕育的水文化。地下有地下水，“泉”就是指地下涌出的水。涓涓清泉，水质澄澈，晶莹可爱，泉水叮咚，它从地下涌出来到地上，是人类十分理想的水源。在神州大地上，泉流众多，据粗略统计，较大的泉流就有十万多处。在泉的家族中有许多著名的泉，如冷泉、温泉、乳泉、冰泉、潮水泉、盐泉等等。

泉水，是人们理想的水源，它水质清澈、声响清脆，不仅具有实际用途，能够满足人们的物质需求，而且还能够愉悦身心、消除疲惫。在中华民族对泉水不断开发利用的过程中，“泉文化”逐渐诞生了，许多诗人和词人都描写了泉，并加以观赏和赞扬，如杨万里的《小池》、赵孟頫的《趵突泉诗》等等。

趵突泉，位于山东济南，是国家AAAAA级旅游景区，其水质清澈甘甜，乾隆皇帝曾经册封它为“天下第一泉”。虎跑泉，位于浙江杭州，被称为“天下第三泉”，此名与一神话传说有关。唐代有一个高僧，名叫性空，他想要在这里建造寺庙，但是由于这里水源短缺，于是打算作罢。在梦里，他得到指示，神说将要派遣二虎移来泉水，第二日果然如此，因此得名。

④海滨文化

海滨文化，就是以海滨形态孕育而出的文化。海滨文化比较著名的地点有蓬莱、鼓浪屿、旅顺口、徐福岛等等，下面进行简单介绍。

蓬莱，地处胶东半岛，蓬莱仙洲一直寄托着人们对于理想的美好想象。丹崖山巅蓬莱阁，是神话传说中八仙过海之处，它面朝大海，气势磅礴，十分壮观。

鼓浪屿，在厦门南部，这里四季如春、环境幽静，因海西南有海蚀洞，在受到浪潮冲击之后，会形成如同擂鼓一般的声音，因此得名。与鼓浪屿相关的历史人物有郑成功，在岛上还有郑成功纪念馆，他曾经在此地操练水师，以图收复台湾。

旅顺口，位于辽宁大连，此地峰峦环绕，自然风光秀丽，在景区内有许多文物古迹。由于此地是海上门户，有着多处战争遗迹，如中日甲午战争、日俄战争等等。

徐福岛，其名字的由来，与徐福此人有关。传说秦始皇想要长生不老，于是派遣方士徐福携童男童女与谷种、百工随行，到海外寻找三神山，即蓬莱、方丈、瀛洲三座神山。徐福便是从崂山境内的小岛登上航船的。因此，这座岛便被命名为徐福岛。

（三）山水文化的价值

古时候，有这样一句俗语，“靠山吃山，靠水吃水”，山水是人类赖以生存的地方。山水文化的价值体现在很多方面，下面对其价值展开多层次分析。

1. 美学价值

山水文化具有美学价值，这是毋庸置疑的。通过观赏山水，人们可以愉悦心情、陶冶情操。山水文化的审美价值主要体现在其色彩、形态等方面，下面简要叙述。

（1）色彩美

①山色之美

山体的颜色是混合色、调和色，山色会因季节的更替、天气的变换呈现出多样的色彩。

②石色之美

石色是相对稳定的色彩，因山石的岩体不同而呈现出不同的色彩。福建武夷山、新疆火焰山的红色砂岩和云南路南石林的青灰色石灰岩以及黑龙江五大连池的灰黑色、黄褐色的玄武岩等，都是以石色形成的旅游吸引物。

③天色之美

阳光透过大气层，在不同的天气和时间出现的朝霞、晚霞、云彩、雾霭，使天空呈现出蓝、紫、灰、红、橙、黄等色彩变化，色彩绚丽、层次丰富，给人以美感和无限的遐想。

④水色之美

水在不同的地理环境、季节以及周围自然景观的影响下能够产生丰富的色彩。

⑤植物色彩之美

植物的色彩变化最丰富：三月的桃花娇艳粉嫩、夏天的绿树郁郁葱葱、秋天的枫叶艳红似火、冬日的梅花洁白如雪。自然山水不仅是色彩的迷宫，也是一幅优美的天然画卷。

（2）听觉美

山水景观中的听觉美主要来自风声、雨声、水声以及动物的鸣叫声。林中，泉水潺潺，叮咚作响，鸟儿在欢快地歌唱，微风吹来，树叶沙沙作响；下雨时，空中传来潇潇的雨声，处处回荡着大自然悦耳的旋律。

在贵州赤水的十丈洞景区内，有一个大瀑布，这个瀑布高低落差有 70 多米，从高处向下俯冲而来，有时声音如同雷霆轰鸣，令人心潮澎湃；有时声音如同丝竹婉转，尽显悠扬声色。

（3）嗅觉美

在观赏山水景观时，游客们身处大自然之中，远离了现代的车水马龙。在山水之间、林木之间，游客们能够感受到空气的清新、花草的芳香，心情也会十分舒畅、愉快，并获得极其美好的心理体验。

（4）动态美

大自然的种种美感，既有山水的静态美，又有山水的动态美；既有静态的山，又有动态的水，两者的结合构成了山水美景的魅力。山水的动态美，主要是指流水、飞瀑和流云飘烟所形成的美感。

流水是山水风景的血脉，增添了山水风景的活力。水可静如镜面，也可动如生命。湖水似镜，倒映银月；涓涓细流，叮咚泉水，长流不息；汹涌巨流，动人心弦。瀑布是流水中最具活力的水景，它或从断崖上跌落，或从石壁上凌空直下，或顺着山势蜿蜒流淌，或几度跳跃、奔泻而下。这种如玉龙飞泻、击石雷鸣的景色，是形、声、色三态的绝妙结合，把大地装扮得更加秀美壮丽。我国著名的黄果树瀑布、壶口瀑布、雁荡山的大小龙湫、三叠泉、开先瀑布等皆可给人们带来这样的动态美景，让人们得到美的享受。

2. 艺术价值

艺术价值是山水景观具有广泛、持久吸引力的重要原因，主要体现在山水中广泛存在的人文建筑和文学艺术作品中。

（1）人文建筑

人文建筑，是指由人建造而成并倾注了建筑者的心血、承载了建筑者的理想的建筑。我国有许多人文建筑，一些人文建筑依存在山水景区内，这些建筑与山水相互依存、相得益彰，具有很高的艺术价值，如亭台楼榭、塔廊桥殿等。在古代，一些建筑艺术家在建造建筑时，往往以环境为依托，建造出与周围环境特色相符合的建筑，既烘托出自然的美妙景色，又展示出建筑的精神内涵。那些亭台楼阁、寺院宫殿往往都设计得十分巧妙，精美绝伦。游客在欣赏这些人文建筑时，不仅仅会被其壮观景象所震撼，还能够从中感受到建筑者浓浓的人文关怀。

（2）艺术作品

山水景观的艺术价值还表现在与之相关的诗文、楹联、绘画、摩崖石刻、雕塑等艺术作品中，这些艺术作品往往与周围的山水景观相互交相辉映，映衬出山水景观的独特美感，提升游客的审美境界。

从古时候起，文人墨客便喜爱游览山水，并从山水中获得志趣，其间留下了许多文学艺术作品。对于这些文人墨客来说，山水景观便是他们灵感的来源、创作的素材。关于山水景观的文学作品有很多，如山水的文学名篇和山上的碑刻、石刻文章等等。这些艺术作品发挥着十分重要的艺术价值，值得后来人仔细品鉴。比如泰山经石峪的《金刚经》石刻、唐玄宗御书《纪泰山铭》等等，它们保持着碑刻或摩崖石刻创作年代的原始风貌和时代文化特征，具有极高的艺术价值和文物价值。对于游客来说，有些时候，这些艺术作品对游客的吸引力也不容小觑。游客们来到此地，不仅仅是为了欣赏山水景观，也是为了此地的艺术作品而来。在观赏山水景观之际，游客们也更能深入地体会到艺术作品中描绘的那种感情，从而使眼前的景与内心的情产生呼应，让自己的内心更容易与那些文人产生情感上的共鸣。

3. 历史价值

这些山水中不仅具有美学价值和艺术价值，而且还有深厚的历史价值。山水，自古便有，经历了历史的更迭、时代的变迁，它仍然矗立在那片大地上，容颜已改但岁月如故。这些自然山水看遍了悲欢离合、世事变迁，它的历史价值主要体现在与它紧密相连的历史人物、事件以及传说之中。

（1）历史人物

历史人物是指那些在历史发展中产生重要影响、在历史长河中留下足迹、对历史进程起推动作用的人物，主要包括帝王将相、文人墨客等。

在中国历史上，许多文人墨客都喜欢游览名山大川，正所谓“读万卷书，行万里路”。通过游览祖国的大好河山，他们不仅能够增长经验、增加阅历，还能够一抒心中块垒，挥洒而作，表达出自己对于美好自然的热爱之情。柳宗元在被贬之际观山水有感，作山水游记《永州八记》，抒发自己的感想，完成了山水与人生的契合。永州原本只是一个偏僻的小地方，但是通过柳宗元这个历史人物对它的描写，它便有了历史价值。因此，很多人为了抒发思古之情，也前往柳州，感受当时柳宗元的心境。很多山水名胜，就是由于一些历史人物，而广泛受到人们的喜爱与关注，如敬亭山、庐山瀑布、黄州赤壁、桃花源等等，其中敬亭山、庐山瀑布与李白有关，黄州赤壁与苏轼有关，桃花源与陶渊明有关。

（2）历史事件

山水景观中的历史事件，是指历史上发生在这一地区并对当地或更广泛地区在政治、经济、军事、文化或其他方面产生重要影响的重大历史事件，这些历史事件的发生在很大程度上提升了山水景观的历史价值。如因三国时期白帝托孤而名气大增的三峡之瞿塘峡等。

（3）历史传说

与山水景观有关的一些历史传说，也能够增强山水景观的人文精神，展现出山水景观的历史价值。关于山水景观的历史传说有很多，通过将这些传说进行归类分析，我们可以将它们分为三类。第一类，通过神话传说来赞叹山水景观的巧夺天工；第二类，通过神话传说来将自然山水景观与历史人物联系在一起，不断增加山水景观的吸引力；第三类，通过神话传说将自然山水景观、人文景观与历史人物联系起来，增强自然山水景观的历史价值，增强自然山水景观的吸引力。在我国的名胜古迹中这些做法十分普遍，比如在辽宁省丹东市，有一座凤凰山，传说当年李世民东征路过此地，有凤凰现身向他朝拜，因而得名凤凰山。正是由于它将历史人物、人文景观以及自然山水景观结合了起来，凤凰山得到了人们的普遍关注，从中唐开始，凤凰山就成为一个十分著名的旅游胜地。

4. 科学价值

在古时候，人类的先祖曾经以自然山水作为居住场所。自然山水对于人类不仅具有美学、艺术、历史等价值，还具有科学价值，比如考古、建筑、水利等方面的价值。

山水中的人文景观常常蕴含着重大的考古价值。比如，在黄河流域内就曾经发掘出一些文化遗址；在渭河、汾河流域也发现了最早的人类化石；在山西芮城县中条山也挖掘出了西侯度遗址等等。这些化石和遗址有着很高的科学价值，对于研究人类文明的初步形成有着十分重要的意义。黄河流域是中国文明的发祥地之一，大约距离如今 1.2 万年之前，黄河流域的人类开始进入到新石器时代；又过了大约五六千年，此时仰韶文化和龙山文化开始出现，推动着中华文明不断向前发展演进。

山水自然景观是在不断变化之中的，随着时间的变迁，地质地貌也在不断地演变。山水自然景观为人们观察人类生存环境的演变、生物多样性的发展提供了十分重要的实物资料。人们还通过应用自然、改造自然不断地为人民生活谋福利，展现出山水景观的科学价值。比如京杭大运河、都江堰、三峡水库等等，这些著名的山水景区便有着十分丰富的水利价值与建筑价值。

二、山水审美及其与人文景观的交融

（一）山水审美

1. 山水审美的主要意识流派

（1）道家“天然说”

“天然说”是古代道家的代表人物老子和庄子等提出的，这一学说的核心体现在对天然之美、不假雕琢之美的推崇。他们认为：天地之美是客观存在的，面对这种天地之美，人们不应该去人为干扰，而应该顺其自然。万物有灵，万物有其各自的发展运行规律，正是由于万物的和谐相处，才造就了大自然的生生不息。道家强调“自然之美”，他们寻求的是“天人合一”的思想境界。对于艺术，庄子主张顺应大自然的运行规律，不露人工雕琢的痕迹。与此同时，庄子也主张人类应回归自然，与自然和谐共处，从而寻求内心的安宁与快乐。

道家的这种“天然说”对于后世的影响很大，其一，它使得后面的人们开始意识到自然山水的美，人们开始到自然中去，游历山水；其二，它影响着中华民族审美心理的形成，特别是唐代以后对自然之美的追求，中国古代园林的“虽由人做，宛自天开”的原则就是受其影响形成的；其三，它影响着人们对待大自然的态度，即要顺应自然，不要用外力去干预它、改变它。这对于目前开发和保护旅游资源来说是值得借鉴的。

（2）儒家“比德说”

以孔子为代表的儒家的“比德说”，以山水比喻道德、品质，体现了中国古代的传统自然审美观念。孔子曾在《论语》中说：“智者乐水，仁者乐山。智者动，仁者静。智者乐，仁者寿。”仁者何以乐山在《韩诗外传》中曾有这样解释，即山受万物之瞻仰，草木生于其上，万物、飞鸟、走兽皆汇聚在此，风云也起于山中。天地和谐，国家也会安宁，这就好比君子之德，所以君子爱山（君子就是指品德高尚的人）；智者何以乐水在《韩诗外传》中也有解释，作者把水的流动、汇聚、跌落、静澄和奔流不息，比作君子之智、礼、勇、命、德的品格，所以说智者乐水。孔子的这种以山比德、以水比智的观点，着重从人的伦理道德观点去看自然现象，对后来的山水审美观有很大影响。李白、周敦颐、陆游等文人名士在游山玩水中领悟到人生的价值、出淤泥而不染和君子洁身自好的可贵，这些都是这一审美观念的体现。

“比德说”的审美价值主要体现在三个方面：

首先，它强调把自然之美和人的道德品质联系起来，这就使人们在游览山水景色的同时，开阔胸怀、陶冶情操。它对于提高民族的文化修养与道德水平有积极的影响。

其次，有助于人们在欣赏山水景色时，透过表面的自然现象去寻找内在的含义，即不仅要看到山水的外在的形态美、色彩美、动态美，还要看到其内在的气质和蕴含的精神。例如，杜甫的佳作《望岳》，诗曰：“岱宗夫如何，齐鲁青未了。造化钟神秀，阴阳割昏晓。荡胸生层云，决眦入归鸟。会当凌绝顶，一览众山小。”诗人绘尽了岱宗的景色，给登临泰山者以慧眼观泰山岱顶之雄伟，并以其哲理打动游人的心。这首诗以岱岳的雄伟、诗歌的魅力，打动了千古游人，荡涤着游人的胸怀。

最后，在这种理念的影响下，不少的山水景观得到了“人化”，即这些山水景观被留下了人的道德情操的印记，从而使山水的自然美和精神美相结合，并使这些山水景观具有更高的旅游价值。因此，自古至今，泰山在中国人民的心中不是一般的山脉，而是五岳之尊、名山之祖；黄河也不是一条普通的河流，而是中华民族的发祥地、母亲河，是中华民族精神的象征。

（3）其他学说

我国的山水画是对所游历山水的形象描述和再现。古代的一些著名的山水画家积累了不少自然审美思想，如南朝的山水画家宗炳，在其《画山水序》一文中提出了“澄怀味像”的自然审美观；北宋山水画家郭熙在其《林泉高致·山水训》中提出了“有序协调”的山水审美思想；北宋画家韩纯全的“山水是动静结合的”审美观点等等。

宗炳的“澄怀味象说”是他的自然审美观。所谓澄怀是澄清胸怀中的一切世俗杂念，做到虚静、坐忘。而宗炳所说的“贤者澄怀味象”，贤者是指品德高尚的人，贤者通过游览观赏山水，应收获心灵被净化后的愉悦。所以，这里所指的“澄怀”是审美应达到的目的；“味象”是指人们在欣赏山水时，要通过想象、联想和思维等，超越山水形体的局限，去品味包含在山水中的内在情趣。这里特别强调品味，强调游人自身的主体意识的参与，强调把握山水的意象美。这也告诉我们，游人在欣赏自然山水时注重精神上的愉悦、情趣和精神状态。

郭熙是北宋时期的一位有影响力的山水画家，他的《早春图》《关山春雪图》，代表了当时北宋画院的水平。他通过对不同季节气候景色的描绘，表现了山水林泉的优美，将北派山水提升到了一个新的高度。他在其论著《林泉高致·山水训》中，对如何欣赏自然山水、构筑山水都提出了自己的看法。他认为：山水风景总是有主有从，主从之间互相陪衬、互相呼应，形成一个有机的整体。他说：“山以水为血脉，以草木为毛发，以烟云为神采。故山得水而活，得草木而华，得烟云而秀媚。水以山为面，以亭榭为眉目，以渔钓为精神。故水得山而媚，得亭榭而明快，得渔钓而旷落……山无烟云，如春无花草。山无云则不秀，无水则不媚，无道路则不活，无林木则不生，无远近则浅，无平远则近，无高远则下。”在这里，郭熙把自然山水拟人化，指出构成自然山水的诸要素中主要是山、水、树木，又指出了山、水、树之间的相互依存关系就如同人的骨架、血脉和毛发之间的关系。它们之间相互依存、有主有次，共同构成了一个有序的、协调的整体。这些观点对后世影响很大，尤其在人工建造园林中成为要遵循的一条重要原则。

2. 山水之美的鉴赏方法

在观赏山水时，存在特殊的审美场值。要想得到绝佳的审美体验，就必须要掌握好观赏山水的方法，在观赏时要注意选取恰当的观赏距离、观赏角度、观赏方法以及观赏时间，以领略山水景观之美。

（1）选择恰当的观赏距离

在观赏山水时，选择一个恰当的观赏距离十分重要。观赏的距离不同，双眼欣赏到的景色也不同。通常情况下，根据观赏距离的远近，可分为远观与近观。下面，对这两类分别作简要介绍。

①远观

远观适宜于远山、大海、悬崖、草原等整体景物，以及依附于山上、体积庞大的对象的观赏。远距离观赏，容易看清景物的全局、把握整体轮廓，产生或高大、或雄浑、或朦胧、或险峻的感觉，不仅能够观察到景物的全貌，还能够得到整体的感受。

②近观

近观，适用于观察那些比较精巧细致的景色。比如，当观察壁画上的繁复花纹、碑石上的精致石刻以及楼阁上的小巧楹联时，可以采用近观的方法。

在观赏山水景观时，通常需要采用近观与远观相结合的方式，这样既能纵观全局，又能够领略细微处的美景。

（2）找到最佳的观赏角度

针对不同的观赏对象，采取平视、俯视及仰视的观赏角度，能在立体感、纵深感和层次感上享受景物的美。

①平视

所谓平视，就是指在观看事物时，既不抬头，也不垂首，而是将视线保持与地面平行的角度。这种平视的观赏角度能够让视线延伸得比较远，适宜观察比较开阔的景色。苏轼在《饮湖上初晴后雨》诗中描写了西湖的美好景色，诗人在观察西湖景色时采用的便是平视的角度，“水光潋滟晴方好，山色空蒙雨亦奇”，远方的景物由明变暗，空间深度的感染力格外强烈。同样，在采取平视的视角观赏黄山云海时，缥缥缈缈的美景则呼之欲出。

②仰视

从低处看高处称为仰视，有利于突出主景的高耸突兀之势，适宜于观赏巍峨的高山、峭拔的山峰、高大的建筑等景色。当采用仰视的观察角度时，视线从低处转到高处，我们能够更好地欣赏到壮观之景，心中激起无限回荡。在《望庐山瀑布》中，李白在描写飞流直下的瀑布时，便采取了仰视的视点，将飞流直泻的瀑布描写得雄伟奇丽、气象万千、奔腾咆哮、气势磅礴。

③俯视

所谓俯视，是指从高处往低处看。根据俯视的距离远近，可以将俯视分为两类，分别是近俯视和远俯视。近俯视，是指观看点与视点距离较近的观察；远俯视，指观看点与视点距离较远的观察。在观察景物时，要根据景物的远近，采用不同的观察方法。当观察的景物比较近时，比如从山顶观察山下的景观时，要采用近俯视的方法，这样，视觉上更容易产生惊心动魄之感，更加适宜；当观察的景物比较远，比如登黄雀楼时，极目远眺、凭栏远望，这时候要观察较远地方的美景，就应该使用远俯视。不过，在大部分情况下，我们在实际景观欣赏过程中并不会只使用一种观察方法，而是将平视、仰视和俯视有机结合，这样才能够更好地观赏景物，更好地感受到景物的美。

（3）合理选择观赏方式

①动态观赏

与静态观赏相对，从其字面意思来看，动态观赏就是指采用动态的形式观赏风景。边步行边观赏，或者乘坐车、船，然后在车、船上观赏风景。这种动态观赏的方法适合观赏那种比较密集的景色或者比较宏大的景色，随着游客不断地移动，景色也在不断地变化，游客们能够欣赏到不同的景色，从而获得不同的审美体验。

步行游览是一种较为普遍的动态观赏方法。有时候景观太过庞大，仅仅从一个地方观赏，无法获得全貌。这时候，游客们就需要采用动态观赏的方式。游客们一边步行，一边观赏景色，在旅途之中从视觉上和心理上都能够获得十分丰富的感受。

乘坐车、船、索道、滑竿也是较为常用的动态观赏方法。大连、北戴河、青岛、张家界、黄山等景区都开展了动态观赏的游览形式，游客们可以观赏数十里旖旎多姿的风景。

②静态观赏

静态观赏，就是指采用非动态观赏的形式来对景物进行观赏，游客们并不进行移动，而是始终站立在一点，通过视线的变换来仔细品味、咀嚼风景之美，适宜观赏精细、复杂、微观之景。静态观赏需要的时间较长，感受量较大。诸如泰山摩崖石刻这类文化意蕴较为深刻的景观，以及山林间体积较小的景观如泉水游鱼、花草树木等都适合静态观赏，进而仔细玩味。在旅游过程中，有时需要动中求静、静中求动、动静结合地观赏，二者是相辅相成、互为补充的。动态观赏是寻求山水的乐趣与动感之美，静态观赏则是注重情趣与静美。只有动与静相互结合，才能获得良好的观赏效果。

（4）观赏时间

在观赏山水美景时，还要注意观赏时间。山水美景，是自然之景，受到气候、季节等因素的影响比较大，在不同的季节时间内，这些景色有着不同的神韵。

①季相

气象、物候、花草、树木以及山水的季节性变化给自然景观提出了观赏时间的要求。因此，游客只有选对季节，才能欣赏到特殊的美景。如在北京要想观赏香山红叶，就必须要等到十月下旬左右，这个时候，枫叶艳红似火，十分美观；在吉林，要想观看雾凇美景，也必须要等到寒冬季节；等等。

②气候

除季节之外，气候也会影响山水自然景观的审美体验。我国国土面积庞大，气候变化十分多样，在我国内，有很多与气候相关联的景点，比如海市蜃楼、北极光、烟雨迷雾、泰山日出、峨眉雪、巫峡云、洞庭月、沧海日、彭蠡烟、潇湘雨、广陵涛、庐山云雾等。

③时相

时相，也是一个十分重要的影响因素。有一些比较独特的自然景观，必须要等到某个特殊时间才可以观赏到，比如八月十八的钱塘江大潮、峨眉山的“金顶佛光”等等。这些独特景观的出现，都与特定的时间有着莫大的关联。

（二）自然山水与人文景观的交融

自然山水以其形、声、色、动态与静态之自然美感染着人们，而人们为把这种对大自然的体验回味终生，就在天然美景之外再去创造一个人工的山水风景，即园林。

1. 造山理水，制造野趣

我国的古代园林为突出这一特色，采取了多种构景要素。其中，通过叠山理水，达到山水共存并依、制造山林野趣、实现“天人合一”的理念的效果，是最重要的要素。从西周开始，古代人们就累土筑台，引水为沼。人们渴望长生不老，幻想着能够获得神仙的垂怜，求得仙山之地，获得灵丹妙药。到秦汉时期，秦皇汉武不仅有频繁的去海上求仙的举动，还大量建造宫苑，实施对海上仙山的仿造。据史书记载，秦始皇曾在咸阳都城中引渭水修池，池内立蓬莱、瀛洲等山；汉武帝在上林苑的太液池内仿造上述仙山。这种在苑内营造水中仙山的做法，被一直延续了下来，在南北朝、隋、宋和明清时期的皇家园林中均采用了这一做法。如北宋徽宗在汴京（今开封）城郊作艮岳，立蓬壶堂于曲江池中；南宋高宗在临安（今杭州）德寿宫中，凿池注水，叠石为山；明清在北京的西苑，仿海中三山，形成水绕山耸的仙界奇观。同样，在颐和园的昆明池中，也建有三洲。所以，在我国古代园林中，尤其是在皇家园林中，始终保持了这种山水并存互依的主体框架。

在我国江南地区的许多园林中，虽不能像皇家园林那样，大规模地造山理水，但叠石造山、凿水为池的手法却更加巧妙，达到了“小中见大”的境界。例如，上海豫园黄石假山用浙江武康黄石（即黄色石英砂岩）建造而成，虽然高仅 12 米，但是假山上重峦叠嶂、深洞幽壑、石壁森严、飞梁临涧、平桥缘水、磴道行曲、树木葱郁。由于因山势而作层次，高下相间、错落有致，这座假山显得峻峭嵯峨、气势磅礴，假山看起来似真山，即人们所说的“以小山之形传大山之神”。又如，豫园的鱼乐榭，榭前有一小溪，长仅数丈，但采用一饰有漏窗和半圆洞门的粉墙加以分割，让小溪从墙下淌去，却让人产生“小溪不知流向何处去”的遐想。若无此粉墙，前面景致一览无余，何来此等情趣。这些都是江南园林追求明清园林“芥子纳须弥”的意境的体现。

2. 栽种树木花草，构造山林氛围

在园林中栽种树木花草，也是为了构造一种山林氛围，满足人们在城市追求山野之趣的要求。中国古代园林种植栽培花木也强调自然美，即讲究植物的姿色美、色彩美（如红枫、翠竹、白色之广玉兰等）、味美（香味），还很重视植物的象征意义，如松柏象征坚强、长寿，莲花象征洁净无瑕、隐喻君子出淤泥而不染，兰花象征高洁典雅，牡丹象征荣华富贵。另外，在我国，不少园林还有一些古树名木，作为旅游者的观赏珍品。例如，在陕西省黄帝陵的庙院里有传说是轩辕帝亲手种植的古柏，高达 20 米，树围 10 米，已有四五千年历史；上海豫园万花楼前有两棵古树，一是有约四百年历史的银杏，一是约有二百多年历史的广玉兰；山东曲阜孔府、孔庙和孔林院内，更有千年古柏林立。

3. 嵌入题记、楹联及石刻，增加景观的人文内涵

在自然山水景观里面，除了建筑外，各种题记、对联及石刻，也是必不可少的人文景观。它们不仅能起到美化环境的作用，还能起到增加自然景观人文内涵的作用。尤其是题记或楹联，有的内容深邃、富于哲理，有箴世规人的作用；有的语言精练、画龙点睛，起到点题传神的作用。

（1）题记

题记是指一个景区或某一个景点的题名，它有很多形式，常见的有碑石、摩崖、匾额等。例如，上海豫园一进门的一个厅堂，名“三穗堂”。梁上高悬“三穗堂”“灵台经始”和“城市山林”三块匾额。其中，“三穗堂”匾额的“三穗”，典出《后汉书·蔡茂传》中“梁上三穗”的故事。蔡茂早年未入仕途时，曾梦见自己坐在殿上，有三穗禾从梁间长出，因而跳起来取得中穗，梦就醒了。醒后问郭贺，贺听后即离席相庆，为之解梦说大殿为朝廷的象征，“梁”是栋梁之材意，梁上穗是人臣之禄，中穗即中台之位。不久，蔡茂果然被朝廷聘用，就任中台官职。据史书记载：蔡茂为官清廉，后遇王莽篡位，托病辞职。他的这种经历，恰与豫园园主潘允端自四川布政司告病归沪相仿，故被用此典故作堂名。“城市山林”匾额是清道光六年（公元 1826 年）兵部侍郎翰林院编修陶澍所书。“城市山林”指的是不出城廓而有山林野趣。豫园的山水花木反映了中国营造古典园林的“天人合一”的观念。

又如，杭州西湖风景名胜区，古时有“西湖十景”，于是各有题记，来点明这十个景点的特色。如“苏堤春晓”，意即春天清晨的苏堤观西湖景色最好。“断桥残雪”，断桥在白堤东端，最早起于唐代。古代断桥，每当冬末春初，积雪未消，桥的阳面冰雪消融，阴面却仍是积雪如玉，故称“断桥残雪”。“双峰插云”也为西湖十景之一，所指双峰为南峰和北峰，两峰遥相对峙，相隔十余里，跌宕起伏，蜿蜒盘结。春秋雨日，浓云浓如远山，远山淡如浮云，峰顶时隐时现于薄雾轻风之中，望之如峰插云天。其他如“柳浪闻莺”“花港观鱼”“南屏晚钟”“雷峰夕照”等胜景皆各有所指。据说，“西湖十景”之名源自于南宋画院的山水画。画院的许多著名画家均画过西湖十景。自此，十景的题名就广为流传，成为西湖风景的代表。

（2）对联

对联又称楹联。名胜楹联的主要功能在于点景，一些佳联妙对往往能将周围景色最动人的神韵尽摄其中。例如，豫园三穗堂内有一楹联“山墅深藏，峰高树古；湖亭遥对，桥曲波皱”写的是三穗堂四周的美景，上联指的是仰山堂与卷雨楼和黄石大假山，下联指的是豫园门口的湖心亭与九曲桥。又如杭州西湖灵隐寺前冷泉亭楹联，用两句话为对：“泉白几时冷起，峰从何处飞来。”此联出自明代书画家董其昌之手。其意是：既点出亭面峰临泉的优美景色，又以“峰从何处飞来”一问让人遐想。

（3）碑刻、摩崖石刻

碑刻、摩崖石刻和题记、楹联有着同样的作用。它们不仅可以丰富山水景观的形象，而且也可充实其文化内涵。例如，泰山从下向上，在往返 20 千米的登山沿途和山顶，处处都有古人的摩崖石刻和碑碣题词。它们不仅丰富了泰山景观的雄伟形象，且赋予景观以文化内容。例如，沿山而上有相当数量的石刻，讴歌了雄伟壮观的山河气象，如“一览众山小”“星月可摘”“拔地通天”“擎天捧日”等。天街碧霞祠东北有唐摩崖，上刻唐玄宗御书《纪泰山铭》；唐摩崖削壁为碑，高 13.3 米，宽 5.3 米，共九百六十六字，为唐玄宗开元十四年封禅所书。该碑字大 50 厘米见方，遒劲雄浑，开“唐隶”一格，被历代誉为书法珍品。碑体形制端庄、气势雄伟，旁有历代石刻，满布山崖、琳琅满目。此石刻不仅是泰山壮观景色的点缀，且更增加了泰山的威严。此外，悠久的历史文化会给许多自然景观披上人文的色彩。古代人们在改造大自然的过程中，给那些山山水水附上了许多传说、神话和典故。如女娲补天、夸父逐日、鲧禹治水、后羿射日等，都是征服自然的神话故事。美丽的山水风光加上一些民间神话传说的渲染，便会处于神奇、深沉的气氛中，会使人滋生更深刻的心灵感受。例如，杭州西湖有关飞来峰的传说、长江三峡神女峰有关巫山神女的传说、路南石林中有关“阿诗玛”的传说、雁荡山有关夫妻峰和婆婆峰的传说、山东蓬莱阁有关“八仙过海”的传说、河北秦皇岛的孟姜女庙有关“孟姜女哭长城”的故事等等。由于有了这些传说故事，这些地方的吸引力大增，成为长盛不衰的旅游胜地。因此，这种民间传说景观和山水景观的结合，也是形成一个有名的山水风景名胜区的重要因素。

三、山水文化资源开发的政策保护

（一）制定分门别类的专项政策

山水文化资源具有十分重要的价值，因此，要对山水文化资源予以保护。国家可以制定一些分门别类的专项政策，来对山水文化资源进行保护。针对不同类型的山水文化资源保护区，比如绝对保护区、严格保护区、环境保护区等等，要设置不同的专项政策，做到对症下药。绝对保护区，是指具有较高价值的国家级旅游资源，对于国家具有十分重要的意义。在绝对保护区内的旅游资源和环境一定要时刻保持完整性和原始性，不得没有任何理由地进行修改，可以设置这样的政策，即当不得已必须要对绝对保护区进行必要的开发、建设、修饰等工作时，一定要经过国家的严格审查，只有符合国家的严格审查并且符合国家总体的开发与保护精神，才能对此区旅游资源展开必要的工作行为。与绝对保护区相比较，严格保护区内的旅游资源的价值处于中等的程度。严格保护区内的旅游资源具有一定的特色，要严格保持此区内的旅游资源的完整性和自然性。对于严格保护区内的旅游资源，制定的政策与绝对保护区相比要宽松一些，可以将与环境不相符的一些干扰物进行拆除，对于一些重要的旅游资源景观要在不影响原貌的基础上进行恢复。环境保护区，是指除绝对保护区和严格保护区以外的其他有观光价值的地区。针对环境保护区内的旅游资源，可以根据出现的问题进行合理的开发保护。

（二）与时俱进，保证旅游资源保护开发的时代性

在为山水文化资源制定相关政策时，不能一成不变、因循守旧，而是要随着时代的发展，不断地更新，适应新的需求。如今，旅游产业飞速发展，在旅游资源开发保护方面，不能总是要遵循那些过时的政策，而要在原则性的基础上灵活变通，因时因地制宜，满足人们的需求，指导社会的发展，适应实际的情况，最终达到预期目的。

（三）建立完整的山水旅游开发合作体系

如今，旅游产业发展迅速，要对旅游资源进行开发与保护，这涉及很多部门，比如土地、水利、环保、工商等等。一般情况下，各个部门所司事务不同，职能管理也不同，不同的部门只需管好自己的事情，各司其位。但是，旅游资源的开发与保护工作涉及多个部门，这种涉及多个部门的事务，需要多个部门共同参与，这在某种程度上造成了管理的失控以及实施的混乱。在旅游资源的开发与保护工作中，各个部门要服从旅游资源的市场规律，研究相关政策，不断调整职能。可以成立一个健全的旅游资源管理的机构，让各个部门相互协调合作，保证步调一致，这样才能实现工作任务的顺利进行。要想实现旅游资源的开发、改善旅游资

源的环境，需要形成一个完整的政策管理体系，相关部门协调配合，充分考虑各个部门的工作条件，满足不同部门的需要。国家在制定旅游资源相关开发与保护政策时，不能仅仅考虑旅游这一个部门，还要考虑建设、文物、财政等各个部门的要求，制定相关的财政、金融等政策，协调一致，互相促进。国家要在政策制定层面上体现出对旅游资源开发保护的重视，强化旅游资源管理部门的职能，确保旅游开发保护政策的落地实施；要根据市场形势，促进旅游资源开发保护相关的政策不断形成合力，推动旅游产业的可持续发展。

第四节　建筑文化资源及其开发

一、建筑旅游资源的内涵与特征

（一）建筑旅游资源的定义

建筑旅游资源，就是指以建筑文化作为核心，吸引旅游者不断前来的一种旅游资源。这种旅游资源并不是自然形成的，而是人为建造而成的，属于人文景观的资源范畴。要了解建筑旅游资源的定义，需要明确以下三点。

第一，建筑旅游资源的核心是建筑，建筑旅游资源是以建筑文化为灵魂、建筑形式为外壳的旅游资源。建筑是历史与文化的结晶。不同地域的文化和民族精神往往通过建筑得以不断地传承和发展。不同的建筑形式在满足旅游者求美、求知心理的同时，也能激发旅游者对其历史及反映出的文化的探寻，并能满足人们较高层次的旅游动机。当我们从旅游文化的角度研究建筑旅游资源时，重点不在于研究建筑本身的形制，而是要深入挖掘其外观形式下的文化内涵，以提升旅游产品的品位，吸引不同层次的旅游者。

第二，建筑旅游资源可以直接被开发成依附于建筑实体的旅游产品，例如，中国长城、法国埃菲尔铁塔；亦可作为旅游景区中的辅助物，烘托景区氛围，增强吸引力。例如，在杭州宋城主题公园中，以明清建筑为主的饮食购物街烘托了整个主题公园的气氛，使旅游者获得身临其境的感受，不但提高了游客的满意度，也激发了游客的消费欲望。

第三，建筑的价值具有客观性，不受市场供需关系的影响。作为旅游吸引物的建筑资源则要遵循市场导向原则，不能简单地将建筑本身的价值等同于所具有的吸引力。有些建筑如部分历史遗迹遗址等具有较高的科考价值，却并不吸引大众旅游者，建筑的旅游开发最终还是要看旅游者对该旅游产品的购买情况。对于大众旅游者而言，很难在较短的时间内对建筑作全面深刻的理解。因此，旅游企业应把握好开发的切入点，增加建筑的可读性，并针对不同的目标市场，推出适销对路、旅游者满意的旅游产品。

（二）建筑旅游资源的特征

1. 多价值性

建筑是凝固的艺术、科学技术的彰显、时代文明的展现。建筑旅游资源承载着人类几千年的历史文化，从一个侧面向旅游者呈现不同时期、不同地域人类的发展进程，具有很高的历史、文化等价值。

（1）历史价值

占据建筑旅游资源中很大部分的古建筑旅游资源，在经历了千百年的风雨飘摇后，向人们述说着真实的历史。旅游者看到的不仅仅是当时人类在建筑方面的聪明才智，更多的是读到了印记在建筑上的重大历史事件、重要历史人物。建筑见证了人类世事变迁，延续着历史文脉。例如，我国的长城，它不但气势宏伟，更主要的是，它是我国民族斗争的产物，深刻记录了历代民夫、戍卒的汗水与血泪，现在已成为著名的旅游景点。

（2）文化价值

不同国家的建筑反映了不同的民族精神。饱览不同的建筑，在欣赏其多样形制表现的同时，我们能够解读到的是当时主导人们思想理念的文化价值观。如中国古建筑强调“天人合一”的和谐观，十分注重外部环境，无论是布局形式还是色调搭配等都必须与周围环境相适应，这种思想对我国文化乃至缜密的哲学思想的形成都产生了重大影响。随着当今文化旅游的兴起，建筑旅游资源正越来越显现出其极大的吸引力。旅游者从我国古代的坛庙建筑如北京的太庙、天坛等中能够读到当时社会的精神文化，从不同地域的民居中能够看到丰富多彩的地域文化的展示。

（3）艺术价值

建筑以物态的形式向人们展现美，带给旅游者强烈、直观又赏心悦目的美的享受，能够使旅游者获得满足感。同时，也往往能反映出一段时期人们的审美倾向。建筑的美学表现是多方面的，例如，我国古建筑的美学特征主要表现为以木结构为主、重视建筑组群的平面布局、重视装饰等。宫殿建筑选择红墙黄瓦，呈现出绚丽辉煌之感；而民居建筑则朴素淡雅，充满自然情趣。

（4）教育价值

对建筑旅游资源进行开发，一方面可以成为人们学习建筑艺术的实物教材；另一方面，建筑往往承载着史实，所折射出的历史文化内涵对人们具有一定的教育意义，能够激发人们的爱国热情和民族自尊心。

2. 多样性

建筑根据不同的标准可分为不同的种类，其形式多样、品种繁多，并各具特色。由于时间、地域以及文化的不同，形成了丰富多样的建筑旅游资源，使得旅游者可获得不同的视觉感官和情感体验。

例如，我国的古建筑在等级制度、地域特点、历史文化、局部结构等诸多方面存在差异性，由于这些差异性的存在，我国的这些留存下来的古建筑有着各自的特点。通常情况下，南方与北方的建筑有所不同，山中与海边的建筑也有所不同，这都展现出它们各自的独特特色。北方的建筑一般情况下比较朴素庄严；南方的建筑比较诗情画意，更有格调。

多样性和地域性相对而统一，正是因为不同地域的不同建筑旅游资源才构成宏观上的多样性。因此，挖掘地方建筑特色，可以充实和丰富旅游内容、改善旅游产品结构、提高旅游资源的档次，从而增加地区旅游吸引力，延长旅游者的驻留时间。

3. 整体保护性

一般而言，建筑可供人们长期、反复欣赏，但旅游开发一定要注意对建筑的保护。建筑旅游资源是资源世界中特殊的、不可再生的珍品，且特别强调与周边环境的互相协调。建筑与环境相映生辉，能使旅游者获得更多美的享受，提升其满足感。我国许多寺院建筑、庭院建筑等在建造时都非常注重与周围环境的协调，将建筑艺术与周边的景观完美结合，使得两者相得益彰，并极具吸引力。因此，我们不仅要保护建筑本身，还要保护必要的风景协调区域，使建筑能更好、更长久地展现其魅力。

基于以上特征，我们能较为明确地得出合理开发建筑旅游资源的意义。

第一，基于建筑的多价值性，建筑能够很好地满足旅游者对文化体验的要求。挖掘建筑的内涵，通过合理开发增强其可读性，使旅游者在短暂的欣赏过程中更直观地解读历史、探寻古迹、提高修养、品味文化、感受民风、激发情感。旅游者在游览的过程中实现了对于美的追求，同时亦可激发自身的民族自豪感，增强自身的历史责任感，增加对其他民族的认知度，促进各民族人民之间的友谊。

第二，合理开发建筑旅游资源可以丰富我国旅游产品内容、优化旅游产品结构。建筑是时间的凝聚，是时代的缩影，是历史的见证，要深度挖掘建筑旅游资源的文化内涵，改变单纯以观光为主的旅游方式，使得“参观建筑”这一简单的浏览式旅游形式变成“品味建筑文化”的体验式旅游形式。例如，在旅游者参观上海石库门建筑时，可同时推出老上海民间生活照片展、老上海风貌街等，使得旅游者对老上海的文化有更为全面的认识，也能更好地读懂建筑中透出的当地文化气息。这样，整个旅游产品就“活”了起来。

第三，建筑旅游资源的开发，能使得人们对建筑的价值和意义有重新认识，也提升了人们对建筑的保护意识。这不但有利于建筑文化的保护及传承，也有利于旅游业的永续性发展。

（三）建筑旅游资源主要表现形式

1. 中国古代宫殿建筑

宫殿，常常是帝王及其家属办公居住之地，在中国古代，帝王是最高统治者，代表着至高无上的尊严。因此，在中国古代建筑中，宫殿建筑是最高级的一种类型，它凝聚了我国古代建筑艺术与技能的最高成就和独特风格。以建筑艺术烘托皇权至高无上，是我国古建筑的精华。宫殿营造历程经历了三个高潮时期，即秦、隋唐、明清。一般包括宫前区、内朝区和寝宫区等，并形成一定的格局，如“前朝后寝”“三朝五门”“左祖右社”。宫殿建筑群强调中轴线和对称的布局并体现阴阳五行学说，其核心建筑为皇帝朝政所在的建筑，位于中轴线上且居于建筑的最高处；采用黄色、赤色等最高等级的色彩及富丽的装饰，宫殿内外陈设如石狮、华表、鼎或香炉等，除一部分具有实用价值外，大多用来烘托皇帝那种普天之下唯我独尊的王权气势。另外，宫殿内还有许多文化与艺术作品，具有很高的文化价值与历史价值，能够吸引游客前来。

中国古代朝代众多，宫殿也是数不胜数。不过，随着朝代的更迭以及战乱的发生，很多宫殿已经湮灭在历史的长河中，现存的宫殿式建筑有北京故宫、西藏布达拉宫等等。其中，故宫是我国现存最大最完整的古代宫殿建筑群，也是世界上最大的皇宫，于1987年被联合国教科文组织列为世界文化遗产。

2. 中国古代陵墓建筑

我国中原自古有“厚葬以明孝”的文化意识，先人死后，以陵墓安葬，表示对先人的尊敬与怀念。许多陵墓不仅建筑宏伟，而且埋葬有很多稀世珍宝和珍贵艺术品，已成为中外旅游者向往的旅游胜地。陵墓作为旅游资源，可分为帝王陵墓、纪念陵墓和悬棺墓。其中帝王陵墓往往规模最为庞大，拥有丰富的文物瑰宝，具有鲜明的地域特征及时代烙印，而且往往位于古木参天、景色秀丽的“风水宝地”，因而其旅游价值相对更高一点。秦始皇陵是中国古代最大的一座帝王陵墓，也是世界上最大的一座陵墓。陵园东门外大道的北侧是震惊世界的奇观——秦始皇兵马俑坑，被称为“世界第八奇迹”，1987年被列入《中国世界遗产名录》。明显陵，是我国明代帝陵中最大的单体陵墓，它位于湖北省钟祥市，是明世宗嘉靖皇帝父母的合葬墓。2000年被联合国教科文组织列入《世界遗产名录》。

除帝王陵墓外，还有一些地方藩王、官吏、历史名人的陵墓，规模也相当庞大，出土文物十分惊人。历代贤哲在中国文化中的地位很高，他们虽不曾为君为帝，但其祠冢也极具旅游吸引力，如山东曲阜孔子墓、陕西韩城司马迁墓、浙江杭州岳飞墓等。

另外，我国古代一些少数民族的传统葬法也具有较大的旅游吸引力。悬棺崖墓法是较为流行的一种，或利用自然崖壁、平台、洞穴、缝隙安放棺木，或打孔设棺柱悬吊棺木，这种做法多出现在江河之滨、峭壁之上，棺木高悬，充满了神秘和悬念。这种葬法广布于南方各省，以福建武夷山区、江西龙虎山、四川珙县、兴文县、贵州西北部、湖南西部和长江三峡一带的崖墓最为有名。如：龙虎山崖墓群位于泸溪河两岸峭壁上，距地达30~50米，墓葬100多座，为春秋战国墓葬，距今2600多年。

3. 楼阁亭台

“楼”一般指超过一层的建筑。在古代，“楼”有很多，根据其功能不同可以被划分为很多类，如钟楼、鼓楼、观景楼、城楼、戏楼、茶楼等。

由于“楼”高度较高，体积也较大，常常被用作文人墨客的登高赋诗之所，留下了不少千古名作，因而展现出经久的吸引力。著名的古楼有江南三大名楼、湖北武汉黄鹤楼、湖南岳阳楼、江西南昌滕王阁、承德避暑山庄烟雨楼、浙江嘉兴烟雨楼、云南昆明大观楼等。

“阁”，一般用于珍藏佛像、佛经、图书等等，现存的“阁”有浙江宁波天一阁、天津独乐寺的观音阁、北京颐和园佛香阁等等。浙江宁波天一阁是我国现存最久的阁，实为我国古代藏书楼的典范。天津独乐寺的观音阁始建于唐天宝十一年，也就是公元 752 年，是我国现存最古老的阁。北京颐和园佛香阁是我国形制最高阁，在内部供奉有佛像，它呈平面八角，高 41 米。

在我国古代，“亭”十分常见，它的造型变化多样、类型丰富，有亭顶、亭檐、立面、平面等等。“亭”是我国十分典型的景观建筑，在园林中十分常见。“亭”具有很多作用，古人常常在亭中欣赏美景；亭还可以与美景相衬，融于景中，不仅可以用作观赏地点，本身也十分美观有特色。另外，“亭”还具有一些文化意义，比如古人在亭边送别；亭还与很多古代历史人物、历史事件有关。关于“亭”，还有曲水流觞的流杯亭、收存碑石的碑亭等等。

在古代，有很多关于“台”的诗词，比如“报君黄金台上意，提携玉龙为君死”就描写了黄金台。古时候，君王利用黄金台来招募人才、选贤任能，这句诗就展现出人才对于君王的知遇之恩的感恩之情。“台”有很多功能，如登高远望、求仙问神、观测天象等等，它在奴隶社会便开始流行了。随着时代的变迁，单独的筑台开始逐渐没落，但是这种传统却逐渐延续下来。在中国古代，曾经建过许多观象台，但是现在留存下来的却不多，比如北京古观象台、河南洛阳灵台等等。

4. 中国古代工程建筑

古人修建了许多军事防御工程、水利工程、桥梁建筑等，这些伟大的工程以其独特、恒久的风格，震撼着人们的心灵，它们是古代劳动人民智慧和汗水的结晶，也是当时生产技术水平的真实写照。

军事防御建筑主要是中国历代王朝为了巩固统治、抵御外族入侵而修建的。

在我国古代军事防御建筑方面，最著名的便是长城，自春秋战国时期，各国开始修筑长城，抵御外敌。长城象征着中华民族的雄伟气魄，现已成为重要的旅游景观，1987 年被联合国教科文组织列入《世界遗产名录》。

我国古代有很多的水利工程，其中比较著名的有都江堰、京杭大运河，这些水利工程不仅曾经对地区乃至全国的经济、政治等起过重要作用，现在也成为颇有吸引力的旅游资源。如都江堰水利工程，2000 年与青城山一起被联合国教科文组织列入《世界遗产名录》。

桥梁在中国建筑中数不胜数。我国桥梁建筑至少有三千多年的历史，它们有的形态万千，极具艺术欣赏价值；有的记载了历史，成为不可多得的人文旅游景观。比较著名的桥梁有河北赵县的赵州桥（目前世界上保存最完好的古老的单跨石拱桥）。北京卢沟桥、福建洛阳桥、广东潮州湘子桥、河北赵县赵州桥并称为我国“四大古桥”。

5. 中国礼制建筑

礼制建筑，亦称坛庙建筑，是祭祀天、地、日、月及祖宗神灵的建筑。古代由于人们对一些大自然现象不能做出科学的解释，认为万物有灵，因此他们奉祀神灵，祈求保佑风调雨顺、平安吉祥。礼制思想在中国传播和发展了几千年，全国各地留下了许多专供祭祀之用的礼教建筑，是我国重要的人文旅游资源。“坛”是中国古代用于祭祀天、地、社稷等活动的台型建筑。在古代，“坛”的功能有很多，不仅可以用于祭祀，还可以在一些重大仪式中使用，如封禅、拜相、会盟、誓师等。后来，随着时间的推移，“坛”逐渐成为封建社会最高统治者专用的祭祀建筑。由于祭天为“五礼”之首，北京天坛在坛庙中规模最大、艺术成就最高，1988 年被列入《世界遗产名录》。其他比较著名的还有北京社稷坛、北京地坛等。

“庙”是祠的同义词，是纪念历代名人的场所。常见的类型有：纪念祖先的宗庙和纪念历史上有功德、有名望、有贡献的各类圣贤而建立的圣贤庙以及城隍庙、龙王庙等；民间祭祀的神庙以及祭祀传说中帝王的庙，如黄帝庙、炎帝庙等。比较著名的有北京的太庙、台湾的郑成功庙、福建的妈祖庙等。

6. 民居建筑

我国幅员辽阔，多样的自然环境和众多的少数民族缔造了我国丰富多彩的民居建筑。民居是各地各族人民在长期生产、生活过程中适应自然环境的结晶，具有鲜明的地域性、文化性和民族性，真实地反映了一个地区不同历史时期经济、社会、文化、生态的发展状况。可以说，民居是最具有普遍意义的地方文化符号，也是百姓文化的最好展示，是旅游者了解各地文化传统的一本生动形象的教材。同时，民居建筑常常位于宁静朴实的环境氛围中，能带给旅游者回归自然、缓解压力之感，因此，民居建筑越来越成为旅游者喜欢的旅游产品。中国的民居最早可追溯到原始社会后期，受聚族而居思想的影响，那时的民居多围绕宗族祠堂而建，突出家族、家庭的地位，同时也讲究吉祥安定，在选址、朝向等方面都受风水观念的左右。在结构上，北方墙厚、屋顶厚、院落宽敞、造型粗犷质朴；南方屋檐深、天井狭小、讲究通风与蔽光、造型秀丽轻盈；而西南地区，往往强调风向而不强调日照，不采取南北朝向。比较有特色的民居建筑有北京四合院、上海石库门、南方的天井院、西北窑洞、客家土楼、广西干栏式民居、蒙古包等。

7. 西洋建筑

西洋建筑和中国建筑存在较大的差异。从古建筑来看，西方的古建筑主要以石料为建筑材料，建筑物内部空间相对封闭简单，多采用围柱式。其主要的建筑结构是拱券和各种复杂的柱式，装饰以雕塑为主。在西方古建筑中，最具影响力的是古希腊建筑和古罗马建筑。现存比较著名的建筑景观有：意大利罗马的万神庙、意大利杜奥默大教堂、雅典卫城、法国的卢浮宫、巴黎圣母院、德国科隆大教堂等。在我国，现存近代西洋建筑也成了不可多得的旅游资源。它们不但反映了具有异国情调的西方建筑风格，而且还是中国近代史一个侧面缩影，对国人尤其是广大青少年具有爱国主义教育意义。

8. 现代建筑

随着现代建筑的发展，无论是功能还是外形都愈趋完美。它们不但是旅游载体，为旅游活动展开、旅游功能的开发提供物态支持，同时其本身的艺术美也成了具有魅力的旅游吸引物。在澳大利亚悉尼，有一座悉尼歌剧院，这个歌剧院的外表犹如一只白色的贝壳，又好像即将出海的风帆，与周围的景色相互交映，具有十分特别的魅力。它不仅是悉尼艺术文化的殿堂，更吸引了世界各地的旅游者前来参观拍照。上海的东方明珠电视塔，整体建筑由大小不一的 11 个球体组成，寓有“大珠小珠落玉盘”之意，已成为上海标志性景观之一，是国家 4A 级景点。有些建筑起着辅助其他人文或自然景观之功能，使之更具旅游吸引力。如美国亚利桑那州科罗拉多大峡谷国家公园耗资 3000 万美元建造的悬空透明玻璃观景廊桥，这座令人叹为观止的悬空廊桥建造在大峡谷南缘老鹰崖距谷地 1158 米的高空，为“U”字形，地板为透明玻璃材质，旅游者可以行走其上，俯瞰大峡谷和科罗拉多河景观。人们称它为“21 世纪世界奇观”，每年吸引数十万旅游者前来观光。

二、中国古代建筑的文化意蕴

（一）兼爱平等的人本思想

中国古代思想有的以人为中心，有的以神为中心，根据其中心不同，可以将其分为人本思想与神本思想，这二者看待事物与思考问题的角度不同。在人本思想中，人是中心，每个人是平等的，大家应该相互爱护。

1. 人本思想的形成

中国人本思想的形成与儒家理论是分不开的。在儒家思想中，孔子强调“仁者爱人”，孟子强调“民为贵，社稷次之”。在中国古代人本思想中指出，要尊重人的物质欲望，尊重人的独立性，君王要施行仁政等等。

西方的人本思想与文艺复兴运动有着很大的关系，在文艺复兴运动之前，神学占据主要地位；文艺复兴运动之后，人本思想开始逐渐活跃起来，人本主义开始被提高到空前的高度。

2. 人本思想对中西方古代建筑的影响

中西方的文化底蕴不同，人本思想的形成时间也不同，因此，中西方古代建筑有着很大的不同。在近代之前，欧洲仍然是神本主义思想占据主要地位，因此，欧洲近代之前的建筑体现着浓郁的神学味道。而中国在古代时就已经形成了人本思想，因此，中国古代的建筑具有深厚的人本主义精神。中西方古代建筑在人本与神本方面的差异主要表现在以下三方面。

（1）在中国古代建筑体系中，世俗建筑始终居于主体地位

中国古代建筑种类固然众多，尤其是宗教建筑，在某些历史时期，甚至是非常“热门”的建筑。但从建筑技艺和文化影响上看，与儒家政治文化、礼制文化关系密切的世俗建筑却始终是建筑的主体部分，主要包括政治类的宫殿建筑、祭

祀类的坛庙建筑，以及纯粹世俗的各类民居建筑。而宗教建筑从来没有超越这类政治伦理建筑，始终处于从属的地位。在都城，它没有超过皇宫；在郡县，它没有超过王府和衙署，也没有成为城市布局的中心。

近代以前的欧洲，情况恰恰相反。建筑的主体是神庙与教堂等宗教建筑。例如，古罗马时期的神庙建筑、中世纪的基督教教堂建筑等，人们始终以国家级的规格来对待这类宗教建筑。

（2）中国古代建筑中宗教的狂热、神秘很少，始终保持着理性的清醒

在中国古代，人们崇尚儒家精神，这种精神体现在建筑上，就是一种淡泊、中庸、含蓄、内敛的气质，不仅宫殿、民居等世俗建筑具有浓郁的理性精神，而且宗教建筑也缺少宗教应有的超脱、茫然、神秘、神圣特性，它们都尽可能收敛神的灵光，舒展人性的身姿，表现出极强的世俗性和现世性。

①在建筑布局上，中国寺庙、道观一般采用四合院的平面布局原则，热衷于轴线对称，很少造成超脱与威严的气势，而表现出宁静、亲切的世俗体验和感受。这是中国的礼制文化与儒家的崇理精神对宗教建筑的一种文化“消解”。

②在建筑装饰上，佛教建筑上除采用传统的莲花、火焰等佛教装饰符号，还会出现龙的纹饰，这是佛教文化世俗化的表现，佛性被逐渐消解，人性的主题不断得到加强，表明了中国文化“淡于宗教”的文化特质。

西方的建筑重在坦率地外现人心中的宗教激情，展现宗教的幻想、迷狂和茫然。宗教建筑注重外形的奇诡新巧、变化多端，具有雕刻的意味。建筑空间尺度巨大，空间对比强烈，光影变化神秘，尖顶拱券清瘦，渲染了一种冲天而起、骚动不安、令人类望之而弥高的宗教气氛。

（3）中国古代建筑不着意追求永恒，重在对现世生活的享用

在中国古代，由于人们信奉人本主义精神，对于一些宗教中的观念如“来世”与“永恒”等等并不热衷。因此，在建筑材料的选择上，虽然中国在很早就发明了瓦，汉代又发明了空心砖，且均处于领先世界的发展水平，却没有将较为耐用的砖石材料被大量使用在建筑领域，而是选择寿命有限的木材；也很少耗费大量时间去营建建筑，而是急于建成，用来享用短暂的现世时光。

在西方，崇神的意识造就了永恒的观念。建筑为神、上帝所建，保持时间越久远，越能体现人对神的敬仰和膜拜，因而常使用大理石、砖等坚固的建筑材料，

建造最牢固的殿堂，以求千秋万世。

（二）等级分明的礼乐制度

1. 礼乐文化的内涵

（1）礼的内涵

“礼”，从字面意义上看，就是指礼仪、礼貌，但是，在中国，“礼”具有十分特殊的含义。礼不仅仅是一种礼仪习俗、行为准则，更是统治者治理国家、巩固皇权的根本。它不仅制约着社会伦理道德，也制约着人们的政治行为。总之，“礼”是中国文化的根本特征和标志。

中国的“礼文化”，从西周时开始创立出来，随着时间的推移，它不断地被后世继承和发展，其核心思想是建立一种等级的思想和等级的制度，用来规范人们的行为，维护社会等级秩序和家庭伦理关系。

（2）乐的内涵

“乐”最初指人在进食时获得的生理快感，后来引申为音乐这一艺术形式。在以“礼”为核心的中国古代社会，“礼”是一切行为的规范，“乐”对于“礼”而言，一方面使这些礼仪更加井然有序，另一方面使礼仪具有舞蹈的节奏感和美感，进而增加生活的艺术性。

2. 礼乐文化对中国古代建筑的影响

（1）礼文化的影响

“礼”是中国古代建筑文化的灵魂，对中国传统建筑的营建产生了重要影响。

①城制等级

西周时，城市分为天子的王城、诸侯的国都以及宗室与卿大夫的都城三个类型。《周礼·考工记》是我国最早的技术书籍，在这本书中，记录了这三类城市的道路宽度、城墙高度等内容，强调建筑等级要与身份相符，要符合“礼”的规定，不可僭越。

根据规定，王城的城楼高九雉，每雉高一丈，即高九丈；诸侯城楼高七雉；宗室都城城楼高五雉。王城的经途即南北方向的道路宽九轨，可并行九辆车；诸侯城的经途相当于王城环途道路的宽度，即宽七轨；而宗室都城的经途只能有王城城外道路的宽度，即宽五轨。这样细密的等级差别，在任何其他文化体系中也难以找出。

②建筑布局

礼文化对中国古代皇室建筑布局的影响较大。受其影响，皇室建筑布局要求中轴对称、前朝后寝、左祖右社、天子五门，追求主次分明、壁垒森严。

礼文化对中国民居主要形制合院制的影响也很显著。中国传统的礼制观念以血缘为纽带，以宗法为基础，强调伦常秩序，这种文化观念在四合院中得到了鲜明的体现。标准的四合院大多取南北方向，大门开在东南角，进门是前院。前院南面与大门并列的一排房屋称为倒座，之北是带廊子的院墙，垂花门在中央，进门是住宅内院，即四合院的核心部分，也是整座建筑规模最大最为尊贵的部位。内院正面坐北朝南为正房，院左右两侧为厢房，正房的后面是一排后罩房。四合院房屋的门窗朝向院内，背面除临街方向有时开有小窗，其余都不开窗，形成一个四外封闭内向的住宅空间。这样的布置符合长幼有序、内外有别的封建宗法观念。就房屋的使用来看，内院正房为主人居住，东厢房住兄弟，西厢房住姐妹。前院倒座为客房和男仆人居住，后罩房为女仆住房以及厨房和杂物间。这种院落住宿安排不仅满足了家庭伦理秩序的相关要求，还保持了家宅生活的私密性。

在世界各文明国家中，只有中国把社会的等级伦理秩序通过空间予以形象地表达，这也是中国古代建筑的文化特色。

③建筑单体

在建筑单体上，礼文化的影响主要表现在对房屋间架、屋顶的规格约束上。房屋的开间与进深具有严格的等级限制。皇宫以面阔九间、进深五间为最高级宫殿，其下依次是王府正殿七间，三品至五品官员厅堂七间，六品至九品官员厅堂三间，百姓正房不得超过三间。

建筑的屋顶也有严格的礼制限制。庑殿式造型庄重华贵，级别最高，多用于宫殿建筑，重檐庑殿顶只用于皇宫的正殿，如北京故宫太和殿，以及皇帝的家庙可以使用；其次是歇山式屋顶，多用于一般的宫殿和寺院，如北京故宫天安门和上海龙华寺大雄宝殿；再次是攒尖顶；悬山顶和硬山顶级别最低，多用于小型寺庙、衙署和民居。

④建筑装饰

在房屋的建筑装饰方面，“礼”也有相关规定要求，比如在庭院摆设、外檐装修、门环门钉方面等等。

（2）“乐”文化的影响

在中国古代，“礼”文化十分重要，“乐”文化也不可缺少。在不同的场合，往往需要演奏不同的音乐来与之相匹配，比如在祭祀时候的音乐、在朝会时候的音乐等等。在建筑方面，“乐”文化也发挥着十分重要的影响。

①采用曲面大屋顶的设计手法实现对建筑美感的追求

在建筑设计方面，为了追求美感，往往经常采用一些曲线的线条，这些曲线的线条使得建筑更加活泼生动、富有韵律感。比如，在屋顶设计方面，采用曲面大屋顶的设计手法使建筑更加富有生气，并极具表现力。

从城市到乡间，从宫殿、陵墓、寺庙到住宅、民房，建筑的屋顶普遍采用曲面形。这种曲面形的屋顶十分常见，在中国古代各个朝代留存的建筑中都可以见到。古人经过长期实践创造出的屋顶，是中国古典建筑区别于西方古典建筑的鲜明特征之一。

②采用绘画、雕刻等艺术手法实现对建筑美感的追求

将绘画、雕刻、工艺美术的不同内容和工艺应用到建筑各部件的装饰里，使房屋躯体具有艺术的外观形象，这种做法极大地加强了建筑艺术的表现力，增加了建筑的美感。

三、建筑文化资源的合理开发

（一）目前建筑旅游产品的主要形式

旅游产品是一个经济学上的概念，建筑旅游产品主要是指旅游经营者为满足旅游者观光、休闲等需求，通过利用、开发建筑旅游资源而形成的旅游吸引物、旅游商品及提供的旅游服务的组合。任何一个旅游产品都具有一定的综合性，它不同于具体某个旅游景点的组成要素，也不单指景点的基础服务设施。由此可知，园林中的亭台楼阁虽精致美观，但我们只是认为它是组成园林这一旅游产品的要素，往往不能作为 ·个独立的旅游产品。住宿设施、交通设施等只是被用于提高旅游产品的质量，故亦不可称之为旅游产品。

建筑的价值具有客观性，所拥有的历史价值、艺术价值、科学价值等不以市场供需关系的改变而改变。然而，作为旅游资源重要组成部分的建筑旅游资源及

其开发而成的建筑旅游产品，必须遵循市场导向的原则。不仅从建筑本身进行开发，还要挖掘建筑所代表的文化，将其中对旅游者具有一定吸引力的部分或独立形成旅游产品，或与其他景观组合而成旅游产品。由于建筑所蕴含的文化具有一定的深度，旅游者在较短的游览时间内难以进行深刻、全面、透彻的理解，因此，在开发旅游建筑产品时，应注意加强建筑的可读性，使之能面向更多文化层次的旅游者。

基于此，我们可以把目前市场上主要的旅游建筑产品分为以下两类：单体建筑旅游产品和群体建筑旅游产品。两者在旅游功能的开发及保护上存在一定的差异。下面让我们就这两类产品做详细讨论。

1. 单体建筑旅游产品

单体建筑旅游产品主要指以规模较小，往往以单一或两个孤立的建筑为中心所组成的旅游产品。单体建筑往往具有相当大的吸引力，在景点景区中十分突出，具有核心地位。单体建筑是一个景点最为主要的旅游吸引物，其他建筑物往往起到辅助服务功能，如提供相关的餐饮或购物等功能。一般而言，旅游者在此类旅游产品上逗留时间相对较少，因此，往往位于交通便利之处以减少旅游者在路程上所花时间；一些非常具有纪念意义的历史遗迹、名人故居等虽交通不便，但也会受到人们的欢迎。

现代建筑中很多成为单体建筑旅游产品，如上海的东方明珠电视塔、上海城市规划展示馆、台北 101 大厦、东京铁塔等原先可能不是为了旅游而建造，但其旅游功能得到了很好的开发，成为受欢迎的旅游产品。地处上海浦东的金茂大厦，高 420.5 米，其 88 层是国内迄今为止最高的观光层，可容纳 1000 多名旅游者。登高而望，上海全景一览无余。2001 年被评为国家 4A 级景点。

单体建筑旅游产品的开发应趋向于多元素、多功能方向。单体建筑较群体建筑而言缺乏整体环境氛围感，吸引力要素也相对较少。因此要在符合旅游功能定位的基础上，力求丰富其产品多样性，延长旅游者的逗留时间，更大程度地满足旅游者需求。例如，日本的东京塔，其最初的目的是用于传送电视和广播信号，但现在已成为著名的旅游景点。旅游者不仅可以在其观望厅、特别展望厅一览东京全城的景色，而且塔下面的 4 层建筑物里，有贩卖低价纪念品的商店和各种艺术展览等设施可供旅游者休闲娱乐，增加了东京塔的旅游吸引力，延长了旅游者的停留时间。另外，在有限的空间内，将静态观赏和动态参与相结合是加强景点吸引力的一种较好的方法。例如，可在上海城市规划馆中添加一些与旅游者互动的项目：请旅游者做小设计师，制作上海规划简易模型之类，还可以作为旅游纪念品保存；另外，也可定期或不定期地办一些小型临时展览，从各个方面展现上海的过去、现在或是展望未来，使之前的静态展示“活”起来。旅游者有了新鲜感，也就保证了一定的重游率。

2. 群体建筑旅游产品

群体建筑旅游产品指规模较大、数量较多并形成一定环境氛围的建筑群所构成的旅游产品。建筑群往往具有一定的整体性，较单体建筑给旅游者的感受更为生动、印象更为深刻，旅游者往往能产生一种身临其境之感，并逃离时空的束缚，完全置身于建筑群所营造的氛围之中。不同地区的发展并不均衡，这些建筑群旅游产品展现出的风格也有很大的不同。客观上，这也丰富了群体旅游建筑产品的类型。然而，无论是何种类型，往往要具有鲜明的主题定位，有文化底蕴作为支撑，这样的产品才更具有生命力。上海有着“万国建筑博览”之称的外滩建筑群是上海的标志性景区。这些建于1906—1937年的建筑群凝聚着各国著名建筑设计师和中外能工巧匠的心血，是一份宝贵的遗产。外滩建筑群的吸引力不仅在于向旅游者展现了一定时期西欧建筑文化之精华，更重要的是它向旅游者无言地诉说着中国近代文化史。透过一幢幢西洋建筑，人们看到的是上海乃至中国的发展历程。1996年外滩被列为国家级文物保护单位。位于我国安徽省黟县的宏村也是优秀的群体建筑旅游产品。宏村始建于宋代，粉墙青瓦、鳞次栉比的古民居群，加之平滑似镜的月沼和碧波荡漾的南湖，巷门幽深，青石街道旁古朴的店铺、参天古木和探过民居庭院墙头的青藤石木等，构成一个完美的艺术整体，真可谓是步步入景、处处堪画。旅游者漫步其中，能充分领略到我国古代的徽州文化。

因此，群体建筑旅游产品开发时，应注意整体的规划，并进行可持续性的开发。要注意营造景区的整体氛围，特别注意对景区整体的环境保护。

在对这些建筑群进行开发时，要注意协调景区利益相关者之间的关系，尤其是社区与旅游开发之间的关系，以增强旅游点的可进入性，推动其更好地发展。

（二）建筑旅游产品开发的对策

1. 整体协调，系统开发

一个有生命力的旅游产品不但会拥有极具吸引力的外在形式，更重要的是它会具有一定的文化内涵。建筑旅游产品更是如此，无论是古建筑还是现代建筑，都承载着某一时代的印记，具有深厚的文化价值。想要对建筑旅游资源进行开发，就要深入挖掘建筑的文化内涵，不仅要对建筑本身形态进行研究，更主要的是要以建筑为核心，对建筑所代表的整体文化氛围进行开发，并在同一文化氛围下，优化和改善主体建筑周围的环境，协调资源配置，规划整体布局，给旅游者较好的整体感受。若在开发过程中缺乏整体协调性的考虑，例如，在古村落看到现代建筑，会破坏整个景区景点的观赏价值，其吸引力也会降低。

2. 求真务实，科学规划

优秀的建筑是世界人民珍贵的历史、艺术遗产，合理的旅游开发应建立在有效的保护之上。无论是政府部门、旅游开发商或是旅游者都有责任、有义务加强对建筑的保护。同时，对建筑旅游资源的永续性开发是持久散发旅游吸引力的保证，同时也支持了旅游业的可持续发展。在永续性开发建筑旅游资源时，有两点需要注意：

首先，应遵守“求真”原则，在充分理解建筑的文化内涵后，根据“修旧如旧”的原则进行开发。建筑的价值体现在它所承载的历史原真性上，不同时代的建筑折射出不同的审美特征与历史，使建筑具有独特的时代性，这也是吸引旅游者的重要原因之一。在开发建筑旅游资源，尤其是对古建筑开发时，应认真、仔细地研究历史资料，突出建筑的历史真实性，切勿根据现代人的审美特点任意进行改建。

其次，在建筑群开发过程中，不能将所有建筑群一味地进行开发，而是要根据情况进行选择，要注意分析景点的承载力。当游客比较多的时候，要对旅游者进行适当的分流；采取人工或者高科技的手段，对景点进行监测以减少人为对建筑物的破坏等。同时加强对旅游者的教育，增强全民保护意识也不失为行之有效的途径。

第三章　文化旅游产业概述

文化旅游产业是文化产业与旅游产业的融合，是近些年学界新提出的概念。本章主要讲述的是文化旅游产业概述，分别从文化旅游产业的发展概况（以中国为例）和文化旅游产业的市场研究两方面进行具体论述。

第一节　文化旅游产业的发展概况（以中国为例）

一、文化旅游产业的发展背景

无论是从学术研究角度来说，还是从官方明确的政策支持角度来说，文化旅游产业都仅仅经历了不到20年的实践。但是，从实践的角度来说，文化旅游产业在我国已经成为经济社会发展中最具有活力的新兴产业。促进我国文化旅游产业高速发展的要素主要有以下几个方面。

（一）丰厚的文化旅游资源

我国幅员辽阔，历史悠久，其丰厚的文化旅游资源为文化旅游产业的发展奠定了坚实的资源基础。既有人类文化遗址、古城阙遗址、古陵墓等古代人文旅游资源，又有游乐园林、主题公园、康体运动设施等现代人文旅游资源；不仅有具象的历史、现代人文吸引物，还有抽象的民间风情、传说典故；既有悠久的古代历史文化遗迹，也有鲜活的现代生活场景。我国世界级旅游资源丰厚，已有47处世界遗产（截至2014年6月25日），仅次于意大利（48处），居世界第二位；世界地质公园29处；列入联合国“人与生物圈”保护区网络的自然保护区达26处。另外，国家级、省级、县级及地方各类文化旅游资源数量及类型均较为丰富。

（二）不断完善的文化产业政策

2009年，文化部与国家旅游局联合出台的《文化部国家旅游局关于促进文化与旅游结合发展的指导意见》是我国第一份关于文化旅游发展政策的文件。随后，文化旅游产业发展相关的政策相继出台，开启了我国文化旅游业相对独立发展的崭新业态；此外，还制定了一系列促进二者结合发展的重要措施，这给我国文化旅游业的发展奠定了制度基础。

（三）坚实的经济基础

旅游产业是近代产业革命的产物。直白地说，有闲和有钱是旅游产业的两大条件。如果没有足够的经济条件的支撑，那么旅游活动就难以发生，也就不会出现旅游产业，而文化产业则更是社会经济发展到一定阶段的产物。随着时代的发展，人们的物质生活水平普遍提升，休闲体验时代向我们走来，根据马斯洛的需求层次理论来分析，旅游者的消费需求正慢慢从物质层面向精神层面转移。旅游产业和文化产业都是在经济基础上得到发展的，可以说坚实的经济基础是文化旅游产业发展的沃土。根据国际上的相关经验，人均国民收入超过1000美元时，正是一个国家旅游需求急剧膨胀的时期，但是这种旅游需求主要是观光性的需求。休闲需求急剧增长的门槛，是人均达到2000美元，这种情况将形成对休闲的多样化需求。人均收入达到3000美元的时候，度假需求会普遍产生。国民收入的不断提高促使人们对旅游需求质量及层次的要求也在逐渐增长，文化旅游作为旅游的高端产品，它的出现给旅游业带来了新的生机和商机。

（四）市场需求的转型

随着人们物质生活水平的显著提升，以及人们经济收入的提高，游客的需求从传统的“观光游”向“休闲体验游”方向发展，需求取向多元化、个性化、文化化、体验化。更多的游客开始追求休闲体验消费，借此来满足自身的精神需求。游客们花钱购买的是一种体验、一种经历，甚至是一种符号。这给文化旅游产业创造了巨大的市场，同时也为旅游产业的发展提供了良好的契机。旅游文化产品一方面能够满足游客休闲娱乐的需求，另一方面又能让游客得到深刻的文化体验。

（五）旅游产业转型升级

自改革开放以来，无论是发展条件、旅游者的诉求，还是发展环境，都对旅游业转型的升级提出了要求。其中，文化与旅游产业的深度融合已经成为旅游业转型升级的重要方向和内在动力。促进文化和旅游的深度融合，大力挖掘旅游资源的文化内涵，努力提升旅游产品的文化品位，是旅游业加快转型升级步伐，实现差异化、品牌化，进而赢得游客喜爱的必然选择。目前，我国文化和旅游产业融合的典型模式主要有延伸型、重组型和渗透型二种模式。具体而言，所谓延伸型融合，主要是指通过产业间经济活动的功能互补和延伸，来促进产业间的融合。延伸一般发生在各产业价值链的环节，这种延伸性融合使得原来的产业边界被破坏，促进了旅游产业和文化产业的深度融合；所谓重组型融合模式，顾名思义，就是指打破原来的旅游和文化产业价值链，将其中的核心价值环节提取出来，经过资源整合和产业重组构建新的旅游文化产业链，这种新的产业链同时具备旅游产业和文化产业的特征，在很大程度上推进了产业的升级换代；渗透型融合是指在技术创新的促使下，旅游和文化产业的价值链环节全部或者部分渗透到另一产业中，旅游和文化产业价值链环节互相融合。由于新型产业融合了原产业的价值链内涵，新型产业具有更强的产业增值能力，主要分为旅游产业向文化产业渗透和文化产业向旅游产业渗透两种（表 3-1-1）。

表 3-1-1　旅游产业与文化产业的融合类型和产品形式

融合模式类型	文化旅游产品融合类型	文化旅游产品代表
延伸型融合	实景演艺业	“印象”系列
	文化创意产业园区	北京 798 艺术区
	影视旅游基地	浙江横店影视旅游基地
	美食旅游	西安唐乐宫
重组型融合	节庆旅游	青岛啤酒节
		陕西清明黄帝陵祭祖
	赛事旅游	北京奥运会
		上海世博会
		西安世园会
	会展旅游	西安曲江国际会展中心
渗透型融合	主题公园	迪士尼乐园
		深圳华侨城
		北京欢乐谷
		曲江文化旅游区
	动漫乐园	深圳动漫科技园

（六）文化和旅游的天然耦合性

2009 年 8 月 31 日，文化部、国家旅游局联合出台了《关于促进文化与旅游结合发展的指导意见》，意见指出："文化是旅游的灵魂，旅游是文化的重要载体。加强文化和旅游的深度结合，有助于推进文化体制改革，加快文化产业发展，促进旅游产业转型升级，满足人民群众的消费需求；有助于推动中华文化遗产的传承保护，扩大中华文化的影响，提升国家软实力，促进社会和谐发展。"[①] 文化和旅游同属于第三产业经济部门、产业属性相似、无明确的产业边界等内在特质，决定了它们具有天然的耦合性，并在文化旅游需求、文化旅游产品和服务供给以及旅游文化产业的外部环境氛围等共同作用下，二者的融合度不断推进和深入。这种天然的耦合性成为文化旅游产业发展的巨大推动力。

因此，2014 年凤凰城市与旅游研究院院长叶一剑曾重点提到旅游业的价值，对旅游业的文化价值予以了特别重视。对于很多旅游目的地来说，特别是历史人文类目的地，在一开始，可能因为具有特别的文化价值，才得以成为旅游目的地，得到很多人的期待和向往。在这种情况下，这种期待可以说是被一种符号或者一种象征所引导，并非所有人都能够深度了解这一历史人文旅游点所蕴含的价值，也并非所有人能够将这种旅行当成一段回顾历史、跟历史对话的奇特经历，很难发展成深度游，这就导致很多旅游目的地只有门票经济，很难产生旅游经济。

目前，在很多人眼里，旅游的目的和诉求已经跟以前大不相同。在选择某一个旅游目的地的时候，特别是历史人文类的旅游目的地，人们可能会为此做充足的准备，希望在旅游的过程中能够重回历史现场。

而且，对旅游目的地的区域和城市发展来说，这些景点在很多时候会成为其区域和城市的历史文脉的重要载体。

所以，在对一些历史景点进行文化发掘和文化表达的时候，就不能仅仅着眼于一些传说以及口号化的表达上，还要进行更深入的文化价值发掘，只有这样，才能提升旅游目的地的吸引力，才能让游客在此地长久停留，并跟当地的历史文化产生更多互动，进而使得旅游产业链条进一步拉长，在经济贡献和文化贡献方面都得到飞跃进步。而且，认真梳理这些文化价值，对当地城市化发展也会产生

① 百度文库 . 文化部 国家旅游局：关于促进文化与旅游结合发展的指导意见 [DB/OL].https：//wenku.baidu.com/view/4d784037f111f18583d05ac4.html ？ fr=xueshu&_wkts_=1669965121307.

十分重要的影响。

二、文化旅游产业的发展现状

（一）文化旅游融合持续推进

文化与旅游的融合在最开始是一个激发演化的过程，文化与旅游的融合更多是由市场需求而产生的一种主动融合。随着经济社会的发展，以及文化产业和旅游产业发展思路的更新，我们可以发现，文化产业和旅游产业的融合已经逐渐成为一种不可逆转的趋势。在现代社会，文化和经济的关系越来越紧密。在经济发展过程中，文化提供了强大的精神动力。与此同时，文化的经济功能也得到显著提升，而经济的文化含量也越来越高。在综合国力的竞争中，文化的作用越来越明显；在促进经济发展方面，文化产业作出的贡献也越来越大。旅游是有着较强文化性质的经济产业，同时也是经济性质的文化产业。在经济发展过程中，要想充分发挥文化的价值和作用，一个重要的举措就是加强文化产业与旅游产业的深度融合。旅游产业应以文化为核心，加强文化资源的资本化和产业化；文化产业要以旅游作为重要的载体，充分呈现文化的独特魅力，有效实现文化的经济价值。

目前来看，文化产业跟旅游产业融合发展的经典模式大致有六种：

第一类是基于文化保护的文化（文物）展示模式，一般是借助特色的历史文化遗存、民族文化、民族手工艺来开展特色旅游。目前，我国很多文化遗址、古城、古村落都属于这一类。第二类是文化主题公园开发模式，比如，深圳的锦绣中华民俗村、世界之窗、宋城等。第三类是文化旅游房地产模式，利用文化和旅游来打造品牌、提升人气，借此提升地产市值。这一模式的典型代表就是深圳华侨城。第四类是创意策划包装的艺术开发模式，比如《印象》系列、禅宗少林音乐大典等，都是这一模式的典型代表。第五类是文化创意产业园开发模式，如 798 艺术区、宋庄、桂林接力数码动漫中心等，都是这一模式的典型代表。第六类是高科技模拟创新模式，比如应用数字仿真模拟和动画合成等技术创新的历史文化巨片《圆明园》。

（二）文化旅游产业格局基本形成，业态不断创新

传统观光类文化旅游产业地位比较稳固，它主要依托于历史文化景点和民俗

文化，其形式一般包括文物景点旅游、民族风情旅游、革命圣地旅游、宗教寺庙旅游等。在现代社会，文化旅游产业不断发展，在传统文化旅游业基础上，充分利用信息技术和现代管理理念，致力于满足消费者多方位的需求。现代文化旅游产业的产品体系是由文化旅游产品和文化旅游服务这两部分构成的。产品又可以分为两类，一个是核心产品，另一个是外延产品，其中核心产品就是以文化实体为基础的各类文化旅游景区、主题公园、博物馆等，外延产品则主要是为了满足游客纪念、收藏需求的书刊、影视作品、旅游纪念品等。服务部分又可以分为专业服务和公共服务，专业服务主要是那些需要专业技术支持的文化服务，比如文化演出服务、文物保护服务等；公共服务主要是大众文化旅游消费提供的各类基础服务，如旅游信息服务、餐饮酒店服务等。

（三）全国性文化旅游产业集团“初露端倪”

目前，我国出现了很多家以打造全国影响力为目的的文化旅游集团。其中，华侨城集团已经在全国布局并开始运营文化旅游项目；世界 500 强的万达集团，由房地产集团开始转型做文化旅游开发，开发的长白山国际旅游度假区一期已经运营，其他的项目正在建设中；西安曲江文旅集团是中国较早开发文化旅游的集团，目前其项目局限在西安；灵山文化旅游集团发展战略明确提出成长为“中国著名文化旅游产业集团”，并开始在山东、上海、陕西进行品牌扩张。

但同时我们也应清醒地看到，当前我国文化旅游产业还存在一些问题：文化旅游产业的体制冲突（计划体制向市场体制转轨）、文化旅游资源的管理障碍（画地为牢、多头管理等）、相关法律法规不健全等。

因此，我们认为文化旅游产业的有效发展需要各个环节、各个部门进行有机配合，才能使产业做大做强。

三、文化旅游产业的发展趋势

（一）创新是文化旅游产业的发展之路

现代文化旅游业发展的最主要途径就是创新，包括模式的创新、服务的创新、管理机制的创新等。如今，很多新兴旅游服务企业正在不断对服务模式进行创新，致力于为消费者提供便捷的“一站式”服务和标准化服务。传统文化旅游业所提供的服务，基本上是依赖个人服务和管理经验，很难将优质服务标准化、流程化，导致服务质量不稳定，不能实现标准服务形态的大规模复制。所谓管理创新，是指将优质服务进行标准化，并通过大规模复制，给消费者提供优质的服务水平。比如，携程旅游公司充分利用现代科技，用制造业的标准来开展服务行业，将依赖个人服务技巧的旅游服务，以标准化流程管理的方式进行运作。在“十二五”期间，文化产业发展规划的立足点就是以培育文化创造力为核心，这是现在文化旅游业和传统文化旅游服务业最明显的区分，同时也一定是未来文化旅游业管理的发展方向。

（二）时空扩延为现代文化旅游业延伸消费

从供给的角度来说，如果能够使消费时间延长，那么就会产生更大的经济效益；从消费的角度来说，这样可以有更充分的时间来感受文化，免得在旅游过程中感到枯燥，使消费者实现时间价值最大化。在后工业化社会时代，很多人的经济收入都有了一定的提升，在生活中有更多的选择。在这种情况下，人们享受各种服务的时间也越来越多，这种消费在很大程度上推动了“24 小时社会”（现代文化旅游消费将传统文化旅游消费时间延长，即从 12 小时延至 24 小时）的发展。同时，在空间上，现代文化旅游活动也有所创新，它不再局限于传统的文化旅游景点，而是延伸向同样可以满足游客文化需求的酒吧、茶吧、剧院等场所，这些地方的消费主体不仅有城市居民，还有很多旅游消费者。旅游消费者不仅对城市日常产品和服务产生影响，对城市特色文化旅游产品也产生直接的影响，他们是现代文化旅游产品的重要顾客群。

（三）国际化给现代文化旅游业提供更大舞台

根据经济规律可以得知，世界经济的产业中心将从有形的物质生产转向无形的服务性生产。文化的经济意义将超出人们的预料。在全球化背景下，一个地区要想得到发展，最有效的措施就是投资文化产业，对于一个地区来说，独特的文化资源，是参与未来文化竞争的品牌。随着北京奥运会和上海世博会的相继开展，我国旅游业在国际上的重要性越来越明显。与此同时，在全球化产业结构调整的过程中，跨文化产业对我国文化旅游业的发展也产生着重要影响，一些跨国公司将新兴的信息网络优势跟传统的影视制作、旅游娱乐等专业优势结合起来，实现文化旅游资源的高效组合。在这一波全球化的浪潮中，一定会涌现出一批世界级的中国文化旅游服务企业。

（四）技术化成为现代文化旅游业的重要支持

一直以来，技术进步都是推动社会发展的主要力量，如互联网的诞生，给人们的生活带来很多便利。IT 技术的应用也在很大程度上促进了文化旅游业的发展，并通过网络技术与传统文化旅游业的结合，使得文化旅游产业的发展取得了很大的进展。文化旅游业对 IT 技术的应用，主要表现为文化旅游网站、数字化管理、旅游呼叫系统等。除此之外，酒店、机票预订平台、航班数据动态管理系统等各种旅游服务的新技术，都将在文化旅游电子商务中得到应用。一些发达国家利用网络化、数字化装备起来的文化产业，以及依托于高科技的文化旅游产品，不仅体现了新的生活理念，也刺激着人们的文化旅游需求。在未来，文化旅游业的发展将通过网络带给消费者更多的信息和服务项目。

（五）大众化为现代文化旅游业提供宽广市场

随着社会经济的发展，人民收入普遍提高。在这样的背景下，人们的休闲时间越来越多，休假权利意识也越来越强，文化旅游产品不再是受过良好教育人群的专属，有越来越多的大众消费者，将通过文化旅游产品，来实现自身精神文化需求的满足。在我国文化产业发展规划也将激发公民文化创造力作为重点，这就需要促使更多的普通大众成为文化旅游的主要参与者。比如搜狐网、旅游名店城网、凤凰网联合推出的国民旅游计划，其主要目的就是让更多人积极参与文化旅游活动，从而提升文化旅游的社会参与性，并充分发挥媒体以及旅游协会的优势，参与文化旅游的宣传和推广。

第二节　文化旅游产业的市场研究

一、文化旅游市场需求

（一）文化旅游需求的相关定义

1. 需求

所谓需求，就是人们在一定条件下对某种事物渴求满足的欲望。从经济学的层面来说，需求就是在一定的价格水平下，消费者愿意并且能够购买的商品数量。如果消费者有购买的欲望，但是却没有购买的能力，或者有购买的能力，而没有购买的欲望，都无法产生有效的需求。

2. 旅游需求

所谓旅游需求，就是指具有一定经济能力的人们，为了满足参与旅游活动的欲望，愿意在一定时间和价格条件下购买的旅游产品数量。旅游需求是形成旅游市场的根基，也是体现旅游市场的现实需求状况、分析市场变化的重要依据。如果没有需求，市场就无从谈起，也就不能实现产品的价值。一个地区旅游业的发展，必须要重点考虑人们对该地旅游产品的需求，然后在此基础上，有针对性地进行旅游产品开发。

3. 文化旅游需求

根据旅游需求的定义，我们可以给文化旅游需求的概念进行界定。所谓文化旅游需求，就是指具有一定支付能力的旅游者，为了满足他们对文化旅游活动的欲望，愿意在一定时间和价格条件下，所购买的文化旅游产品的数量。

每个人都有不同的兴趣和追求，不同的文化旅游者，所感兴趣的文化特色和文化氛围是不同的。对古代皇权感兴趣的旅游者，会去北京感受明清时代帝王生活，探究古代政治文化；具有佛教信仰的文化旅游者，会去安徽九华山欣赏奇秀山水，感受佛教文化的博大精深，探究神秘的佛国肉身现象，体验九华山的“九”文化。

（二）文化旅游产品需求

1. 宽度需求

所谓旅游产品的宽度，就是指旅游企业经营不同品种产品的数量。而旅游者对文化产品宽度的需求，会在一定程度上受到他们对文化各系列产品的认知情况的制约，表现为他们购买不同品种文化产品的数量。

从旅游者对文化产品宽度需求来看，文化旅游产品需求一般可以分为两个方面。一方面，旅游者参与旅游互动的动机和目的是不同的，比如，有的游客是为了观赏猎奇而参与旅游活动，有的游客是为了提升认知、拓宽眼界而参与旅游活动，也有游客是出于科研、考察的目的来参与旅游活动。另一方面，旅游者在旅活动各个环节的需求，一是购买住宿产品的需求；二是购买具有文化特征的饮食产品的需求；三是购买文化的遗迹文物、演出或展出类产品的需求；四是参与文化游艺活动的需求；五是购买文化纪念品的需求；六是乘坐文化味浓郁的交通工具出行的需求。这就是在文化氛围中，购买文化的食住行游购娱之类旅游产品的需求。

2. 深度需求

所谓旅游产品的深度，就是指同一品种的产品在规格、型号、层次等方面具有差异性的系列的长短，即产品链的长短。一般来说，旅游者对文化产品深度的需求表现在购买同一产品不同规格、型号、层次产品的数量上。

从旅游者对文化产品深度需求这方面来看，旅游者的主观动机是不同的，其购买力也存在差异，在一定的时间和价格条件下，所购买的文化产品层次也就不同。

四川省北川羌族文化产品深度比较复杂，以羌族最具代表性的手工艺羌绣为例。一套做工和构图都堪称精美的羌绣服装，市场价一般在 200~900 元，对于一般的游客来说也许这个价格难以接受，而那些真正了解羌族文化、喜爱羌族文化的旅游者则愿意购买此类产品。还有状似小船、鞋尖微翘、鞋底较厚、鞋帮上绣着各种美丽图案的“云云鞋”，不仅有实用价值，而且观赏价值较高，售价也比较便宜，这种产品得到了很多普通游客的欢迎。由此可见，同一文化下的文化产品深度不同，不同旅游者的选择也不同，购买文化产品的层次也就体现出差异性。

3. 需求的弹性状况

从旅游者对文化产品的需求弹性来看，他们对这类产品的需求有着不稳定性、不确定性。一是旅游者对文化产品是否购买以及购买多少方面有可选择性；二是具有购买过程中的可替代性，如低档产品替代高档产品等；三是需求的紧迫度的大小，也就是购买文化产品的欲望强度。种种因素导致文化旅游市场有着明显的弹性。

（三）文化旅游需求分析

1. 文化旅游需求产生的条件

（1）文化旅游需求产生的主观条件

旅游动机是产生旅游需求的主观条件。通俗地讲，动机就是激励人们行动的主观因素。凡是引起人们去从事某项活动，并使活动指向一定目标以满足个人需要的愿望或志愿，都属于这种活动的动机。

简单来说，所谓旅游动机，就是指促使一个人决定旅游以及到何处去旅游的内在动机。人们只有在产生旅游动机的情况下，才会产生旅游的具体行为。所以说，旅游动机是旅游需求产生的主观条件。

（2）文化旅游需求产生的客观条件

产生旅游需求的重要客观条件有三个，分别是可自由支配收入、闲暇时间，以及交通运输的发展。

所谓可自由支配收入，就是指扣除社会消费和日常生活必需消费之后所剩余的收入部分。可自由支配收入决定着人们的支付能力，它决定着一个人是否可以成为旅游者，也影响着旅游者的消费水平和消费结构，而且也左右着旅游者对旅游目的地的选择。所以说，可自由支配收入，是影响旅游需求的最重要经济因素。

所谓闲暇时间，就是除去日常工作、学习时间之外，其他可以自由支配的、进行消遣娱乐的时间。对于大多数人来说，必须要有一定的比较集中的闲暇时间，才能实现外出旅游的愿望。所以，闲暇时间是实现旅游活动的重要条件。

随着现代科技的进步，交通工具越来越发达，飞机、高铁等现代化交通工具给人们的出行提供了很大的便利，不仅缩短了出行所用的时间，而且随着运输成本的降低，也为人们节省了旅游经费。同时，由于旅程的时间和空间距离相对缩短，旅游者在旅途中不会感到过度劳累，这优化了旅游者的旅游体验，使他们有足够的精力来享受旅游的乐趣。种种因素都有效促进了旅游需求的增长。

2. 文化旅游需求规律分析

文化旅游需求的产生和变化受到多种因素的制约和影响，但是影响文化旅游需求量的主要因素是旅游产品价格、闲暇时间和可自由支配收入。

文化旅游需求规律的基本内容是：其他因素不变，人们对文化旅游产品的需求量随着文化旅游产品的价格成反方向变化，随人们可自由支配收入和闲暇时间的变动成同方向变化。文化旅游需求规律可以用下列函数表示：

$$D=f(P, I, T, \cdots)$$

其中，D 指文化旅游需求；P 指文化旅游产品的价格；I 指旅游者的可自由支配收入；T 指旅游者的闲暇时间。文化旅游需求曲线如图 3-2-1~3-2-4 所示。

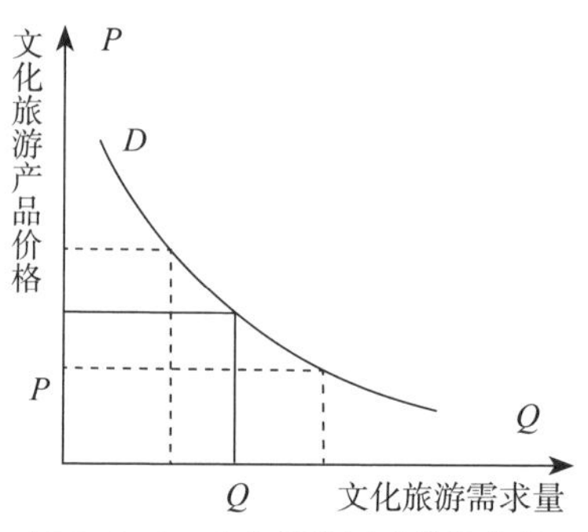

图 3-2-1　文化旅游需求价格曲线 1

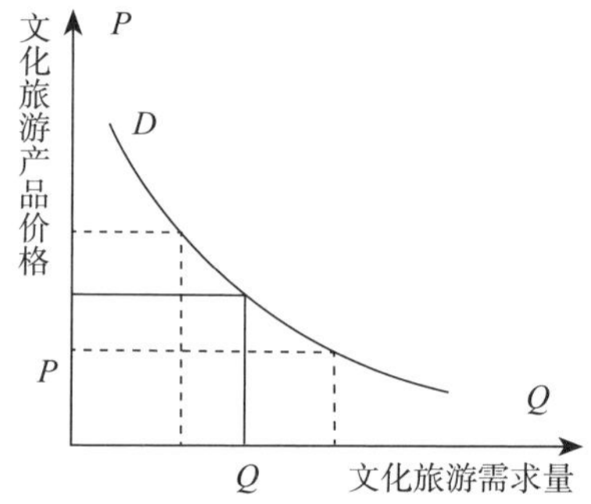

图 3-2-2　文化旅游需求价格曲线 2

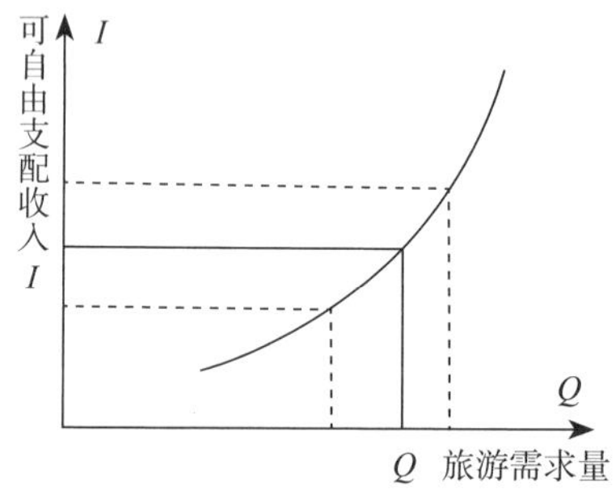

图 3-2-3　需求随可自由支配收入变动曲线

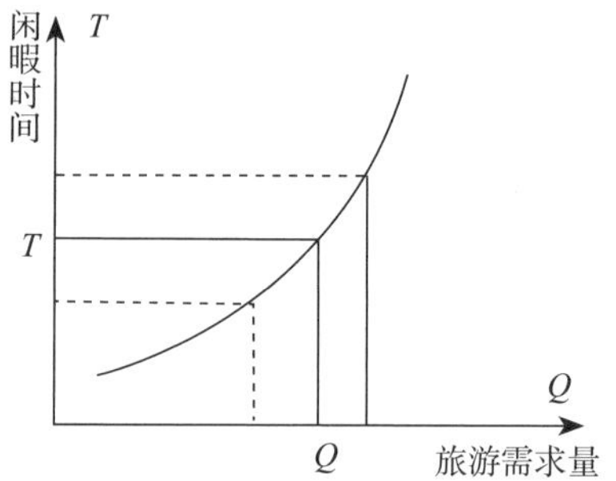

图 3-2-4　需求随闲暇时间变动曲线

如图 3-2-1 所示，曲线 D 为文化旅游需求价格曲线，P 代表旅游价格，Q 为旅游需求量。在不同的价格条件下，人们对文化旅游产品的需求量也是不同的。随着文化旅游产品价格的上升，需求量下降。因而，文化旅游需求价格曲线 D 是一条自左上向右下倾斜的曲线。

需求曲线除由价格决定外，还受到多种因素的影响。当这些因素中的一个或几个发生变化时，仅由价格决定的需求曲线就会发生变动。如图 3-2-2 所示，当某一外在因素发生变化，如可自由支配收入增加，在同一价格下，对文化旅游产品的需求量就会增加，需求方程式将发生变化，原需求曲线 D 会向右方向移到 D'。当某一外在因素发生变化，如可自由支配收入减少，在同一价格下，对文化旅游产品的需求量就会减少，需求方程式将发生变化，原需求曲线 D 会向左方向移到 D'。

如图 3-2-3 所示，曲线为需求随可自由支配收入变动曲线，I 代表可自由支配收入，Q 为旅游需求量，在不同可自由支配收入下，人们对文化旅游产品的需求量也是不同的。随着可自由支配收入的上升，需求量上升。因而，需求随可自由支配收入变动曲线是一条自左下向右上倾斜的曲线。文化旅游产品的需求量随着可自由支配收入的增加而增加。

如图 3-2-4 所示，曲线为需求随闲暇时间变动曲线，T 代表闲暇时间，Q 为旅游需求量，在不同闲暇时间下，人们对文化旅游产品的需求量也是不同的。随着闲暇时间的上升，需求量上升。因而，需求随闲暇时间变动曲线是一条自左下向右上倾斜的曲线。文化旅游产品的需求量随着闲暇时间的增加而增加。

文化旅游需求量与人们的可自由支配收入、闲暇时间呈同方向变化。

二、文化旅游产业的市场细分和定位

（一）文化旅游市场的细分

1. 文化旅游市场细分的作用

细分文化旅游的市场是文化旅游市场营销的重要环节，只有根据相关因素对文化旅游的市场进行仔细的研究，才能准确区分不同文化旅游产品对不同市场的适宜程度，为文化旅游企业的经营提供便利。具体来看，对文化旅游市场进行细分具有以下几方面的作用。

第一，对文化旅游市场进行细分能使营销者获得关于旅游者对文化旅游行为、文化旅游偏好的更详实的资料。通过对这些资料的分析研究，营销者能够更合理地配置旅游资源，从而获取最佳营销效果。

第二，对文化旅游市场进行细分有助于营销者深入分析旅游者对不同文化旅游产品和文化旅游信息的兴趣，从而可以根据旅游者的兴趣发掘文化旅游市场，促进文化旅游业的发展和壮大。

第三，细分文化旅游市场，有助于给文化旅游企业进行合理的定位，并根据市场情况制定和调整营销组合策略，增强应变能力，对旅游营销确定经营方向、取得有利竞争地位起着重要作用。

可见，对文化旅游市场进行细分是文化旅游目标市场营销的前提，它能够为旅游营销者认识市场、研究市场提供必要的依据。

2. 文化旅游市场细分的依据

许多权威人士用不同的依据划分和分析文化旅游市场，而将这些综合起来，可以归纳为四个，即地理、人口、行为、心理。

（1）地理依据

这里的地理依据主要指的是按照旅游者所处的地理位置、自然环境来细分文化旅游市场，这种划分方法比较传统，但至今仍普遍应用。例如，根据世界上的主要地区，可以将国际文化旅游的市场划分为欧洲文化旅游市场、美洲文化旅游市场、东亚及太平洋文化旅游市场、中东文化旅游市场、非洲文化旅游市场和南亚文化旅游市场。而根据国别的不同，可将文化旅游市场划分为日本文化旅游市场、美国文化旅游市场、韩国文化旅游市场、新加坡文化旅游市场和德国文化旅游市场等。

（2）人口依据

这里的人口依据主要指的是根据各种人口变量，如年龄、性别、家庭人口、家庭生命周期、收入、职业、教育、宗教、种族、国籍等把文化旅游产业的市场分割成诸多群体。例如，根据旅游者的年龄可以将文化旅游市场细分为老年旅游者市场、中年旅游者市场、青年旅游者市场和儿童旅游者市场。

（3）行为依据

这里的行为依据主要指的是根据旅游者对文化旅游产品的了解程度、态度、使用及反应，把文化旅游产业划分为若干个小群体。例如，根据旅游者购买文化旅游产品形式的不同，可以将文化旅游产业的市场划分为团体性文化旅游市场和散客性文化旅游市场；按照旅游者购买文化旅游产品的档次的不同，可以将文化旅游市场划分为豪华型文化旅游市场和普通型文化旅游市场。

（4）心理依据

这里的心理依据主要指的是根据旅游者社会阶层、生活方式或个性特征等把文化旅游产业的市场划分为不同的类型。这种方法与按照地理和人口细分相比，能够帮助文化旅游产业的营销者更好地了解和断定文化旅游产业的市场情况及应该采取何种对策。例如，根据旅游者对文化旅游产业的忠诚度，可将文化旅游产业的市场划分为专一的忠诚型文化旅游市场、动摇的忠诚型文化旅游市场、转移的忠诚型文化旅游市场和犹豫不定型文化旅游市场。

3. 文化旅游市场细分的原则

（1）目标导向原则

不同的市场细分方法应该以目标为导向，在不同的目标下选择不同的市场划分方法。需要指出的是，文化旅游企业要能有效地进入和满足目标细分市场。下面几种情况会导致细分市场无效。

第一，旅游企业无法在这一细分市场实施营销活动。

第二，旅游企业的服务不易送达。

第三，旅游企业的信息难以传送给细分市场的消费者。

（2）稳定性原则

在具体的市场细分化上，要考虑细分市场的相对稳定性。具体来说，该市场能够保证目的地或文化旅游企业在较长时期内获得经济效益，并且必须具有一定的发展潜力，使目的地或旅游企业能够通过能力来扩大市场。此外，考虑到文化旅游市场细分是一项复杂而细致的工作，其细分过程中调查分析本身需要一定的时间，因此每一个分片划定之后，市场应有相对的稳定性。如果变化得太快，那么已经制定好的营销组合就会在很短的时间内失去效力，从而导致营销资源重新分配而带来一定的损失。

（二）文化旅游市场的定位

要了解文化旅游市场定位的概念，就必须先了解旅游市场定位的概念。在旅游市场的语境下，旅游市场定位概念可被理解为是一个国家、地区旅游企业通过识别旅游者需求，根据自身资源和能力状况，运用营销策略，设计、开发、包装并向旅游者传播与竞争者不同的特色产品，并塑造旅游企业产品形象及企业形象，使之在旅游者心目中占有独特位置的营销战略体系。

根据对旅游市场定位解释的延展，可以说文化旅游市场定位指的是文化旅游企业根据“对目标市场的旅游者的兴趣、特征，以及自身的竞争优势，确定自身的文化产品和服务在目标市场所处的竞争位置”。

1. 文化旅游市场定位的原则

旅游企业要使自己的文化旅游产品获得稳定的销路，必须要与众不同，要创出自有的特色。对此，文化旅游企业进行市场定位应遵循本企业的文化旅游产品、价格、设备、服务、人员、传播、形象等几个方面的差异化原则，如表 3-2-1 所示，表中各种差异化原则最终构成文化旅游企业的市场形象策略，旅游企业以鲜明的个性、生动的形象来奠定自身的市场营销基础。此外，文化旅游企业的市场定位还须考虑垄断性、营利性等原则。

表 3-2-1　文化旅游市场定位的原则

原则	相关内容表述
产品差异化	主要包括产品的质量、特色及产品形式等方面。寻求产品特征是产品差异化战略经常使用的手段
价格差异	高价和低价都可作为定位的因素来吸引不同的顾客
设备差异化	主要体现在硬件的规格、档次、类型等方面
服务差异化	主要体现在能力、品德、知识和仪表等方面。旅游企业的竞争力就是体现在对于顾客的服务上
人员差异化	主要体现在能力、品德、知识和仪表等方面。一般是通过聘用和培训比竞争者更为优秀的人员以获取差别优势
传播差异化	旅游企业一旦选定了目标市场，就不应仅仅停留在为某种产品设计和塑造个性与形象的阶段，更重要的是如何通过一系列营销活动把这种个性与形象传达给消费者
形象差异化	在产品的核心部分与竞争者雷同的情况下，塑造不同的产品形象以换取差别优势

2. 文化旅游市场定位的影响因素

文化旅游市场定位的合理与否涉及许多因素，其中以下几个因素是文化旅游企业在进行市场定位时必须要考虑的。

（1）对目标市场的清晰认识

进行文化旅游市场定位，必须对目标市场有一个清晰的认识，这样才能做到有的放矢。因此，文化旅游企业必须了解该定位对所有关键目标市场及旅游者的作用，以及预测对非目标市场的冲击，并全面衡量旅游产品定位的市场反应。

（2）了解旅游者对文化旅游产品的需求状况

文化旅游企业作为一种企业，它本身的性质就决定了它是以营利为目的的，而其营利的方式就是为旅游者提供文化旅游产品。所以，在文化旅游企业进行市场定位的过程中，必须要重点考虑目标旅游者的文化旅游需求，只有了解旅游者对文化旅游产品的真实需求，才能抓住文化旅游目标市场中旅游者的行为特点和心理因素，进而才能根据旅游者的特点制定相应的营销方式，并获得利润。因此，进行文化旅游市场定位，必须了解旅游者对文化旅游产品的需求状况。

（3）以文化旅游产品优势的实现为前提

文化旅游企业用来吸引旅游者的关键，就在于文化旅游产品的优势，以及创造文化旅游产品的优势。因此，进行文化旅游市场的定位时，旅游企业应以实现文化旅游产品的优势为前提。只有这样，才能够为旅游企业创造有利的竞争优势，才能确保文化旅游企业在竞争对手的攻击性定位面前是能够保护旅游企业自身的，既具有防御能力，又能够在旅游者心目中拥有持久的地位。

3. 文化旅游市场定位的方法

（1）根据文化旅游产品的特色定位

文化旅游产品在某些方面总会找出一些与众不同的属性来，因而文化旅游企业也可以据此进行市场定位。例如，刀耕火种原是原始时期人类共同的农业生产习俗，但在汉族早就没有了，而在鄂西土家族还有遗存，称“烧火畲”，这就显得非常珍贵。因此鄂西地区的文化旅游企业就可以据此将之定位为“农耕文化典型”，并以此吸引对农耕文化感兴趣的旅游者。

（2）根据目标旅游者的特定利益定位

这里所说的“特定利益”不仅指的是经济利益，而且指其他各种利益。文化旅游企业是以为目标旅游者提供服务为手段来生存的企业，因此可以按照目标旅游者的特点来确定本企业或本企业产品在目标市场上的定位。例如，以普通大众为目标旅游者的文化旅游企业可以将旅游市场定位为“物美价廉”型。

（3）根据特定的使用时机定位

不少文化旅游产品都有一定的使用时机，按照这些时机进行市场的定位能够凸显文化旅游产品的时间价值，因此企业完全可以根据特定的使用时机进行时机定位。例如，2014 年 9 月 3 日是我国的第一个抗战胜利纪念日，文化旅游企业完全可以在这一天推出定位为“抗战文化”的爱国旅游产品，如让旅游者参观抗战遗址等。

（4）寻找旅游市场空档定位

有些时候，旅游市场虽然有特定的需求，但尚没有旅游企业的进入，文化旅游市场也存在类似的情况。因此，作为旅游企业，可以通过寻找文化旅游市场的空档来拾遗补缺，填补特定文化旅游市场空档。

第四章　文化旅游产业的发展路径探究

本章讲述的是文化旅游产业的发展路径研究，主要从以下几方面进行具体论述，分别为文化旅游产业与城市文化的协调发展和文化旅游产业与民族文化的协调发展两方面的内容。

第一节　文化旅游产业与城市文化的协调发展

一、城市文化的相关内容与传承创新路径

（一）城市文化的演化

不同的认识主体对于城市文化的定义各有侧重。地理学或城市规划学看重文化发展赖以生存的空间，认为城市文化就是城市文明发展史上的一个时空截面，是城市文明在进步尺度上的外化，不同地域的城市文化千差万别，不同时代的文化也不尽相同。从人类学的角度来说，城市文化是城市人格的表现，城市是主题空间的人格化，它体现着民族的、时代的与人格的光辉，是宗教的、哲学的、道德的、审美的等各种文化的集中表现。城市文化是由人文核心外化构成的文化价值体系，由外到内分为物质文化层、制度文化层、行为文化层以及观念文化层 4 个层次。而社会学则从文化创造的主体出发，是城市社会成员（市民）在社会实践中共同创造出来的，为该城市社会成员所共有，包括城市生活环境、生活方式和生活习俗等在内的物质财富和精神财富的总和。然而无论从哪些角度出发、侧重点在哪里，所谓的城市文化都无外乎是探讨人作为行为主体在特定的时间与空间条件下所产生的文化行为及其连带后果。一旦外界条件发生变化，这些人类智

慧的成果也不可能是一成不变的。

从历史的角度来看，正是不同时期人们不断变化的需求，才赋予了城市不同的职能，而城市职能的转变又推动了城市文化的演化历程。乔尔·科特金认为从古至今，无论城市职能如何变化，其繁华的原因都源于城市的神圣、安全及繁荣，并总结出城市发展的一般历程。人类本身就是群居动物，在进入农耕社会开始定居生活后，出于安全与贸易的目的形成更大规模的集聚。人们出于对自然的敬畏、感恩与原始崇拜而产生宗教，又需要有效的社会秩序组织大规模的生产与改造自然活动，从而形成了以“神庙”为中心构建的早期城市轮廓。因而早期的城市无论在美索不达米亚平原，还是在古老的中国及印度，都是神以及代表神明的统治阶级居住的场所。随着人类生产技术的不断提高，实力强大的地区想要通过军事或经济的向外扩张以获得更多的资源，城市类型开始分化，形成了以帝国城市（如罗马）、宗教城市（如麦加、耶路撒冷）和商业城市（如威尼斯）为代表的古典城市。中国古代的城市进程与西方不同，都城既是世俗权力中心又是宗教圣地，都城外的小城镇呈现出一种自上而下的行政等级体制。可以说中世纪及以前的城市文化都是围绕着神明以及统治阶级展开的宗教式文化。随着城市中脱离土地及人身依附关系的“自由人”数量的增加，人们对自由的崇尚之风日渐浓厚，启蒙运动使人的理性战胜了宗教的神性成为城市文化的价值核心。城市文化成为一种公共性及大众性的价值符号，是以市民为核心，注重追求经济利益、理性主义的世俗文化。

工业革命带来的生产方式变革，使城市成为大规模的产品生产车间。生产力的发展使人类在短短几十年里创造财富的能力甚至超过了过去几个世纪生产财富的总和，城市人口呈现出爆炸式的增长趋势，城市规模以几何倍数扩大，城市天际线也在被新盖起的高楼大厦不断刷新。城市在带来人类工业文明迅速发展的同时也带来了诸如城市轮廓无序蔓延、交通拥堵、人居条件变差、生态环境恶化、资源枯竭、贫富差距拉大、人情冷漠、金钱至上、城市贫困及犯罪等层出不穷的问题。工业文明的种种弊端暴露出人类对于理性的追求已经走向了另一个极端——人性与科学理性的分离。理性这一新的城市精神将科学技术变成了统治城市的工具。科技革命所带来的交通与通信技术的改善，改变了人口和工业的高度空间集聚现状，而城乡差距正在逐步缩小。后工业时代新的经济增长方式使全球范围内的工业制造以及传统工业城市无可避免地走向了没落，城市不得不把优点转向以金融、服务、科技、文化为导向的新型产业发展路径，而城市特质也由政治的、经济的自然而然地转化成了文化导向。城市文化开始批判人为强制理性，强调人性的回归，注重文化的多元化、差异化、个性化发展。有学者将城市文化的演化史概括为传统的神明时代、近代英雄时代、后现代的世俗时代和交往时代；而世界文化重心演变的大体趋势都是由宗教而政治，由政治而经济。如今文化的经济方面虽尚未能够完全代替政治方面以成为现代文化的重心，但经济在现代文化上的重要性，已甚为明显。

从原始都市到大都市的发展过程是人类由原始野蛮逐渐走向文化并创造出灿烂人类文明的过程，这一时期人类物质生活极大丰富、生活水平质量不断提高、科学文化逐步摆脱宗教的束缚，向着科学化、系统化、理论化的方向发展。伴随工业资本主义发展而产生的超大都市，变成了分崩离析的工具并日益对真正的文化构成威胁，文化变成了没有内涵的、标准化生产的工业产品。而后城市开始陷入了衰落和解体阶段，城市面貌混乱不堪、商业萧条、政治独裁、战争、暴力、物质匮乏和文化衰退、艺术和科学不再有创造性的成果……城市由繁荣逐渐变成一片废墟。所以，当一个城市达到了超大都市的阶段，它就清楚地处于下降的轨迹，需要一个强大的社会力量以克服这种惯性来改变运动的方向，来抵制内在的解体过程。一个文化垂死的阶段可能通过攫取更年轻生命成长的新鲜的能量来延长自身的存在。在城市发展进入衰退阶段或倾向走向发展停滞期时，城市在吸纳了新的发展动力之后会呈现出新一轮的发展面貌，进入城市的复兴阶段。当然在新的城市背景下，城市的内部结构会或多或少地发生变化，城市文化也会进一步转化提升，事物原本的有用性逐渐减弱甚至消失，而其符号性及文化性则逐步加强。例如，在后工业社会中，城市中心的许多工业厂房随着工业企业的迁出而失去其原有的生产功能，但是作为工业遗产的表现形式，它彰显着城市在工业文明时代的辉煌发展史，同时通过功能置换以及工业遗产保护开发，使这里往往发展成为城市中的另一文化聚集地及文化新地标。现在世界范围内不可避免地关注文化产业化发展的做法，正暗合了芒福德的论断——为寻求维系巨型城市正常运转而寻找新的经济动力，这是城市发展阶段的一种趋势，也是一种必然。

（二）城市文化的类型

城市文化的内容十分丰富，根据不同的划分方法可以将城市文化划分出不同的种类。

1. 按形态划分

按照事物的存在形态可将城市文化分为物质文化和非物质文化。物质文化也包括建筑、交通工具、公共场馆、设施、市容市貌等物质形态所表现出的城市文化；非物质文化包括市民素养、城市凝聚力、社会意识、价值观念等非物化的城市文化。

2. 按经济属性划分

城市文化按照经济属性的不同可以分为文化产品和公共文化。文化产品强调文化的经济价值，是文化企业以盈利为目的而面向大众提供的一种满足其文化需求的符号商品，包括影视、杂志、报刊、书籍、网络、艺术品、文化用品等，以及提供这些产品的文化产业及场所，如影剧院、出版社、书店、画廊、艺廊、游乐场、主题公园等。奥兰多的迪士尼、洛杉矶的好莱坞、巴黎的蓬皮杜艺术中心都成为当地极具代表性的观光场所，每年吸引着来自世界各地的游客。而公共文化则突出其文化的公益性，即以服务大众为目的，如城市的图书馆、美术馆、艺术馆、博物馆、规划馆，文化中心、文化站、教堂、公园、城市绿地等城市公共空间等。这些公共资源不仅满足了当地居民的文化诉求，而且往往形成了对外地游客具有极大吸引力的、反映当地特色的文化旅游资源。例如上海博物馆，它本身并非旅游接待设施，但极具中国特色的丰富藏品、主题鲜明的布展风格以及科学的管理及保存手段每天都吸引大批国内外游客到访，成为海内外了解上海、了解中国的重要窗口，也成为上海的经典旅游景点之一。

3. 按感知主体划分

根据服务对象的不同，城市文化可以分为旅游文化、社区文化和行业文化。其中，旅游文化主要是旅游者在旅游过程中，所感知的城市文化内容，包括饮食文化、宗教文化、建筑文化等；社区文化主要指为服务当地社区居民而营造的城市区域文化生活环境。行业文化是根据文化产生的所属行业不同对城市文化进行的细化，按照大的产业形态划分可分为农业文化、工业文化以及服务类文化，服务类文化又可按所属行业细分为校园文化、企业文化、商业文化等。值得注意的是，城市在提供文化及其配套设施的时候并没有按照预期的感知主体将城市文化进行严格的拆分，城市文化往往是面向多个主体对象的。例如，服务于游客的餐厅也服务于普通市民；以一般市民为目标群体的文化节日或演出往往吸引着远道而来的外地旅游者；甚至在某种程度上作为群体专属的校园文化和企业文化，也有游客出于满足好奇心或体验文化的需求心理而免不了去拜访一下，如清华、北大等的名校游及一些企业开展的工业旅游等。

（二）城市文化的特性

1. 地域性

城市是在一定的地理环境基础上形成的人类聚居点，地域条件的差异致使城市在建筑、民俗、语言上千差万别，因而形成的城市文化也带有明显的地域特征。随着城市文化的积累、传承、创新和发展，城市文化的地域性会越来越鲜明。比如，我国以北京和西安为代表的北方城市，有很多雄伟的宫廷建筑，能够体现出都城的皇家气派。而以苏州和杭州为代表的南方城市，则能够体现出粉墙黛瓦的私家园林风范，体现出士人阶层的文雅恬淡。

2. 累积性

如果城市文化是时空发展的产物，那么城市文化的特征，就不仅体现在横向的地域性上，还体现在纵向的时间积累性上。随着时间的推移，不同的城市文化会逐渐体现出不同的特征。在城市文化演变的历程中，我们可以看出，人类早期社会、封建社会、工业社会与后工业社会城市文化的结构、功能经历了一个从神到人、从贵族到大众、从艺术到产品的转变，后一阶段正是对前一阶段的继承、发展、演变以及补充。一个城市的历史越悠久，其文化积累就越丰厚。在城市文化当中最显而易见的文化堆叠当属城市建筑。在巴塞罗那的街头可以看到 13—15 世纪建造起来的哥特式历史建筑、19 世纪后期到 20 世纪初期的欧洲新艺术建筑，和以高迪为代表的现代主义风格建筑，这些不同时代的建筑作品向人们展示了巴塞罗那文化的演进与多元。然而并不是所有的城市都像巴塞罗那样对旧城进行了严格保护，许多城市在现代化进程的大拆大建中将这些人类文明的创造及印记抹去了，全球化正使各地的城市逐步趋同，从伦敦到纽约、东京、上海，各式“火柴盒”式的建筑使城市千城一面，从美学角度看，建筑不再是城市形象与个性的代表。

但是，从另一个方面来说，无论一个城市怎样扩张，其容量是有限的，城市必须像人体一样不断进行新陈代谢，剔除过时的东西，接收新鲜的养分，只有这样，才能保持生命活力，才能维持健康发展。因此，对于城市旧有肌理，是全部保留，还是选择性扬弃，就成为一个备受争议的话题。城市有着自己鲜活的生命，人为地将城市以及城市文化局限在某个特定的时代，都是对城市肌理的一种破坏。随着时代的发展，人们对城市的认识越来越深，并逐渐意识到保护文化遗产多样性的重要性，这也拓宽了关于文化遗产保护领域方面的认识，如工业遗产保护、历史街区保护、景观保护、非物质文化遗产保护……人们正在用现在的努力创造明天的遗产。

3. 开放性

城市文化的开放性是由城市本身的发展规律和文化的传播属性所共同决定的。虽然，城市化进程以及由单中心向多中心的发展趋势使得城与城之间以及城与乡之间产生差距，但与此同时，也使得城市之间的交流更加密切。在现代社会，任何城市都不能完全摆脱相互之间的依赖关系，不能回到封建社会自给自足的状态。城市之间的交流主要表现为物的交往，也就是城市间的贸易和经济往来；也表现为人的交往，也就是人们所进行的旅游活动。同时，文化产生的本身，从一定意义上来说是为了满足人们交流的需要。因为城市具有开放性，所以城市之间才能顺利地进行文化交流，城市文化的开放性必然会促使城市文化向多元化的趋势发展。在现代社会的城市里，往往传统与现代并存、土著与外来并存、高雅和世俗并存，这进一步体现了城市文化的开放性。

4. 多元性

城市文化的多元，主要是指城市结构构成上的非一主体性。首先，以城市内部构成来说，古代城市文化按其性质可分为宫廷文化、文士文化和俚俗文化三种，阶层不同，文化的表现形式不同。宫廷文化体现的是权力、威严、富足、奢华，文士文化强调的是高雅、气质、艺术品位，而俚俗文化作为城市文化的基础则体现的是大众的娱乐、价值观念。首先，地域性差异、生产和生活方式的差异，以及职业、阶层的差异，都会导致城市居民文化需求的差异。其次，从某一地区文化的外部来源来讲，文化的开放性，会导致多元文化融合。例如，唐朝的长安，不仅汇集了国内不同地区的文化习俗，而且作为当时世界的文明中心之一，也通过丝绸之路以及各国遣唐使带来了富于异域风情的民族文化。再比如，美国作为一个移民国家，其文化构成必然有多元化特征，在洛杉矶这座城市，我们可以看见美国的黑人、白人，也可以见到墨西哥人、欧洲人、亚洲人等不同族裔，并且在这座城市中，还有中国城、日本城、迪士尼等很多文化体，给这座城市带来勃勃生机。最后，在后现代主义强调多元与差异观念下发展起来的当代城市，多元化是其重要的发展趋势。科技手段的日新月异促进了文化构成方式的转变，多元主体的网络交流慢慢取代了单一主体控制的大众传播模式，城市文化开始被知识文化所主导，知识创新逐渐成为城市文化发展的前锋。

5. 冲突性

城市文化的冲突性是不同利益全体、区域、代际间的文化差异多导致的，这种矛盾是普遍存在的。首先，在不同的年代，人们对文化的认识是不同的。文化是时空条件共同作用所产生的，不同的时代，会产生不同的文化，每个时代流行文化的发展，正好可以印证这一观点。就算是生活在同一个时代背景下，不同年龄的人，对于同一个文化现象的认识也是不同的。因为人也是时代的产物，人的思维虽然会随着社会的发展而有所转变，但思想一旦定型成熟就会成为一种根深蒂固的观念并伴之一生，很难改变，这也就解释了为什么现在以“80 后”“90 后”来命名一个群体。虽然每个人的个性各有差异，但在他们身上还是能找到其成长年代所共有的典型群体特征。其次，不同区域对于文化的认识不同。最后，不同利益群体之间存在文化冲突。有学者认为，在发达国家起源的工业文明浪潮使得城市化的特征出现了大规模、集中化和机械化的特点，并成为世界体系的统治中心，而发展中国家的城市化则不同，它更多地属于依附型现代化发展，其结果是依附型的城市成为世界经济体系中的一个部分，形成所谓的文化殖民。同时，种族宗教信仰以及民族文化的差异也导致了文化冲突现象。亨廷顿在《文明的冲突》中指出，未来引发城市及地区间的矛盾或危机主导因素不是政治的或者经济的，而是由不同文明集团间的冲突所引起的。

6. 动态性

所谓城市文化的动态性，即城市发展的特性会导致城市文化的变迁，主要表现在两个方面，一个是纵向上的时间继承性，另一个是横向上的融合互通性。所有事物的发展都是在其原有的机理上不断创新、不断扬弃、不断继承。当然，这并非是说城市文化一直以来都积极地向上发展，没有任何倒退。古埃及文明的没落、罗马帝国的消亡，以及现在社会城市问题的加剧，这些变化都不是积极的变化。但是，从人类发展的规律和趋势来看，人类文明的脚步整体是向前发展的。新的文化现象继承了原来文化的核心，又在原来文化机体上不断创新，这种关系就是内核及外显的关系。饮食文化的动态性体现在当代人既保留了筷子、讲求色香味俱全等中华传统饮食文化精髓，又结合现代讲究营养搭配的科学饮食观念，在菜肴的种类及做法上采用新原料、新烹饪工艺。

城市文化有了冲突就势必会融合。一些社会学者将城市的文化融合理解为城市文化的分化、整合和适应过程。城市文化的内容出现增减，会导致城市文化系统结构、模式等的变化，继而融合成为新的文化系统。例如，在中国的节庆日系统中，既有中国的传统型节日如清明、端午、中秋、春节等，又有国际通行的节日如新年，另外还有很多国外的“洋节”备受年轻群体的青睐，如万圣节、感恩节、圣诞节等。各种节日在融合与传承中也许改变了它的初衷，但它给人们带来快乐的本质没有变。

（四）城市文化的结构

对于城市文化的结构，一方面可以从社会学对于文化层次构架的角度来理解；另一方面，又可以从空间布局的组成部分进行研究。基于以往对旅游及其产品的研究视角，我们从游客感知的角度出发研究城市的文化构成。

根据感知主体范围（人群数量）的大小、感知的难易程度（直接或间接），可以将城市文化划分为外围直接感知层——感知文化、中间间接感知层——群体文化和核心层——城市精神层，具体层次关系如图 4-1-1 和图 4-1-2 所示。

1. 外围层——感知文化

城市文化的最外层是感知文化，这一文化层中包含可视、可触的物质文化，比如饮食文化、建筑文化、自然生态文化等，还包含非物质的，但是能够被人直接感知的文化，比如语言文化、民俗文化等。这一类文化的最主要特点就是容易被人们察觉到，同时又不受感知主体的群体限制。比如，一个城市的建筑文化，其建筑风格、色彩，以及街道的布局，它们就摆在那里，可以被游客们明显地看见。在这里需要强调的是，由于感知主体的身份不同，外围层的文化对于主体产生的意义也是不一样的。比如，良好的城市环境、市民文化所体现的风土人情，对于生活在当地的居住者来说仅仅是环境的一部分，但是对于旅游者来说，却极具吸引力，能够成为他们选择该城市作为旅游目的地的重要原因。

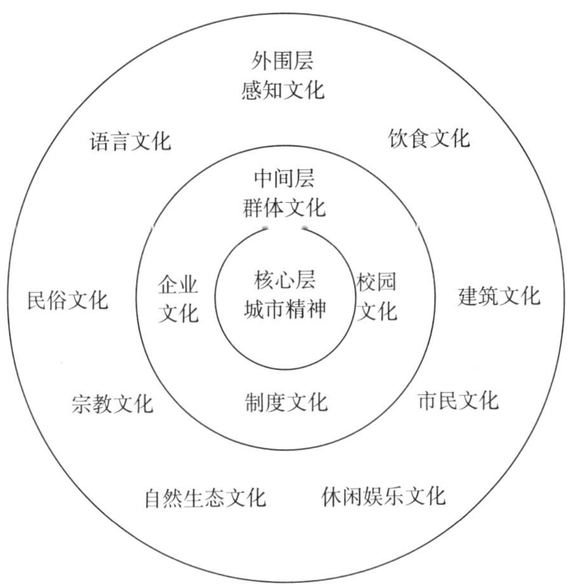

图 4-1-1　城市文化结构分布

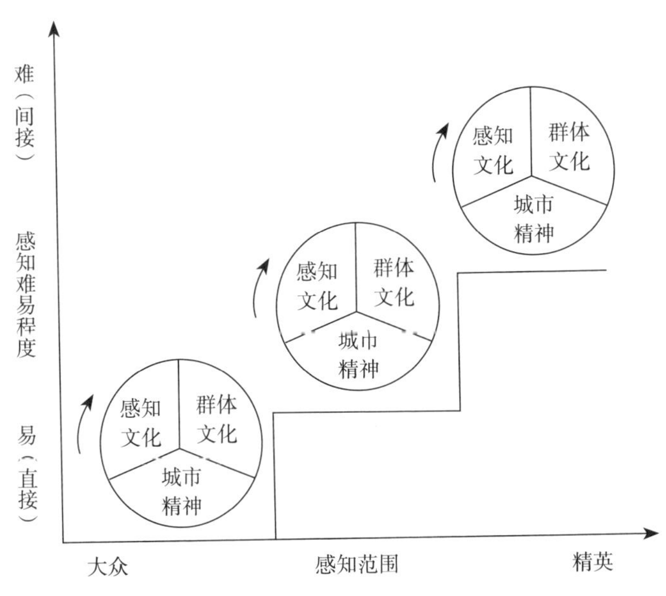

图 4-1-2　城市文化感知趋势

2. 中间层——群体文化

中间层的感知群体要较外围层的范围小，是针对部分细分群体目标的城市亚文化，同时在某一群体文化内部又根据实际情况有所区别。比如，学生是校园文化的目标人群，甲、乙两所学校都具备校园文化的特征，但是每个学校又会有自己与众不同的特征。并且，不同层次学校的校园文化也有明显差别，比如大学校园、初高中校园以及小学校园，其校园文化必定会有明显区别。另外，这一部分文化不会被非群体成员直接感知，他们必须要借助一定的媒介，才能感受到这种文化的存在。再比如，对于企业员工及其管理者来说，他们能够直接感受到企业文化，但是作为普通消费者，则需要通过企业的产品、企业的宣传来了解其内在的文化价值。

3. 核心层——城市精神

城市精神是对城市文化的高度概括，体现着一个城市的形象。城市精神没有具象的表现，它借助城市的物质文化得以体现，常常蕴含在城市的规章制度、市民素养、道德规范和城市环境之中。比如，北京的“首都文化”、上海的“海派文化”，都对城市的特色文化进行了高度概括；而天安门、四合院、东方明珠塔、世博会等，则是人们对于这种城市文化的具象概括。

乔尔·科特金在论述城市的神圣性时指出，城市的神圣性不仅表现在古代城市的宗教性，当代人们对于摩天大楼的敬仰、对于大城市的愿景，同样是对城市的一种神圣崇拜；并且，城市的这种神圣性，也正是对旅游者构成吸引的关键所在。

4. 感知路径

从感知范围和感知的难易程度来说，感知文化、群体文化和城市精神，形成了一个类似管理学中质量环的感知路径：在同一感知主体内，该主体根据感知的难易程度，依次可以感知到感知文化、群体文化，以及城市精神。其中，城市文化可以说是理解某一城市的文化主基调，有利于该主体更好地理解感知文化和群体文化，从而构成群体内的文化感知循环路径。而不同的感知主体，感知到感知文化和城市精神略有差别，感知到的群体文化则可能相去甚远。随着由大众到精英阶层感知主体范围的不断缩小，其文化感知循环像爬楼梯那样不断被提炼、升华，感知到的文化也更专业化和个性化，从而使感知文化的整体质量不断被提高。

（五）城市文化的传承创新路径

从社会学的角度来说，城市文化的传承与创新，是在经济水平、科技水平发展等条件的作用下，经过纵向“濡化”与横向“涵化”而建立起的二维渐进循环式的发展过程。

本地的传统文化，经过“濡化”这一过程，完成代际之间的文化传递工作。从理论的层面来说，单纯的濡化过程并不伴随改良、创造等创新活动，而是比较纯粹的，是从前辈人那里获取知识和技能的 种纵向继承行为。比如，中国人从其家庭传统或者社会传统中继承了过年贴春联等节日习俗，这种形式在几代人之中一般都不会发生太大的改变。一方面，文化的继承以直接的价值传递的形式来实现，比如，通过书籍、字画等有形文化资产的继承；另一方面，是通过学习获得某种文化技能，比如弹奏乐器、使用工具等。

外来文化体系按照严格的时代背景进行划分，可以分为两类，一类是外来的传统文化，另一类是外来的新兴文化。外来的传统文化，有基督教、圣诞节等；外来的新兴文化，有互联网、快餐等。新兴文化是在原有文化系统的基础上产生并传播的，因此在文化传承与创新的路径循环上游，应先将其影响因素排除在外，这么做是为了与下游产生的新型文化加以区别。对于上游的外来文化，我们暂时将之定义为“外来传统文化”，目的是跟其他外来文化表示区分。文化一方面表现出纵向的“濡化”传承，另一方面表现出横向的“涵化”发展路径。

当不同的文化群体长期接触时，它们之间必定会产生交流和互动，进而产生本地文化与外来文化相互融合的涵化现象。涵化可能会导致三种结果，第一种是外来文化不做任何改变，完整地被现有本土文化体系所吸纳。例如，日本的奈良古城，就是完全根据中国历代长安城的建制而建立起来的。再比如，我国历史上的北魏时期，孝文帝在改革过程中，采取实行汉制与移风易俗的做法，以及日本在明治维新时期采取的全盘西化措施，都是对外族文化完全吸纳的典型案例。第二种是当地土著文化与外来文化进行有机结合。在结合过程中，传统的土著文化会发生改变。比如，毛笔是中国的传统书写工具，有着几千年的历史，在漫长的发展过程中，形成了书法艺术。而随着时代的发展，西式钢笔传入我国，并很快得到普及，但传统的书法艺术并没有消失，而是根据钢笔的特点，形成了硬笔书法艺术。尽管毛笔和钢笔在使用方面有着很大的差别，但是，书法艺术的核心并没有发生太大的变化。第三种是在原来文化的基础上，产生一种跟原有母体文化有一定区别的全新文化。比如，墨西哥原来是属于印第安文明体系。在 16 世纪，西班牙入侵墨西哥，当地的土著文化便与西班牙文化进行了一定程度的融合，由此产生新的文化体系。该体系将 16—17 世纪西班牙文化特制进行重新加工，跟原来的土著文化进行有机结合，产生了一个全新的文化整体，这种文化整体并不是西班牙和印第安特殊的简单融合，而是一种新的创造。跟濡化相比较，涵化会在一定程度上改变原有的文化体系，因此涵化在本质上是创造性的，并且还会导致相互接触的两种文化的相同性越来越强。在全球化发展的浪潮中，这种文化的同化趋势越来越明显。

文化的传承和创新并不是一个无动力自发系统，而是伴随着社会的发展进步，为了满足人类需求而产生的。所以，文化的传承和创新时刻被外界的环境所影响着。这些外在的影响因素有很多，比如科技发展水平、社会结构、经济条件、政治统治等。在外力的作用下，随着时代的发展，传统文化会在一定程度上发生变异，形成变迁后的传统文化。比如，月饼是中国传统的节日美食，但是近些年来，传统的月饼在其制作、原材料方面都发生了很大的变化，出现了巧克力、水果等不同口味的新型月饼。此外，在原有文化体系中，还会派生出跟以往大不相同的新兴文化，比如互联网的兴起催生了微博、各种搜索引擎、即时通信软件等，使人们的生活方式发生了很大的改变。另外，如果我们从现实的特定语境中跳出来，从历史的发展规律来看，无论是经过改良的传统文化，还是具有较强时代特征的新兴文化，都会随着社会的发展而继续发生演变，或者只是短暂地出现在人类文明的旅程中，或者被原有的传统文化体系所吸纳，并随着文化的变迁慢慢抽象成具有文明核心代表意义的文化符号。所以，我们今天所说的传统文化，很可能就是唐代、宋代时期的流行文化。同样的道理，在若干年后，我们现在的流行文化，也极有可能成为后代人眼中的传统文化。

文化的传承与创新路径，可以被看成是一个类似于质量循环模式的螺旋上升的渐进式发展循环。正是在这种路径的作用下，文化不断地经历“传播—接触结合—融合、替代、同化或创新—扬弃以及进化”这一过程，并慢慢地将文化进行提炼和抽象，使之成为具有核心意义的文化象征符号，并且围绕这一中心不断地变化以及创新文化的外在表现形式，从而促进文化的发展。

二、城市中的文化旅游

（一）城市中的文化旅游需求

1. 城市主体的主观诉求

前文在论述城市文化优越性时我们强调了城市的集聚效应，认为这种集聚使城市成为科技、人才、资本、文化、创意、物流等的空间凝聚地，进而创造出很多物质财富，以及城市精神、核心价值理念等非物质文化。跟乡村地区相比较，城市人口的文化素养、收入水平都比较高；与此同时，城市人口也面临着较大的工作压力，并且生活节奏较快，这使得城市人口对所剩无几的可自由支配时间特别珍惜。所以，跟农村人口相比较，城市人口的旅游动机更加强烈。

2. 城市环境的外部激发

这里所说的城市环境，是指由城市基础设施、城市文化资源，以及城市整体环境所共同构成的城市供给系统。虽然，并非所有的文化资源经过开发，都能成为对游客具有较大吸引力的旅游产品，但是文化资源的密度确实是衡量地方或区域旅游潜力的重要标准。如果一个地区有着较高的文化要素密度，那么这个地区的旅游强度指数就比较高，城市中的文化景观、文化场馆等文化资源比较集中，跟乡村休闲景观的城市化风光有明显区别。几十年以来，很多人口密度较大、文化活动较多，以及有着丰富文化遗产资源的城市景观都已经发展了旅游。城市供给能力的优越性，使得非城市人口对国际性大都市产生了更加强烈的向往。

另外，由于后工业社会城市转型的需要，各地城市对文化创意、旅游等新型经济增长方式予以高度重视。城市通过发展文化以及创意产业，使之趋于发展成为集新潮、时尚、多元为一体的、极具活力的、具有典型后现代主义风格的城市交流舞台，从而吸引更多的创意阶层，促进城市的持续发展。

（二）城市中的文化旅游供给

1. 供给内容与差异

不论城市的资源禀赋条件如何，也不论城市处于怎样的发展阶段，其文化旅游供给内容都可以被概括为前文提到的核心产品供给、基础设施供给以及社会环境供给。但是根据具体城市资源状况和发展水平的不同，其供给物的配量比例是存在内部结构差异的。

遗产型的城市往往具有很深的历史底蕴，其供给物多是历史性要素，展现方式也多以静态展示为主，让游客以一种浸入的方式体味遗产背后的历史故事。例如，欧洲的一些著名的历史文化名城，老城区内各式古老建筑鳞次栉比，徜徉于此仿佛回到了遥远的欧洲中世纪，游客们可以透过博物馆里展出文物的文字说明了解城市的历史故事，也可以穿梭于狭窄的城市马路，手抚斑驳的墙壁，品评道路两旁各时期建筑的不同风格，更可以坐在露天茶座静静欣赏喷泉广场上成群的白鸽以及街头艺人曼妙的音乐演奏……总之，遗产型的城市通过建筑、文物等物质文化遗产以及浓厚的文化氛围，为游客提供的是一种沉静、闲适且历史内涵丰富的文化体验。

如果将遗产型城市提供的文化旅游产品比作一杯醇厚的咖啡，那么现代型的大都市提供的则是一种速食文化：墙壁上的涂鸦，现代化的摩天大楼，行人如织的 Shopping Mall，集结过山车、海盗船、太空穿梭等惊险刺激项目的游乐场，热闹非凡的城市嘉年华……在这里，无论旅游者的学识背景怎样，来自何种文化、语言的国家，对目的地了解熟悉程度如何，都可以快速地融入都市简单、热烈、欢快、时尚的文化氛围中。与遗产型城市展示的旅游方式不同的是，都市文化旅游更突出游客的参与生动性与休闲娱乐性，强调为顾客制造一种轻松且难忘的体验经历。

2. 供给体系建设

首先，战略核心的确立。不论是旅游目的地城市还是具体负责接待的文化旅游业，都需要结合旅游者的需求及自身资源及能力的实际状况，从宏观角度确立发展战略，即明确自身所创造的顾客价值及满意的核心内容是什么、可行性与必要性情况怎样，以及通过何种途径及方式可以使目标群体的文化旅游需求得到满足的同时，还能顾及经济效益、社会效益以及生态效益的平衡。

其次，产品系列及品牌开发。文化旅游产品的质量对旅游者感知文化有着重要的影响。提高文化旅游产品质量要采用系统的方法，要在考虑文化旅游产品的层次结构的基础上，从产品的核心价值、产品形式、产品外延以及产品供应的环境等各个方面下功夫，才能从整体上保障产品质量的一致性与连贯性。另外可以根据文化旅游产品的生命周期特征，选择不同的开发策略：既可以为原有产品提供增值服务、延伸原有产品内涵、进行产品系列扩展与产品系列填补，以求得产品扩展展品组合的深度，也可以增加新的产品项目、扩大产品组合的广度、提高不同产品项目间的相关度，同时还可以根据企业或机构的实力状况开发新的品牌及进行品牌延伸。

最后，采取有针对性的营销策略。笔者认为，从营销学的理念角度分析，人们的需求是“已被感受到的缺乏”。人们在缺少某件东西时并不会必然产生需求，只有相关的需求被认识到，才会产生相应的驱动力，因此文化旅游营销首先应该是刺激和引导这种可能未被旅游者认识到的需求。由于文化旅游是一种既能产生经济效益又具有社会价值，由旅游主体的文化动机被激发（并且这种动机会受到外界刺激而且有可引导性）而购买的消费性体验测试产品，因此采取的营销策略应包括服务型营销、驱动型营销、社会性营销以及全面营销策略。

三、文化旅游对城市文化的创新与影响

（一）文化旅游对城市文化传承与创新的影响路径

文化旅游与城市文化之间存在一种互动关系：一方面，城市开展文化旅游，需要利用文化资源来提升吸引力；另一方面，文化旅游活动对城市文化的保护和传承发挥着重要的作用。文化旅游对城市文化的传承与创新的影响途径有以下几种。

1. 文化旅游与城市文化的传承

城市文化的传承主要通过两种方式展开，一个是对有形物质文化的保护，一个是对非物质文化遗产的传承。无论是有形的还是无形的文化，都为城市的文化旅游提供丰富的资源。文化传承的动力可以从两个方面来解释，一方面，文化传承有其文明延续传递的固有自发动机；另一方面，人类的文化保护意识越来越强，这促使人们更加珍惜传统文化，而文化旅游活动，对强化人们的文化保护意识有着较强的促进作用。在开展文化旅游的过程中，传统文化的应用主要体现在三个方面，有实物展示、文化空间的非物质展示、传媒展示。

（1）实物展示

实物展示最常见的就是博物馆式的静态展示。在游览博物馆时，人们最常见的文物展品有瓷器、钱币、字画、器皿等。就单件展品来说，人们可能对其精美

的外表发出感叹，而如果将这些单类展品按制作年代进行编排，人们就可以从发展史的角度，了解人类使用工具以及艺术创作的整体情况。实物展示再配以简短的文字介绍以及精心编排的语音解说，可以使传统文化对人们产生直观的视觉冲击。而若想置身其中感受古朴的传统文化，还可以参观游览古建筑以及建筑群、历史街区、古都城市以及以少数民族为代表的保存完好的社区生活空间。这些大型建筑及生活空间里有些也是采取博物馆式的展览方式，比如苏州园林、故宫、庞贝古城等，而有些则保留了原本的实用功能，像嵩山少林寺、丽江古城、九寨沟、西藏布达拉宫、大昭寺等。

（2）文化空间的非物质展示

文化空间是非物质文化遗产领域的一个特有的概念，具体是指举办传统文化活动的场所。虽然，非物质文化遗产的种类很多，包括语言、文学、音乐、舞蹈、手工艺等，但是被文化旅游活动利用最多的还是融会并集中各种表现形式的文化空间，这包括诸如传统节日、祭祀活动、传统或民族特色的歌舞表演、传统习俗活动等。其中有一些具有特殊意义，并非为了取悦游客而安排的传统习俗活动，像内蒙古的那达慕大会、西班牙的斗牛节，以及日本的祇园祭、时代祭、神户祭等；还有为了满足游客游览需要，或者是为了传扬某一传统文化而举办的活动，如西安大唐芙蓉园的仿古表演、曲阜于2004年起每年举办的祭孔大典、北京2001年恢复的厂甸庙会等。

（3）传媒展示

传媒展示的方式主要包括记录相关资源的书籍、画册、音像制品和以建筑、绘画、舞蹈艺术等传统文化为内容或题材制作的宣传短片、电视节目及影视剧，以及以宣传推广以传统文化为核心的观光网站及网络媒体等。跟前两种方式相比，这种方式的区别是，虽然网络媒体不能直接被文化旅游活动所使用，但是，它可以发挥文化推广的作用。一方面，可以激发人们的旅游动机；另一方面也可以扩大文化遗产的受众范围，从而让珍贵的文化遗产得到更多人的关注，并得到更有效的保护。

以上所论述的三种方式，不仅是城市传统文化作用于文化旅游开展的途径，同时也是文化旅游促进城市文化传承发展的重要途径。为了更好地满足文化旅游者的需求，文化旅游的经营者以及目的地居民会更加重视城市文化的深度挖掘，将那些面临灭绝危险的文化遗产重新呈现在人们眼前。尽管经过包装盒处理的传统文化，有些脱离了原有的社会基础，面临着成为只有外表而缺乏文化内涵的旅游产品的风险，但是，从激发当地社区保护传统文化的意识这方面来看，它还是发挥了积极的作用。

2. 文化旅游与城市文化的创新

跟传统文化相比，创新文化在文化旅游中有着更加丰富的应用形式，概括来说主要包括流行文化、大型节事或事件、主题公园和娱乐场馆、空间功能改造以及产业或行业聚集地 5 个方面。

（1）流行文化

现在社会的流行文化其实是一个比较笼统的概念，这里的流行文化主要是指以影视及文学作品为核心的、能与文化旅游发生直接或次直接作用的现当代文化现象。影视及文学作品中所涉及或展示的建筑、特定的场景空间，往往会随着该作品的广泛传播以及深入人心而为大众所熟知甚至向往。例如，电影《大红灯笼高高挂》和电视剧《乔家大院》使位于山西省祁县的乔家大院一炮而红，而《罗马假日》《卡萨布兰卡》（又如《北非间谍》）《少林寺》《庐山恋》）等经典影视作品，又使很多人对这些影视外景地产生旅游的兴趣，类似的还有因电视剧《闯关东》而红火起来的山东朱家峪景区、因小说《孔乙己》而闻名中外的咸亨酒店等。这些影视及文学作品的出现，一方面可以对所涉及的场景地的传统文化起到良好的宣传作用（这种作用其实就是上文提及的城市文化传承中传媒展示所起到的作用），另一方面也经常会赋予该场景以新的文化内涵。例如，电影《阿凡达》中的哈利路亚山。据说取景自张家界的“乾坤柱”，景区方面还成立了“张家界市旅游协会阿凡达主题游综合事务办公室”（简称“阿办”）来负责张家界景区的专项营销工作。虽然说这只是一种对外宣传的噱头，但从文化的角度来看，具有轰动效应的影视作品被“搭便车”，对于文化旅游目的地营销来讲也许积极意义要大得多。类似的还有牛津因曾作为电影《哈利波特》拍摄地点而增添了些许神秘色彩；丹·布朗的小说及同名电影《达·芬奇密码》使欧洲的许多教堂及宗教场所吸引来许多想根据故事情节探寻圣杯秘密的游客；更有甚者，一些杜撰的地点会因一部影响力深刻的成功作品而成为吸引游客的旅游景点。例如，英国小说家柯南道尔将笔下人物大侦探福尔摩斯家的地址安排在现实世界中并不存在的“伦敦贝克街221B”，但鉴于“福尔摩斯”这个虚拟人物在世界各地的巨大影响力，依照小说中对福尔摩斯和华生住所描写布置的福尔摩斯博物馆于1990年在贝克街开幕，地址冠以伦敦贝克街221B（其真实地址是介于237至241号之间）。另外因为影视剧集拍摄的实际需要，搭建起来的影视基地还可以成为吸引游客的新型旅游资源，比如韩国电视剧《太王四神记》在拍摄时斥巨资在济州岛建立了大型实景拍摄基地，之后转型为主题博物馆“太王四神记文化城”，每年吸引大量的游客到访。类似的还有国内的横店影视城等。

此外，流行音乐、民歌或潮流服饰虽然不会直接促使旅游动机的形成，但是如一提到时装人们就会联想到巴黎、米兰一样，如《彩云之南》《达坂城的姑娘》《青藏高原》《康定情歌》等具有浓郁地方特色的歌曲，也自然使人们联想到固定的目的地以及典型的代表场景。尽管这种影响对旅游动机的刺激作用不如影视剧那样直接，但这种日常文化也通过潜移默化的方式培养起旅游者对目的地的好感和向往，从而为潜在旅游动机的形成奠定基础。

（2）大型节事或事件

大型节事或事件对城市文化旅游的发展能够起到很好的促进作用。一方面，在选择节事举办地点时，主办方会考虑举办地城市在经济、文化等方面的综合实力。一般来说，现代化、综合性的国际大都市，承办的大型节事活动的等级规格往往更高，如北京、伦敦、巴塞罗那等城市举办的奥运会、上海的世博会等。当然由于资源因素或习惯性因素，一些知名盛会或重大事件会选择针对性的城市，如青岛啤酒节、米兰时装展、达沃斯世界经济论坛等。另一方面，一些影响力较大、知名度较高的大型节事的举办，会有效提升城市的文化吸引力，有的甚至会造就新的旅游吸引物和城市地标。例如，北京奥运比赛场馆水立方和鸟巢在奥运会结束后成为北京旅游新的热门景点；2010年在上海世博园区期间，上海推出了凭世博会门票游览当地其他景点价格优惠的旅游促进政策，而在世博会后所保留下来的中国馆成为了海的又一标志性建筑。

（3）主题公园和娱乐场馆

主题公园及娱乐场馆是人造旅游资源设施的典型代表，这些场馆主题突出或者以纯粹的休闲娱乐功能为主（如大连的发现王国和华侨城集团在北京、上海、深圳、成都、武汉等城市建立的欢乐谷主题公园等），或者以游览、娱乐兼具科教及文化意义为主（如电影为核心要素的长春长影世纪城和深圳的锦绣中华、世界之窗以及香港海洋公园等），而更为大型的主题公园则是融汇了娱乐、参观、教育、餐饮、住宿、购物等多种功能的综合性经营实体（如韩国的乐天世界和美国、东京、巴黎等地的迪士尼乐园）。主题公园的建立对于自然及文化环境的要求相对要少，因此成为很多传统旅游资源欠发达地区发展旅游业时的首选要素。需要注意的是，主题公园并不是一个所有城市都适用的万能模式。20 世纪末，在锦绣中华、世界之窗在深圳大获成功后，内地的好多城市也都纷纷建起了类似的民俗村和主题公园。但“建得猛”带来的结果是“死得快”，大量重复建设非但没能带来预期中的理想客流，反而让企业和城市发展背上了沉重的包袱。因此，主题公园的主题及规模确立要结合当地资源赋存以及客源市场潜力的实际情况，形成差异化的定位模式，切忌盲目照搬、重复投资等投机行为。

（4）空间功能改造

空间功能改造主要被用于工业遗产以及老城区的旅游开发等方面。一般的做法是，将市区内原有失去活力的工业或居住空间进行功能改造或者置换，使之成为城市中焕发新的生机与活力且异于当代一般城市风貌的商业、文化及艺术中心。例如，上海的新天地、田子坊、1933 老场坊、M50 等文化产业创意园区以及北京的 798、什刹海等地；另外美国纽约的苏荷（SOHO）艺术区功能置换、德国的鲁尔工业区改造等也是国际知名的空间功能改造案例。空间功能改造对于当代城市的发展意义在于能将城市的原有建筑机理控制在最小破坏程度范围内，同时在最大限度上完成城市中心区的功能改造工作，将城市中心打造成金融、商业、服务、文化、旅游、休闲等污染小、可持续性强的城市新空间。

（5）产业或行业聚集地

产业或行业的聚集地与上一项空间功能改造有重叠的部分。如工业遗产改造成的文化创意产业园就是动漫、影视制作、工业产品、室内装潢、服装、珠宝等创意设计行业以及摄影、绘画艺术、工艺品制作、网络运营、旅游规划咨询等文化相关产业的集中聚集区。文化产业园既是这些文化企业的日常办公区，又是某些文化活动及公司年会庆典的举办场地。而另外一些文化创意园区的空间布局及内存安排则更像是城市公共文化空间，在那里不仅可以欣赏到雕塑、绘画、摄影艺术展，而且还可以进行一些购物、休闲活动，如上海的红坊和田子坊等文化创意园。另外像纽约的百老汇、华尔街可以被看作是音乐剧及金融业的集聚中心，而洛杉矶的好莱坞则是美国电影工业及相关影视、音乐制作的集中地带。这些文化产业集中区在提高都市文化品位的同时，也为都市带来了不少旅游名胜。

除此之外，一些农业及工业园区也可以成为文化旅游开发所利用的资源，如生态农业、观光农业、各种水果蔬菜的采摘节以及在工业产业园进行的工业旅游等。在这些农业和工业旅游产品中，旅游者可以了解企业文化、产品的生产制作工艺、现代科技的应用情况，并达到学习、消闲、体验的文化旅游目的。

（二）文化旅游对城市文化发展的意义

在过往的旅游研究中，旅游对于目的地的社会文化影响虽然有“涵化”“新殖民主义”等问题出现，但作为具有高素养的文化旅游活动，其本身是建立在保护当地文化资源的基础之上的，并且作为文化旅游发生的主要地点——城市，其本身就是个包容力极强的空间产物。因此从总体上看，文化旅游并非没有负面影响，只是就目前的情况来看，这种负面影响较之积极的作用要小很多。

1. 带动旧城区复兴，保护城市文化资源

从目前的情况来看，有很多城市是在已有的历史文化的基础上开展文化旅游活动的，这些文化资源一般集中在老城区里，因为老城区见证了一个城市的发展历程。开展文化旅游活动，对于保护城市的古老建筑和历史街区具有重要意义。大量游客的游览，使得那些原本无人问津的、濒临没落的老城区焕发新的生机，旅游和文化活动则逐渐成为老城区的常见活动。根据西方不同时期的城市发展理念，我们可以看出，人们为了促进城市发展所采取的策略，逐渐从大规模城市建设的大拆大建，转变为对城市传统文化的保护。

有学者就老城区更新这一问题提出，城区的更新应该包含多个方面，比如物质更新、经济更新以及社会更新，而适当举行文化旅游活动，一方面能够使得城市原有肌理得到保护；另一方面也有助于构建积极向上的社会文化氛围，使得当地居民和旅游者都能从中获益。随着人们对旅游经济潜力的认识越来越深，人们开始将保护风景和历史文化遗产当成是一种重要的投资行为。并且，相关证据表明，一直以来，旅游都是发展中地区激励保护的重要举措。一些具有丰富历史文化遗产的文化名城，可以借助旅游开发的机会来筹集资金，用以维护遗址遗产；与此同时，获取的这些资金也可以进行充分分配，用来改善社区的经济条件。文化旅游开发还有一个好处，就是可以让人们的文化生活更加充实、丰富。出于发展文化旅游这一目的，而建立起的各种文化场馆，一方面可以提升旅游目的地对游客的吸引力；另一方面还可以作为公共休闲场所，用来满足当地居民的娱乐和休闲需求。比如，到艺术馆参观名家名画、到剧院欣赏精彩的歌剧，以及在文化节期间参与各种有趣的文化活动，都有效提升了人们业余生活的丰富性，使生活在现代城市中的人们的休闲需求得到满足。

在这里需要强调的一点是，文化旅游业的发展确实有助于提升城市的历史感、提升文化保护的水平，但是从人类学以及社会学的角度来看，不同的亚文化之间，也存在着各种矛盾，并且文化内涵本身，是随着社会的发展而不断发展的，是在这一动态过程中不断累积的。当传统文化跟现代文化产生冲突时，从人权的角度来说，居民有选择先进文化的权力，也有选择现代生活方式的权力。但是，这跟保护城市的历史文化氛围，以及保护城市历史文化的生存环境是存在冲突的。这样一来，怎样处理好利益相关方之间的关系和纠纷，在很大程度上决定着文化旅游能否持续发展。

2. 丰富文化多样性，营造良好社会氛围

Russo（罗素）对于威尼斯的案例研究表明，吸引游客到访目的地的因素并非某一单体景点，而是整个城市及其独特的氛围。Janse-Verbeke（杨森 - 弗比克）和 Lievois（利沃瓦）指出，历史景观作为一种吸引要素，远比实际可能发生在这种环境中的活动重要。文化旅游的开展能够使一些濒临失传的工艺技术以及艺术形式得到保护和传承，能够促进不同文化之间的交流互动，可以给城市文化空间的构建奠定资源基础。多元化的文化生活能够让人们看到更广阔的世界，能够拓宽人们的知识面、满足人们学习和发展的需求，从而有效促进居民文化素养的提升。并且，浓郁的文化氛围也有助于建立城市居民的自豪感，使他们为自己所在的城市感到骄傲，这对城市文化品牌和城市良好形象的塑造是十分有利的。

文化旅游跟社会环境之间是相互促进的。一方面，文化旅游的发展给社会环境构建了浓郁的文化氛围；另一方面，安稳的社会环境是文化旅游得以顺利开展的基础条件。影响旅游活动的因素有很多，比如自然灾害、战争、社会事件等，所以说旅游具有脆弱性的特征。而一个和谐安稳的社会氛围，能够在很大程度上保障旅游活动的顺利进行。另外，从旅游者的角度来说，只有处在一个安稳的环境里，人们基本的生理需求才能够得到满足，人们才有精力去追求更高层次的精神需求，才会积极参与文化旅游活动。同时，良好的社会秩序，也是文化旅游活动稳定发展的重要条件。

3. 拓展城市新功能，提高综合竞争实力

（1）发展文化旅游业能够拓展城市功能

所谓城市的功能，是指城市在政治、文化、经济生活中所承担的职责，以及发挥的作用。城市的功能按照其作用范围、辐射等级的不同，可分为一般功能和专项功能。一般功能是指每个城市都具备的、服务于本地居民的职能，如安全、交通、商业、行政、文化等；后者主要指城市在区域或城市间向外提供的突出性职能，一般具有有效的地域作用范围，如国际性或区域性的金融城市、旅游城市、文化城市、港口城市、行政首都、省会等。城市功能的本质是使物质流、能量流、人口流、智力流、资金流和信息流的集聚和扩散成为可能，从而产生更大的集聚经济效益；城市功能不是简单的加和，而是作为一个有机整体发挥出强大的集聚经济效益和辐射扩散效应。

旅游是城市功能的重要组成部分。实际上，城市旅游供给是一种系统化服务体系，它整合了城市中的交通、服务接待、商业等行业功能，可以提供综合性服务。文化旅游的开展，使得原本单一的城市功能向多元化方向发展。对于大多数城市来说，大力举办文化旅游，会促进城市文化设施的建立，比如博物馆、美术馆等，也会在一定程度上提升城市的交通、服务等方面的实力，从而使城市在科教、文化、休闲等方面的功能得到提升。对于传统旅游城市来说，开展文化旅游，能够使原本无人问津、功效单一的文化设施重新焕发活力，使之对旅游者产生较强的吸引力，从而能够丰富城市旅游产品的内涵、拓宽旅游市场的客源。可以从广义和狭义两方面定义大都市的旅游功能。从广义的角度来说，大都市的旅游功能是指大都市在全球或区域旅游活动中所发挥的作用，以及由此产生的效能；而从狭义的角度来说，大都市旅游功能则是指大都市对外地旅游者的旅游活动中所发挥的作用，以及由此产生的效能。前者主要是从旅游目的地功能、旅游中转地功能和旅游客源地功能 3 个方面考察大都市的旅游功能强度，而后者则主要是从接待的角度，即从旅游中转地和目的地功能的方面对都市旅游功能的效度加以考察。

（2）发展文化旅游业能够提升城市形象

城市形象是人们对于某一城市的第一感官印象。良好的城市形象就是一张精美的城市名片，不但会吸引外地游客产生到该城市旅游的热切向往，而且也有助于本地居民的市民身份认同，从而形成良好的文化归属感。城市形象与旅游业发展存在着一种必然的、相辅相成的关系：旅游有助于城市形象的美化与宣传推广，而良好的城市形象能够对旅游者产生更多的吸引力。文化旅游必定对城市形象的塑造产生较大的影响，这种影响主要表现在两个方面，一方面是对城市视觉形象的提升，另一方面是对城市文化品牌的提升。

首先，提升城市的视觉形象。开展文化旅游，可以使城市的街道、建筑、布局等更加协调统一、更有文化感。另外，旅游活动能够促进当地文化场馆、旅游景区的建设，在使城市功能更加完善的同时，进一步优化城市的形象。文化节事以及各种展览活动的开展，一方面给城市带来巨大的经济效益；另一方面，也产生了巨大的社会效益，给外界了解该城市的发展搭建了平台。2010 年的世博会无疑使上海成为世界瞩目的焦点，虽然目前尚未得到有关展会的各项最终统计结果（数据），但从新闻报道中我们不难看出，世博会为国人了解世界，更主要的是为世界了解中国搭建了一个广阔平台。在这个平台上，上海以其海派文化及国际化大都市的形象，让国内外各界人士了解到中国高端水平城市的发展状况，使人们能够全方位认识上海这座城市。

其次，提升城市的文化品牌。除了构建良好的城市形象之外，文化旅游还给城市营造了良好的文化氛围，让置于其中的人们能够体会到城市独特的文化韵味。每个城市都有不同的文化要素，这构成了城市不同的文化风格。而正是这些不同的文化风格，使一个城市跟其他城市产生明显区分，进而促进城市间不同文化品牌的形成。比如，一提到南京，人们的脑海中就会浮现出六朝古都、夫子庙、秦淮河等古意盎然的江南古都形象；一提到西安，人们的脑海中就会浮现出兵马俑；而一提到香港、深圳等城市，人们就会想到摩天大楼、车水马龙的大都会形象。

（3）发展文化旅游业能够提高城市综合竞争力

城市竞争力是指在社会、经济、文化、环境等各个方面，城市吸引、促进、获取、利用各种资源而进行自身发展的能力。城市竞争实力的提升，所依靠的不仅仅是经济、政治、产业门类等硬实力的发展，还需要文化、社会氛围等软实力的支持。有学者指出，文化的优越性和区域的竞争力之间存在结构性联系；增强文化优越性的政策，可以使区域的综合竞争力得到显著提高。通过目的地对文化科学合理的利用，文化可以转变成可供大量出口、能有效带动区域经济增长和跨区域合作的文化资本。文化旅游有助于城市综合竞争力的提升，这一点主要表现在文化旅游给当地经济发展带来的巨大收益上，并且促进了城市财富水平的提升；此外，还表现在给当地提供大量的就业岗位，以及丰富当地环境的文化内涵，以及树立良好城市形象等方面。可以说城市或区域旅游发展及其竞争力水平，正逐渐成为衡量城市综合竞争力水平的重要组成部分。区域旅游竞争力不仅影响着区域内旅游企业的管理水平和经营实力，而且对区域的政治、经济、文化、教育等方面的竞争力也会产生重要的影响。

第二节　文化旅游产业与民族文化的协调发展

一、发展民族地区文化旅游产业的理论基础

（一）旅游业对民族地区的文化影响

1. 正面影响

（1）加大民族地区对外开放力度

文化是一个开放的系统，文化发展的一个重要前提就是文化交流。文化的发展跟文化与外界的交流互动是离不开的，因为只有发生交流，文化在发展中才能够不断地推陈出新，才能避免因循守旧。从客观的角度来说，旅游能够促进不同地区、不同民族和不同国度之间的文化交流，这一优势的体现是十分明显的。

首先，旅游并非以文字、物品为代表的间接沟通或者信息传递，而是一种直接感受以及面对面的交流，无论是人与人、人与社会，还是人与自然之间，它都需要亲身参与，并借助各种形式的旅游活动，得到独特的情感体验，并留下深刻的回忆。

其次，通过旅游实现的沟通，其内容是比较丰富的，能够较为全面地体现各种社会文化现象之间的交叉和渗透。

最后，旅游可以说是人类的一种比较理想的交流方式。以旅游为媒介的对外文化交流，虽然必须要有政府的参与，但主要还是一种民间文化的交流活动，这种民间活动往往能够发挥出很大的作用，而这种作用是正式的外交活动很难实现的。通过发展旅游，我们一方面可以增进对别人的了解，进而促进世界大同观念的形成；另一方面又能够宣传自己，树立自己的真正形象，这在国际旅游业发展的历史过程中表现得相当明显。

（2）对非物质文化遗产进行文化重构

事实上，保持最本来特色的非物质文化遗产基本上已经不存在了，它只能以经过文化重构后的形式存在。当然，这里所说的文化重构，是通过一定调适而实现的过程。文化重构属于文化人类学特殊进化论的范畴，其来源是美国人类学家斯图尔德的“文化适应”概念。因此，一直以来，文化重构都处于不断调适的状态，它并非简单的大改组，而是一种动态的再生产过程。

对于民族地区非物质文化遗产的重构来说，民族旅游发挥着非常重要的作用。旅游者参与旅游活动的主要动机之一就是体验不同的文化。所以，民族地区在旅游开发过程中，要注重保护自己的历史文化遗产，并进行合理开发，从而提升旅游吸引力。民族地区的旅游，通过一些具有民族历史文化价值的人文旅游景观以多种形式重组，一方面体现了少数民族群体的文化智慧和独特的创造力；另一方面也通过游客在活动中获得对民族文化的再认识，实现民族传统文化的复兴。因此，世界旅游组织指出：对于那些具有文化价值和旅游价值的东西，旅游能够对它们进行保护和发展。当然，所有这些原本濒临消亡的传统文化遗产，之所以能够得到更多重视，都得益于旅游业的发展。

2. 负面影响

（1）旅游开发破坏民族传统文化的原生环境

文化的变迁实际上是一种非常正常的现象，我们可以借助旅游，来促使民族传统文化进行良性的变迁。但是，事物的发展自有其规律，不以人的意志为转移。在民族旅游开发的过程中，为了更好地满足游客的需求，接待地的居民出于发展旅游的目的，会对当地的历史文化遗产进行一定程度的破坏。比如，有一些古都、古城，因为管理不当，以及过度追求短期经济效益，导致其历史风貌被破坏，有的古建筑被改造得面目全非，失去了原有的文化内涵。这种破坏严重威胁了传统文化赖以生存的环境，导致少数民族传统文化加速消亡，使得民族传统文化的原生环境受到严重破坏。从另一个角度来说，文化变迁是旅游发展的必然结果。旅游者在知识水平、文化修养等方面存在差异，有的旅游者每到一处游玩，常常会对一些景物进行破坏，比如在古代城墙上乱写乱画，或者在文物古迹中乱丢垃圾。种种现象导致旅游资源的可持续利用受到阻碍。

（2）使非物质文化遗产失真和商品化

就地区来说，把经济发展作为开展民族旅游的主要目标，本来就是有利有弊的。把经济增长作为大力发展旅游的重要目标，很可能会给非物质文化遗产造成一定的破坏。在很多少数民族地区，发展民族旅游是促进发展、提升经济水平的重要途径。但是，一些接待地为了迎合旅游者各种奇怪的口味，使得民族地区文化在旅游发展过程中被扭曲、被破坏，或者被商品化、舞台化，进而使得民族文化失去原有的韵味；还有一些能够代表民族文化特色的东西被无节制地仿造，一些落后的封建迷信文化被刻意渲染，这些现象都对民族文化造成了破坏。还有一些跟本地文化没有关联的景观或者活动在当地出现，比如传统的民间习俗和庆典活动是在特定的时间和地点举办的，并且还要遵守特定的规则，但是随着民族旅游的开展，这些习俗和活动也被商品化，不再遵守以前的规则，而是根据游客的需求随时随地开展，活动的内容也变得面目全非，失去了原有的文化内涵，使得传统文化的传承性遭到否定。这种旅游开发的不合理做法，无疑会导致非物质文化遗产的失真和商业化，对少数民族文化传承造成严重的阻碍。

（3）民族传统文化价值观被改变

价值观是一个民族传统文化的核心。少数民族一般都有着热情淳朴、重义轻利的价值观念，其民风往往比较敦厚，这使得民族地区对游客更加具有吸引力。但是，随着旅游的开展，少数民族地区难免会被外来风气所影响，这导致一些少数民族民众的价值观念发生改变。

（4）加剧社会问题

旅游者在参与旅游活动的过程中，会把其民族文化中积极的和消极的文化因素带入到接待地。发展中国家和地区在旅游发展过程中，难免会受到西方社会生活方式以及西方思想意识的影响。这世上任何事物都有其两面性，旅游活动的开展，一方面确实促进了传统文化的保护和传承；但另一方面，却也给当地的传统文化造成一定的冲击。

总而言之，旅游开发是一把双刃剑，在促进民族地区经济发展的同时，也会给当地带来一些负面的影响，但是总体来看，旅游发展对于接待地社会文化的作用是积极的。因此，在民族地区发展旅游的过程中，我们必须要树立科学的旅游发展观，并结合当地的实际情况，积极寻求两全之策，不仅要保证旅游开发的顺利进行，同时又要保护当地的传统文化，以及传统文化所依托的生态环境，从而促进旅游与文化持续协调发展。在旅游开发过程中，要尽可能地减少旅游对接待地社会文化的负面影响，从而真正实现民族地区社会、经济、文化和环境等重要方面可持续发展。

（二）民族文化旅游可持续发展的基本思想

民族地区的文化旅游可持续发展涉及经济、文化、环境以及当地居民等各个方面，是一个综合概念与要求，是一种立足于环境和自然资源保护的角度提出的关于民族地区长期发展的战略和模式。目前，民族地区的旅游开发已成为西部大开发中的热点和亮点，并呈现出以下特点：一是各地区对发展旅游业重要性的认识普遍提高，纷纷将旅游业确定为当地的支柱产业或优势产业，并因地制宜地制定和出台了一系列促进旅游业发展的政策和措施，为旅游业的健康发展提供了动力和保障。二是产业规模不断壮大，旅游产业初具规模，已由接待型行业向支柱型产业转变，初步形成了集食、住、行、游、购、娱于一体的综合产业体系。三是在特色旅游产品、重点旅游景区和区域旅游热线开发三个层面上都不同程度地取得了进展，各地区都已形成了自己的特色旅游产品，核心竞争力明显提高。四是旅游业发展速度加快，收入迅速增加。目前，民族地区旅游业的总体增长速度，已高于全国平均发展水平。五是初步建立了政府主导、企业运作、社会参与的旅游经济运行机制和多元化投资格局。

1. 经济的持续健康发展

民族文化旅游可持续发展注重社区经济的增长，不是为了资源与环境的保护而牺牲资源的不合理开发与利用。经济的增长是民族地区文化旅游系统可持续发展的必要组成部分，但是民族地区可持续发展不仅要重视经济增长的数量，更要追求经济增长的质量和品质。因此，民族地区在发展旅游过程中，不能贪大求全，应充分挖掘自身的特色，依托民族文化的发展与创新，提高经济活动的效益与质量，避免出现“高投入、高消费、高污染、低效益”的生产和消费模式。

（1）旅游业可持续发展是经济可持续发展战略的重要组成部分

重视民族地区经济可持续发展就必须关注旅游业的可持续发展。旅游业是第三产业的重要组成部分，是发展地区经济不可忽视的内容。旅游业是联动性很强的行业，可以影响民族地区服务业甚至是农、林、牧、副、渔业和工业的发展。总之，民族地区的旅游业能否实现可持续发展，对其他产业能否实现可持续发展发挥着巨大的影响作用。因此，旅游业的可持续发展对促进民族地区经济发展具有举足轻重的作用。

（2）旅游业可持续发展有利于促进民族地区的产业调整

旅游业是一项综合性的产业，旅游业所依托的食、住、行、游、购、娱六大要素，要相互协调配套才能发挥其作用。由于绝大多数民族地区经济发展水平落后，旅游业所依托的基础条件和基础设施也较薄弱，而市场又驱使着某些地区的旅游资源非开发不可，这些地区的旅游开发就变成主导产业，促进了与旅游业相关的其他产业的配套发展，使原来聚集程度很小的第三产业及第二产业相对增长，产业结构由低层、低效益向中层、中效益甚至高层高效益升级。旅游业的发展将直接拉动当地基础设施和服务设施的建设和完善，能有效地促进民族地区现代文明的进步，给当地人们带来新的发展机遇和思路。旅游业的繁荣必然能够促进民族地区居民与旅游者的交流，不但能使民族地区居民的思想观念发生改变，还可以帮助民族地区居民提高生产技术。民族地区可以通过发展旅游业，直接带动第三产业的快速发展，实现经济振兴和社会发展。旅游业的兴起必然会刺激和带动民族地区相关服务行业的发展，如促进直接为游客提供服务的旅游经济部门——旅馆业、交通运输业、邮电通信业、商业、金融业及其他为游客间接提供服务的部门的发展。总之，民族地区旅游业的发展，对提高民族地区人民的生活水平具有十分重要的现实意义。旅游资源是民族地区的优势资源，民族地区进行旅游开发具有经济优势，并且经过多年的积极探索已奠定了坚实的发展基础。

可持续旅游发展是旅游业能够持续拉动经济发展的唯一途径。在所有产业中，旅游业是同自然资源和社会文化资源接触最广泛、对环境依赖最强的产业，其可持续性的衡量尺度之一就是能提供旅游者高质量的旅游经历，具体表现为能够长期吸引旅游者来访，否则便意味着该地的环境和旅游资源的质量出现了令旅游者不能接受的变化。因此，旅游业的发展直接反映民族地区实施可持续发展的成效，也是检验可持续发展落实程度的重要方面。因此，民族地区旅游业的可持续发展，不仅可以可持续地扩大就业，而且还可以促使民族地区人口直接从第一产业向第三产业转化，从而有效地促进产业结构的优化和调整。

2. 非物质文化遗产的传承发扬

民族地区非物质文化是先民与大自然合作创造的灿烂文化，是民族地区发展旅游的灵魂，是民族文化旅游产品核心竞争力的关键所在。目前，国内民族地区沿袭久远的许多非物质文化遗产正面临着前所未有的灾难。一方面，外来游客的强势进入对民族地区原有价值观念与生活习俗造成了强大的冲击与影响，再加上部分游客的不文明行为，使得民族地区不断遭受负面的影响与侵蚀；另一方面，由于民族地区很多居民自身认识的有限，尤其是年轻一代对民族地区民俗的传承认识有限，一些拥有深厚历史文化底蕴的民族地区非物质文化遗产处于断代、消亡的边缘。而对民族地区民俗文化的挖掘及其内涵的表达，是民族地区文化旅游可持续发展的生命力所在。因此，要鼓励民族地区居民积极参与保护、传承非物质文化遗产，以保持民族地区对城镇居民的永久吸引力。

3. 文化资源的保护

民族地区发展旅游业具有得天独厚的优越条件。利用现有的旅游资源，开发新的旅游资源，从客观上要求保护自然环境、恢复和完善原有人文旅游资源，使它们能够可持续地发挥作用。为此，不仅要大力开发自然旅游资源，充分利用自然风光、野生动物资源建立和开放相应的自然保护区，而且更为重要的是要发掘、整理和提炼那些最具民族特色的风俗习惯、历史掌故、神话传说、民间艺术、舞蹈戏曲、音乐美术、民间技艺、服饰饮食、接待礼仪等民族旅游资源，使这些民族文化的瑰宝得以永世留芳。特别是发展旅游业，要求旅游环境质量要优于一般环境质量，因此，民族地区旅游业的可持续发展必然要求旅游区维护和恢复文物古迹、保护和改善生态环境、整理和发掘人文风情，而这些对民族地区的社会文化和自然环境可以起到积极的保护和促进作用。

民族地区丰富的旅游资源与可持续旅游的发展两者相得益彰。民族地区发展旅游业必然以生态环境和民俗文化为主要资源，在本质上与环境保护和民俗文化保护有着内在的一致性，是有利于资源节约和文化保护的产业。只要规划和保护工作做得好，并合理开发利用资源，旅游业将是“人与自然和谐”的时代要求中，“产业与环境互利”的双赢产业。相对的“无烟工业”，在民族地区在资源开发中，是减轻经济发展对自然环境的压力，也是克服生态脆弱、民族文化弱化和有效利用资源的最佳选择。旅游业可持续发展也有利于发挥民族地区的资源优势，促进工业生产的发展。要改变少数民族地区的传统发展观，并提高工业产品的附加值，真正把资源优势转化为经济优势，如发展符合市场需求、具有地区特色的土特产品、旅游工艺纪念品及旅游消费品等工业产品的生产。

可持续发展战略的有效实施依赖于公众的可持续发展观念，加强民族地区居民和旅游者的自觉参与意识，是实现民族地区经济可持续发展战略的重要保证。民族旅游业可持续发展能够促进公众环保意识的增强，是可持续发展观念教育的前沿阵地。旅游者渴望安静优美的自然环境和温馨祥和的生活氛围，这一追求对民族地区旅游业可持续发展中加强地方旅游资源的保护起到了重要的监督作用。而游客在旅游活动中，也会净化心灵、加强修养，对民族地区经济的可持续发展起到客观的帮助作用。

4. 维护安定团结

经济发展是物质基础，文化内涵传承是精神支柱，自然生态保护是前提条件，人文素质提升是关键要素，建立全面的发展系统才是根本目的。

发展不仅仅是经济问题，单纯追求产值的经济增长不能体现发展的内涵，也不能从根本上提升社区居民的生活品质。社区可持续发展认为发展的本质应当包括改善人类生活质量、增强社区居民的体魄。因此，民族文化旅游产业要实现可持续发展，必须坚持经济、社会、环境和人的全面发展。

我国有五个省级民族自治区，地域辽阔，而且全部地处边疆地区，其地理位置极其重要。民族地区的稳定、繁荣发展，特别是五个民族自治区的稳定、繁荣发展，对我国国民经济实现持续、健康、协调的发展有十分重大的意义。由于历史遗留和自然条件等因素，大多数民族地区经济的整体发展水平落后于全国平均发展水平，当我国东部和中部地区的经济相继有了大幅度的发展以后，国家已开始重点关注西部地区，尤其是西部民族地区的发展。因为要实现整个国家的稳定与繁荣发展，离不开各区域的协调发展；要实现国家的和谐发展，更离不开各民族的稳定与发展。实现民族地区小康社会建设的目标，首要条件就是提高其经济发展水平，并不断提高民族地区人民的生活质量。

实现各民族共同繁荣发展，是全面建成小康社会的重要目标。要切实落实民族地区全面建成小康社会的各项任务，使民族地区的面貌更快地得到改变，让改革发展的成果更好地惠及各族群众，这在一定程度上揭示了民族地区经济发展的必要性和紧迫性、民族地区经济发展对全面小康的意义。因此，民族工作受到了前所未有的重视。印度领袖甘地曾经在国际会议上大声呼吁："贫穷才是最大的污染源"[①]，经济落后地区的发展是亟待解决的问题。

民族地区经济的可持续发展是发展民族地区经济的最佳选择，也是民族地区可持续发展的核心内容和前提条件。因此，实现民族地区经济可持续发展是我国实现可持续发展的最重要组成部分。综合经济发展水平的各项指标显示，民族地区经济基础比较薄弱，达到小康水平及构建和谐社会的任务非常艰巨，但民族地区旅游资源丰富，且质量优、价值高，有着巨大的开发潜力和优势，适宜大力发展旅游业。而且改革开放以来，我国旅游业的发展取得了巨大的成就，不仅实现了从事业型向产业型的转变，而且在推动国民经济和社会发展中发挥了巨大的作用，对我国国民经济和社会发展的影响日益增大。

旅游业是一个产业关联度高、综合带动性强、辐射牵引力大的产业，是拉动其他产业快速发展的"驱动器"，旅游业已成为我国国民经济新的增长点。因此，民族地区旅游业可持续发展对经济的可持续发展也必将产生重大的影响。旅游业对经济的影响主要表现在赚取外汇、增加政府财政收入、创造就业机会、提高民族地区居民生活水平、促进地区经济发展等方面上。因此，如何最大限度地发挥旅游业的产业优势，并加快民族地区建设和谐社会的进程，是加快民族地区经济发展的一个重大课题。

随着社会经济文化的发展，传统的旅游方式已由过去单纯追求热线景点而转为以历史文物、文化传统、科学考察、民族风情等为目的的小规模旅游。旅游业本身也发展成了一个没有民族界限的行业。国家旅游部门近年来的调查表明，旅游者对民族风情的兴趣要高于自然风光和名胜占迹，这充分说明了旅游活动的倾向是对异族风情的追求和向往。因此，发展民族旅游业不仅可以为旅游业提供广

① 中华网.立志"干净又卫生"，印度能做到吗？[DB/OL].（2021.11.19）.https://military.china.com/news/13004177/20211119/40314702_all.html.

阔的市场，而且也为各民族铺设友好交往的桥梁。特别是现代旅游，实质上是一种地区间的文化和经济的交流。随着民族地区国际旅游业的兴起，要有效地改变民族地区长期所处的文化封闭状态，使之经常性地与现代文明和外来文化和经济相互交流，取长补短，形成民族地区可持续发展的重要推动力。

建设和谐社会的过程和目标必然会为我国民族地区旅游业提供新的发展机遇，并产生积极而深远的影响。

二、民族地区文化旅游资源概况

民族地区为少数民族的聚集地。新疆有维吾尔、汉、哈萨克、回、蒙古、柯尔克孜、塔吉克、锡伯、乌兹别克、满、达斡尔、塔塔尔、俄罗斯13个民族；内蒙古目前有49个民族，主要以蒙古族和汉族为主，此外还有朝鲜、回、满、达斡尔、鄂温克、鄂伦春等民族；藏族、门巴族、珞巴族、纳西族、回族、蒙古族、怒族、独龙族、夏尔巴人和汉族是西藏自治区的主要组成民族；广西世居有壮、汉、瑶、苗、侗、仫佬、毛南、回、京、彝、水、仡佬12个主要民族，另有25个其他少数民族；宁夏是全国最大的回族聚居区，全国唯一的回族自治区，此外还有汉、满、藏、蒙古、朝鲜等33个民族。

我国现有55个少数民族，在长期的发展演变中，形成了各民族的历史文化特色和社会风俗习惯，从物质文化到精神文化，如绘画雕塑、建筑形式、民族工艺、集市贸易、服饰饮食、神话传说、音乐舞蹈、戏曲艺术、节日庆典、婚丧嫁娶、文娱体育、宗教信仰、待客礼仪等，无不具备浓郁的民族风格。这些富有民族情趣、异地情调的景物或活动，都是其他地区不曾有的，也形成了民族地区人文旅游资源的一大特色，对旅游者具有强烈的吸引力。

（一）文化旅游资源的类型

民族文化是一个内涵十分丰富的概念，既有精神的方面，也有物质的方面，还有行为和制度的方面。民族地区的文化资源十分丰富，从西藏的布达拉宫和大昭寺、云南的大理和丽江古城、宁夏的西夏王陵，到新疆的天山和吐鲁番喀纳斯湖、青海的塔尔寺，各类文物、遗址遍布各地，名山大川数不胜数。各民族的传统文化更是多姿多彩，白族的“绕三灵”、侗族大歌、藏族的“热贡艺术”、蒙古族长调、撒拉族的说唱艺术、瑶族的舞蹈等，独特的风俗、礼仪、饮食、居住、服饰、音乐舞蹈艺术等构成了极具魅力的人文风景，吸引了全国乃至世界的无数目光。

1. 人文旅游资源

民族地区为少数民族的聚集地，其人文旅游资源具有鲜明的民族特色，并且内容丰富，有很强的旅游吸引力。

（1）历史文化名城

历史文化名城是指在我国古代政治、经济、文化、军事等方面具有独特地位和较大影响，至今仍具有较大的城市规模，并保存着具有重要传统文化价值、历史价值、艺术价值和科考价值的文物、建筑、遗址和优美环境的各类城市。历史文化名城保存着大量的历史文物，体现了中华民族的悠久历史、光荣的革命传统和光辉灿烂的文化，是重要的人文旅游资源，不仅对研究历史与文化、考察古代建筑艺术、研究城市建筑艺术、剖析古人的民俗风情等有着重要的价值，而且对旅游业的意义也是非常显著的。

中国是一个历史悠久的文明古国，文化灿烂，历史文化名城众多。迄今为止，被国务院列为国家级的历史文化名城有 100 多座，分布在民族地区的历史文化名城共 8 座，这为民族地区旅游业的发展奠定了一定基础。（表 4-2-1）

表 4–2–1　民族地区历史文化名城名录

民族地区	中国历史文化名城	个数
新疆维吾尔自治区	喀什	1
西藏自治区	拉萨、日喀则、江孜	3
内蒙古自治区	呼和浩特	1
广西壮族自治区	桂林、柳州	2
宁夏回族自治区	银川	1

（2）历史古迹旅游资源

历史文物古迹是指人类社会发展历史过程中留存下来的活动遗迹、遗址、遗物及遗风。它形成于历史发展的各个阶段，是人类活动的产物，是一个民族、一个国家历史发展过程中，各个时代政治、经济、文化、科技、建筑、艺术、风俗等特点和水平的真实的客观表现，凝聚着人类的智慧，昭示着特定的历史特征。民族地区历史文物古迹的原古性、稀有性、神秘性、艺术性和观赏性，对旅游者

具有很强的吸引力，是人们追溯历史、回首历史、了解历史、增加历史的主要出游目标。（表 4-2-2）

表 4-2-2　历史古迹旅游资源分类

历史古迹	民族地区	主要旅游资源
古人类遗址	新疆维吾尔自治区	吐鲁番柏孜克里克
	西藏自治区	卡若文化遗址、曲贡文化遗址
	内蒙古自治区	赤峰“红山”文化遗址、鄂尔多斯地区的“河套人”遗址
	广西壮族自治区	“柳江人”遗址
	宁夏回族自治区	灵武水洞沟遗址
古城遗址	新疆维吾尔自治区	高昌古城、楼兰古城、石头城、魔鬼城等
	西藏自治区	古格王国遗址
	内蒙古自治区	黑城遗址、宁城县辽中京城遗址等
	广西壮族自治区	兴安县秦城遗址
	宁夏回族自治区	固原古城遗址、朝那古城遗址、阳晋川古城遗址

（3）古代建筑

我国古代建筑历史悠久、遗存丰富、类型多样、规模宏大、造型科学，具有明显的历史时代风貌。无论是造型艺术、形态结构，还是雕塑绘画、色彩风貌等，都反映了当时的历史发展阶段和水平，且每一处建筑都融入了创造者高超的技艺、巧妙的构思和非凡的气势。它们是中国文化的凝聚体，更是中国历史的见证。民族地区的建筑设施受不同民族、宗教的影响形成了多种风格。

2. 社会文化旅游资源

（1）民族民俗风情类旅游资源

独特的民族风俗，全面地反映了一个民族的历史和现实生活，体现了一个民族的理想和感情，是一个民族文化传统的真实表露。它是创造于民间又传承于民间的、具有世代相习的传承性事象（包括思想和行为），是劳动人民创造传承的民间社会生活文化，是人类创造的物质文明和精神文明的积累，既是传统文化的基础和重要组成部分，又是蕴藏丰富的文化宝库。

民族地区为少数民族的聚集地，其民族民俗风情具有鲜明的民族特色，内容丰富，有很强的旅游吸引力。

（2）旅游商品

民族地区的旅游商品，如表 4-2-3 所示。

表 4-2-3 民族地区旅游商品

民族地区	旅游商品
新疆维吾尔自治区	葡萄干、细羊毛等
西藏自治区	地毯、藏香、工艺唐卡等
内蒙古自治区	麦饭石、草原蘑等
广西壮族自治区	珍珠、花竹帽等
宁夏回族自治区	枸杞、贺兰石、甘草等

（二）文化旅游资源的总体特征

1. 历史悠久，文化灿烂

民族地区比较完整地保留着我国各个历史阶段的文化遗产，加之又是少数民族聚居地，各个民族在其发展过程中也形成了自己的传统和风俗习惯，所以民族地区可以称之为“天然历史博物馆”和“民族风俗博物馆”，由此形成了丰富的人文旅游资源。民族地区不但是华夏文明的发源地之一，也是多种文明的交融地带，如佛教文化、伊斯兰教文化等，从民族地区遗存的众多石窟艺术、宗教建筑以及人民的信仰上都可以看到其明显的印记。藏族文化以其独一无二性受到世界的广泛关注，具有极高的旅游价值。西藏的众多文物古迹世界闻名，宁夏的西夏王陵具有“东方金字塔”之称，内蒙古的昭君墓、广西兴安的灵渠、新疆的交河古城等也孕育着深邃的历史内涵。

2. 宗教旅游资源具有神秘性，吸引力大

民族地区的宗教派系较多，宗教的色彩也异常浓厚。西藏有藏传佛教、道教，新疆有伊斯兰教，佛教寺塔、清真寺等吸引了很多信奉教派的人来此朝拜、参观，使这些宗教圣地成为旅游的热门景点。

全国少数民族地区既是旅游资源富集的地区，但也多是经济欠发达地区。多年来，尽管民族地区社会不断进步、经济迅猛发展、综合实力不断增强、人民生活水平显著提高，但总体水平仍然相对落后，一个重要原因在于资源利用不合理，资源优势未转变为经济优势，优势产业集群尚未真正形成。因此，如何利用自身丰富的资源，构建优势产业集群，对实现民族地区经济社会的发展具有十分重要的意义。

三、民族地区文化旅游资源开发的优势和难题

《国务院关于进一步加快旅游业发展的通知》的贯彻落实为民族地区旅游业带来更多的发展机遇。抓住和利用这一机遇，解决民族地区旅游业现存的种种问题，并将自身的资源优势转化为产业优势，发挥旅游业在民族地区经济发展中的先导作用，有着非常现实而迫切的意义。

（一）民族地区发展旅游业的优势

1. 政策优势

我国民族地区旅游业兴起于改革开放之初，发展于20世纪90年代之后。继旅游业被国家确立为新的经济增长点后，各级政府纷纷做出了开发大旅游的战略决策，为拥有丰富、独特旅游资源的广大民族地区旅游业的发展提供了极好的条件。

国家对加快民族地区经济发展速度提供了政策支持，制定了继续推进西部大开发的战略，并致力于加强基础设施建设和生态环境保护，加快科技教育发展和人才开发，充分发挥资源优势，大力发展特色产业，增强自我发展能力。国家继续在经济政策、资金投入和产业发展等方面，加大对西部地区的支持。当前国家和各级政府仍然坚持落实扩大内需和加快产业结构调整政策，这给旅游业带来更多的发展机会。各地区要根据资源环境承载能力和发展潜力，按照优化开发、重点开发、限制开发和禁止开发的不同要求，明确不同区域的功能定位，并制定相应的政策和评价指标，逐步形成各具特色的区域发展格局。

2. 资源优势

根据中华人民共和国国家标准《旅游资源调查、分类与评价》（GB/T18972—2003）进行分析，民族地区主要旅游资源涵盖自然、人文两大类，以及地文景观、水域风光、自然景象、遗址遗迹、建筑与设施、旅游商品和人文活动8个主类、31个亚类，几乎涵盖所有旅游资源类型。

民族地区自然旅游资源与人文旅游资源兼容并蓄，可以产生多样性的组合资源，其优势是在全国其他省份无法比拟的，具有开发复合型旅游产品的条件。

（1）民族地区人文、社会旅游资源类型齐全、丰富多样

占有“半壁江山”的民族地区纵跨多个纬度带，其自然、人文景观异彩纷呈，

堪称中国乃至世界的“旅游资源宝库”，有高原、峡谷、雪山、草原、森林、沙漠、湖泊、河流、温泉、古迹、民俗等。丰富的旅游资源具有适应多种市场需求的能力。

（2）民族地区旅游资源的品位高

这尤其表现在高端人文资源上。目前我国保留的各个历史阶段的文化遗产具有极高的文化品位，为民族地区文化旅游产品的开发提供了厚实的文化土壤。

（3）资源具有垄断性

不论是神秘的藏文化还是蒙古文化，也不论是“世界屋脊”“大漠草原”，抑或有“东方大峡谷”之称的雅鲁藏布江大峡谷，还是“地球之巅”——珠穆朗玛峰，都是唯我独有的世界级的精品、绝品资源，其文化遗产既包括传统也包括当今文化变迁部分，这些都是他人无法抄袭的。

（4）资源保护好，大多处于原始状态，具有很强的吸引力

由于所受人为破坏较少，目前这些资源大都保留了未经雕饰的原始风貌，给人以强烈的新奇感，符合世界旅游求新、求异、求知、求乐的需求和趋势，具有强烈的吸引力。这里的资源与我国东部地区互补，若能做好协调工作，准确地定位和开发，走区域联合之路，不仅能够有效地避免与国内其他地区相互竞争，而且可以成为我国实现世界旅游强国目标的战略后方。

3. 地域优势

民族地区多处于我国的中西部地区，给人的传统印象是偏远且交通不便。然而从全球的角度来分析，这些地区位于东亚与中亚的结合部，既是中亚及欧洲国家通向亚太地区的重要门户，又是东亚进入西亚、欧洲的最便捷通道，在沟通太平洋和大西洋两大经济圈中可以发挥重要的连接作用，是亚洲的中心。虽然目前周边国家经济还相对落后，不可能在近期内形成较大的客源市场，但从长远来看，“亚洲中心”的地缘经济政治优势还是有很大发展潜力的。因此，民族地区将是我国旅游业发展的后劲所在，也是亚洲向世界旅游业作出贡献的希望所在，是我国旅游业长远发展的战略后备基地。

4. 市场优势

从旅游市场规模上看，我国正在迈入全面建成小康社会的崭新发展阶段，人民生活水平不断提高，旅游市场逐步扩大，为民族地区旅游业发展提供了广阔的市场空间。

从旅游市场发展机会上看，加入 WTO 以来，各国旅游者入境手续的简化，带动了国际旅游市场的发展。2008 年我国成功举办奥运会，进一步促进了我国旅游业的发展，扩大了国际旅游市场需求，给民族地区旅游业发展带来又一个大好机会。

从人们对待旅游的观念上看，传统观念认为，旅游是人类需求的较高层次，属于有钱人奢侈的消费活动。随着经济和社会的发展，人们的生活观念也开始发生转变，对待外出旅游活动的看法也同以往产生了不同。一项社会调查表明，美国有超过半数以上的人认为旅游是生活中的必要需求。中国也有越来越多的人不再将旅游视作一项奢侈活动，而是人们的基本需求。这种观念的转变为民族地区发展旅游业提供了广阔的市场空间。

从旅游者需求潮流上看，随着生活压力的加大、生态环境的恶化，人们迫切需求逃离日常所处的环境，到一个淳朴悠闲、生态环境优美的地方释放自己的心情，而且这种需求会持续不断地产生。而民族地区生态环境优美、民风古朴，能够带给旅游者焕然一新的感受和安然平稳的心情，所以民族地区特色鲜明的民俗文化和优美的生态环境具有良好的卖点。

《中国 21 世纪议程》明确指出当前最主要的任务是调整经济结构、提高经济效益、发展高附加值的产业、改善生态环境、消除贫困，逐步缩小和中国其他地区之间的发展差距。《中央关于制定“十一五”规划的建议》中明确提出，推进产业的优化升级就要加快服务业的发展，尤其要积极发展旅游业等需求潜力较大的产业。而旅游业的可持续发展，具备实现这一战略目标的功能优势。

民族地区旅游业可持续发展对促进民族地区经济可持续发展有十分重要的作用。衡量民族地区经济的可持续发展能力的指标主要有四个方面：反映经济总量状况及其变化的指标，反映经济结构状况及其变化的指标，反映经济质量、效益状况及其变化的指标，以及反映经济发展能力或后勤的指标等。

民族地区旅游业的可持续发展，能够有效促进经济总量的增加、经济结构的优化，并提高经济发展的效益、改善人民的生活水平、提卂民族地区经济的活力。与此同时，民族地区还面临一个重要问题，就是保护和治理生态环境，如果没有强大的经济支撑、没有科学技术手段的助力，那么环境保护是很难实现的。如果不能保护好环境、不能科学合理地利用自然资源，那么就会对经济发展的质量造成影响，也就无法实现可持续发展。民族地区发展的核心就是发展经济，与此同时要注意生态环境的保护，做好污染治理工作，从而给经济发展构建一个良好的环境和氛围。因此，旅游业的可持续发展是民族地区经济可持续发展战略的重要组成部分，对实现民族地区的可持续发展起到至关重要的作用。

（1）民族地区共同富裕推进和谐社会的进程

旅游业的可持续发展有助于实现全党和全国各族人民建设和谐社会的宏伟目标。中国是一个多民族国家，正因如此，构建和谐的民族关系，是构建社会主义和谐社会的基础。民族平等是社会主义民族关系的基础，这种平等体现在政治、法律、经济和文化等方面。

建设和谐社会的基本前提是全民小康和社会全面进步，小康社会的实现和和谐社会的发展，离不开各区域之间的共同发展、各族人民的共同富裕和人民物质文化生活的极大丰富。民族地区是全国扶贫攻坚的重点和难点地区，这些地区能否解决贫困人口的温饱问题，能否巩固前一时期扶贫攻坚的成果，直接关系到该地区的民族团结和全面建成小康社会目标的实现，甚至对整个国民经济的可持续发展等都有着极其重大的影响。因此，建设小康社会的重点在民族地区，难点也在民族地区。

首先，实现共同富裕也就意味着要实现民族地区的发展和人民富裕，而要实现民族地区经济的快速发展，发展旅游业的条件最适合，对经济的拉动效果也最显著：一是相对于工业、矿业等传统产业，旅游业具有投资少、见效快、报酬率高的比较优势，限制因素最少、市场潜力最大、最具开发价值。二是具有开放度高、关联度强的特点。通过食、住、行、游、购、娱等旅游产业链的自我“造血”，拉动民族地区经济发展，扩大民族地区居民就业机会。据世界旅游组织计算，旅游业每直接就业 1 名人员，社会就可新增 5 个就业机会，对一、二、三产业均有巨大的带动作用。三是具有投入产出率高的特点，能够加快旅游开发可以为民族地区带来“一旦旅游兴，随即百业旺”的乘数效应，并能对社会的和谐安定和民族地区的可持续发展起到巨大的推动作用。

其次，人民生活的丰富依赖于民族地区旅游业的发展。我国东部和中部地区由于接触市场经济较早，能够开发旅游资源的大部分都已经开发过，但是其生态旅游资源的使用大大超过它的负荷能力，而民俗旅游资源则有赖于民族地区特色鲜明的民俗文化的充实。民族地区丰富的民族文化和优美的生态风光，为旅游者的出游提供了更多的选择，极大地丰富了我国的旅游产品市场。

（2）有助于缩短东西部发展的差距，促进区域协调发展

改革开放以来，我国各个地区都取得了很大的发展。东部地区由于地缘优势和政府的政策优惠，其发展速度远远超过西部地区。20 世纪 90 年代以后，地区发展差距呈逐年扩大的趋势。进入 21 世纪以来，东西部经济发展不均衡显得更为突出，不仅在量上的差距拉大，而且形成了差距拉大的增长机制，这进一步加剧了西部地区贫困的恶性循环。

发展民族地区的旅游业，不但可以给民族地区带来良好的收益、先进的文化和通畅的信息，而且对于民族地区吸引更多的投资、提高民族地区居民素质具有巨大的推动作用。民族地区旅游业的发展同时可以带动边境贸易的发展、促进生产要素跨境流动和优化配置的体制和政策的完善，更有利于加强对外资的产业和区域投向引导。在郭来喜对“旅游流”的研究中可以看出，旅游业能够带动物质、能量、信息等的流通，对民族地区的制度改革、经济发展、对外交流等都能起到良好的拉动作用。

5. 后发优势

（1）起步晚，发展快

民族地区旅游业存在起步晚、规模小、开发层次低等一系列困难，这些对其发展构成障碍。但是换一个角度来考虑这些问题，我们不难发现问题也有有利的方面：起步晚则可以在加快发展过程中，借鉴全国各地旅游业发展的成功或失败的经验教训，能将尚未进行旅游开发区或者是处于旅游开发初级阶段的民族地区放在一个更高的发展起点上。在逐步成熟的可持续发展理论的指导下，民族地区的旅游业发展少走了很多弯路，减少了失误，节约了时间，避免付出许多沉重的代价；而竞争激烈更加促使我们树立市场意识，并开发高品位的产品。国内游客的逐渐成熟，使他们更加渴求通过旅游来回归自然，从而选择广袤的西部民族地区作为旅游目的地。

（2）社区居民参与意识增强

随着社会文明的进步，与自然和谐相处的观念逐渐深入人心，民族地区的居民也会逐渐认识到经济利益、社会利益、生态利益和环境利益协调发展的重要性，

会积极主动地参与到实现民族地区旅游业可持续发展的事业中来。随着旅游者责任的不断强化，旅游者的素质不断提高，不但在旅游活动中能够自我约束，而且能够积极投身到生态环境和文化遗产的保护中。旅游地可以减少对居民和游客行为监督、管理系统和旅游区维护系统的投入，为民族地区旅游业的发展降低成本，为民族地区旅游可持续发展的实现发挥巨大的推动作用。

（3）国家财政支持力度大

随着我国经济的不断发展，政府有更多的资金扶持民族地区的发展。进入21世纪以来，国家逐渐增大了对民族地区的财政转移力度，扩大了民族地区公共投资规模，深化了投融资体制改革，并积极扩大了直接融资，拓宽了开发建设等筹资渠道，中央各部门采取各种方式帮助和支持民族地区。国家相继投入大量的资金，加大民族地区的基础设施建设和人才引进力度，使得制约民族旅游业发展的“瓶颈”消失，民族地区发展旅游业也逐渐具备了良好的基础环境。国家逐渐重视对民族地区的旅游业的发展，民族区域自治法新修改颁布、《国务院关于进一步加快旅游业发展的通知》的贯彻落实，为民族地区旅游业带来了新的春天。同时，国家计委首次把旅游项目列入国债项目，财政部尽力增加对旅游业发展的财政支持，这些都为旅游业的发展打下了坚实的基础，使其发展的宏观环境在很大程度上得到了改善，其发展速度会进一步加快。这既是民族地区发展旅游的重大机遇，也是全国旅游业加快发展的重大机遇。

（二）民族地区文化旅游发展难题

1. 地区之间差异显著

不同地区自然风光的基调完全不同，如西北民族地区以沙漠、戈壁风光和雅丹地貌风光为特色，内蒙古地区以高原、草原牧区风光为特色。广西地区以岩溶地貌风光为特色等。不同民族地区的人文旅游资源也有很大区别。各民族由于宗教信仰、语言、生活环境和习惯不同，形成了在节日、婚丧及文化活动等方面的不同习俗，民族风情异彩纷呈。信奉伊斯兰教民族的节日内容、宗教艺术，与信奉佛教的民族不同；蒙古族的“那达慕”大会与傣族的“泼水节”和壮族的“三月三”的时间、形式、内容不同；拉萨的大昭寺、傣族的竹楼、苗族的寨楼、藏族的碉房、蒙古族的蒙古包、维吾尔族的窑洞式住房和布满葡萄架的庭院等，都鲜明地体现出了本民族的建筑格调。各民族地区，由于自然资源的不同，形成了各具地方和民族特色的旅游商品，如新疆的葡萄干和细羊毛，内蒙古的麦饭石和草原蘑，广西合浦的珍珠和花竹帽，西藏的氆氇和地毯、藏香等。

不同民族地区，旅游资源的季节变化特点不同，如地处热带、亚热带的桂林等地，季节变化不很明显，冬夏基本都可供游人观光；而地处高纬度、高原地区的内蒙古草原与新疆等地只能在短暂的夏季开展旅游。人文旅游资源一般不具有季节性，但各民族的重大节日却具有很强的时间性。

2. 景点分散

很多文化型旅游目的地所面临的一个重要问题就是景点景区比较分散，没有形成一个主题。大量的旅游景点就好像四处散落的珠子，没有一根主线串联；相应的，各类旅游产品也比较分散，没有一个灵魂将其组织起来。因此，在旅游发展中，我们要抓住文化这根主线，统领旅游的整体发展。所谓文化主线，就是旅游发展的灵魂，其主要作用就是对旅游产品、要素进行统一，以此作为未来旅游产品设计、产业布局、市场营销等各项工作的标准。对于一个旅游目的地来说，确定本地旅游发展的文化主线是非常关键的。在确定文化主线时，一方面要考虑当地的历史文脉，另一方面还要考虑实际的旅游需求。此外，还要寻找相关文化要素的共性主题，同时还要将地域文化的独特个性充分呈现出来。文化主线的贯穿，首先要从旅游目的地形象塑造方面着手。要通过挖掘本地的文化内涵，结合现代旅游者的需求审美，塑造一个特色鲜明而富有文化品位的旅游形象。文化旅游发展涉及诸多学科，其研究难度非常大，从多学科的角度进行研究还存在很多问题，有待进一步的研究和探索。

从文化角度而言，一方面要重视文化旅游产品的开发，要利用历史的、地方的、民间的文化要素，结合现代的、国际的、主流的展示方式，开发出适合一般现代旅游者需求的产品，其关键是如何将各种文化产品从过去的观光型转变为休闲型和把原来静态的、历史的、死板的观赏对象转变为动态的、现代的、生动的体验对象。另一方面，在其他旅游产品（如度假、休闲、商贸旅游等）的开发中，要注意文化内涵的挖掘。在各种类型的产品开发中，大到景点开发、设施建设，小到服务人员的素质、服饰，都要充分体现地方文化的主题和特色，其关键是如何把区域文化进行整合。

四、民族地区文化旅游产业发展模式

民族地区政府及有关组织有责任不断运用文字、图片、模型、光盘等各种手段，对民族文化进行真实、精确、完整的记载，尤其是那些逐渐失传的传统、风俗、习惯等。要向旅游者传递旅游地民族文化的准确信息，让他们正确地认识其文化，尊重当地居民的生活和传统，教育并引导旅游者减少对旅游地民族文化的影响，增强对民族文化的保护意识。同时利用这些资料信息对居民进行教育，使他们了解、认识本民族文化的价值，激发他们对本民族文化的自豪感和自觉保护的意识，增强当地群众的自我保护意识。

（一）民族文化主题公园

这种模式的基本思路是将吉林省延边朝鲜族自治州图们市特有的民族文化精品资源和相关文化以及可以借助的其他旅游元素进行整合，通过创新策划，设计包装成文化内涵深厚以及震撼力、冲击力和感染力极强的文化艺术项目，再通过项目的市场化运营，以项目管理的方式培育其成长，实现项目的经济价值和社会价值。可以说这种模式实际上是通过项目实际运作来推动民族文化旅游产业的发展，并提出创意实施运营的几个关键性问题，希望为图们景区转型升级和“二次创业”提供一种新的思路和发展模式。

主题是旅游主题公园形成鲜明特色和独特个性的灵魂，也是旅游主题公园影响旅游者休闲娱乐选择方向的基本魅力。民族文化主题公园也不例外，该模式是以一个或几个民族文化主题为主线，有机组合系列与主题相关而形式多样、体验各异的配套项目，并辅以适量趣味性、知识性、娱乐性强的活动，共同构成一个完整的旅游功能区域。它往往用人工的方式荟萃民族的民间艺术、民族风情、民居建筑于一园，并从多角度展示各民族的民族文化。通常这类主题公园特色鲜明、具有区域垄断性和可持续发展潜质。图们市按民族文化可分为非物质文化遗产馆区、民族雕塑群区、水岸民族风情区等。

（二）文化遗产品牌

申请加入世界遗产本身就意味着全面的保护，一旦列入《世界遗产名录》，就要承担相应的管理与保护的国际义务，并遵循共同承诺的国际准则。按照《保护世界文化和自然遗产公约》的规定，缔约国要认真承担国际义务，接受经常的检查、评议等监测，随时解决问题、协调矛盾，保障该国的世界遗产被持续、永久的保存。世界遗产委员会根据检查、评议等监测报告对遗产地保护状况做出评定，包括肯定与鼓励、情况通报、建议国际援助或合作，乃至把保护状况存在严重问题的世界遗产地列入《濒危世界遗产目录》等。西部民族地区文化遗产如能成为世界遗产，国际的监督与国际社会的舆论压力将有助于促使各级政府更谨慎地对待本地区的文化遗产，并根据国际公认准则持续永久地保存一大批对人类文明有突出价值的文化遗产；能参与国际有效合作，包括人才、专业知识、技术、法制建设和保护资金、材料、设备等；能极大地提升西部民族地区公众和政府的国内、国际形象，对文化可持续发展起到巨大作用。

随着旅游产业的发展，民族地区文化遗产已经发展成为著名旅游目的地，并由此带动了文化遗产周边民族区域经济的快速发展和社会繁荣。目前，游客已经把是否是世界遗产（文化、自然遗产）作为衡量一个旅游目的地旅游资源品质和旅游价值高低的主要标志。也就是说，世界文化遗产本身就已经在国内外旅游市场上拥有巨大的品牌吸引力和品牌价值，且这种品牌吸引力和品牌价值不是一般意义上的旅游策划包装、旅游宣传促销所能达到和超越的。因此，发展民族文化旅游产业更要充分利用知名文化遗产的品牌和市场影响力。

（三）文化生态保护区

目前生态旅游开发主要局限于自然生态系统保护较为完整的地区，很少涉及能体现人文生态美的典型少数民族地区。民族文化生态旅游是以民族地区文化性生态为旅游对象，在最大限度上满足旅游者的精神需求和减少对旅游目的地文化发展进程影响的前提下，将生态旅游理念贯穿于整个旅游系统，并指导其有序发展的可持续旅游发展模式。民族文化生态旅游的对象被定位于传统文化保护较完好的典型少数民族地区，并选择条件适宜的少数民族村寨建立民族文化生态旅游村，而后由点及面。本书选取延边朝鲜族自治州民族文化生态旅游资源的开发，强调“保护性的开发”，并将开发与保护融为一体，即必须考虑民族地区的文化生态旅游容量，严格控制游客的进入量；将自然保护区中的功能分区概念引入民族文化旅游区，在旅游区范围内将传统文化保存最为完好的部分村落定为核心保护区，并禁止旅游者的进入。

地方政府必须退出具体经营，重点制定民族地区旅游和文化可持续发展战略，理顺管理体制，在加强原有文化产业相关部门建设的同时，为了避免业务重复和减少资金浪费，要通过合作建立跨部门、跨地区、统一、协调、高效的民族文化保护机构；加强在组织管理、人才培养、资金支持、生产经营等方面的机制建设；完善相关的保护性政策、法规体系，落实联合国教科文组织关于文化保护的公约；充分利用高校、民族旅游研究组织、文化研究组织、网络及其他教育机构，建立民族文化旅游、生产、培训、研究四位一体的“基地”，建立人才培养机制，完善人才管理系统；加大对民族文化的研究、开发和保护，实施系统性支持，通过制定减税等政策鼓励企业为民族文化保护提供各类帮助。

（四）民族文化保护村

一般我们所说的文化保护村（寨、园）、博物馆、歌舞剧模式以及实地民族文化村都属于该种模式。该模式强调保护第一、合理利用，强调在保护前提下科学开发，在科学开发中促进更有效的保护。对于传统民族文化保存较好的民族村寨，应通过科学规划，适度开发旅游，既促进地方经济发展，让百姓脱贫致富，并建设社会主义新农村，使现代文明延伸到乡村山寨，又使当地干部群众充分认识历史文化和特色民族文化的珍贵价值，增强对民族文化的保护和传承。

图们市月晴镇马牌村、池地村，建立了具有朝鲜民族文化特色的民族文化村（寨）、民俗风情园、民族文化生态博物馆模式。该村具有良好的生态环境，当地居民保持了自然的生活生产方式和原生态村落形式，除了必要的基础设施外几乎没有经过加工改造。它可以充分展示民族风貌、保护民族文化，可以使旅游者领略真实的民族文化，提供审美感受；可以展示朝鲜民族地区多姿的生产生活工具、民族服饰、文献史料、手工艺品、社区风貌、生活习俗、歌舞等，达到教育和传播的效果。通过民族文化保护村（寨、园）、博物馆进一步收集整理民间文学、民族歌舞、民风民俗等方面的资料，加大对文物古迹、民间工艺、曲艺和口头文学等进行保护和抢救的投入。

民族文化歌舞剧模式的基本思路是将朝鲜族独特的民族歌舞，如朝鲜族圆鼓舞、朝鲜族手鼓舞、朝鲜族刀舞、朝鲜族棒槌舞、朝鲜族打糕舞、朝鲜族假面舞、朝鲜族楸戏、朝鲜族簸箕舞、朝鲜族僧舞、乞丐舞、朝鲜族捣米舞以及民族服饰、民族绝技进行有机组合，并编排成大型歌舞剧，利用舞台或山水剧场集中展示给观众。同时，在演出场地配套安排特色民族餐饮，展示特色民族工艺，穿插特色民俗活动，让游客短时间内集中体验延边丰富多彩的民族文化。这种模式必须集中民族文化精华，切忌内容庞杂无序，并强调选定理想的演出场地，突出优美而独特的环境；注意演职人员数量控制，降低运营成本。

（五）集约化经营开发

使文化旅游产业的发展更加动态化，更多地依据市场和消费自身的活动，同时又不断地设计策划市场、激发市场。也就是说，在当下的全球消费时代，市场的全球性和需求的精神化、独特化以及消费的时尚化、浪潮化，使得文化作为产业，从根本上改变了过去固化的常规发展模式和常规消费方式，取而代之的是不断变动的文化策划、文化设计和文化消费。1958 年苏联经济学家第一次引用“集约”一词，并解释其义为：指在社会经济活动中，在同一经济范围内，透过经营要素质量的提高、要素含量的增加、要素投入的集中以及要素组合方式的调整来增进效益的经营方式。“集约”是相对“粗放”而言，从苏联经济学家的解释来看，我们可以简单理解为集约化经营就是以效益（社会效益和经济效益）为根本，对经营诸要素进行重组，实现以最小的成本获得最大的投资回报。它在不断关注市场的过程中，创造消费惯例，涵养消费人群，引导消费时尚潮；它不断在文化中寻找热点、利润和机会，以一种动态的平衡模式替代或提升过去的发展模式。文化产业发展资源的丰富性与差异性决定了民族地区在文化资源基础上发展文化产业独特的优势，这是文化产业可以同时开发的基础。文化旅游产业集约化经营开发模式，恰恰是产业运作的恰当模式，它的活力在于每个企业都有机会也有风险，它高度依赖策划、依赖人才、依赖变化，因为每个企业都要面对竞争也要面对失败，才能实现可持续发展。

第五章　中国当代文化旅游实践案例研究

本章讲述的是中国当代文化旅游实践案例研究，主要从以下几方面进行具体论述，分别为湖北历史文化旅游研究、中国白酒文化旅游研究和江西茶文化旅游研究三部分内容。

第一节　湖北历史文化旅游研究

一、文化旅游在湖北旅游业发展中的战略意义

（一）促进湖北旅游业的提质增效

随着大众旅游时代的到来，旅游业发展已从“景点旅游”向“全域旅游”转变，这就需要旅游经营者在转变发展方式、转变发展理念、转变发展模式、转变发展机制上下功夫，进一步推动旅游业提质增效、集约化发展。首先，文化旅游推动了湖北旅游业转型升级，进一步加快了转变发展方式。文化旅游业的蓬勃发展，促进了湖北旅游产品由单一的观光向观光、休闲、创意并重转变，从而使之契合现代年轻群体个性化的旅游消费理念。要推动文化旅游开发从粗放型向集约型转变，注重文化旅游资源合理利用，把生态环境保护放在首要位置，“要金山银山，更要绿水青山”。在文化资源开发过程中，应注重文化创意元素的加入，要通过个性化的旅游产品设计，延伸文化旅游产业链条。优质的服务是文化旅游提质升级的重要保障，通过加强文化旅游景区基础设施建设，整治“零负团费”、强买强卖等违法行为，提升服务水平，实现标准化和个性化服务的有机统一。其次，文化旅游提升了湖北旅游产业的竞争力，增强了荆楚文化的知名度和美誉度。

文化是城市的灵魂，是城市发展的第一动力，未来城市综合竞争归根到底是文化的竞争。通过优惠补贴、政策扶持等措施发展一批文化旅游龙头企业，推动湖北省优势文化旅游企业实施跨地区、跨行业、跨所有制的兼并重组，打造跨界融合的文化旅游产业集团，这些做法提升了湖北旅游业的综合竞争力。

（二）深化湖北旅游业的结构改革

目前，湖北旅游吸引物形式较为单一，各类吸引要素的发展程度及营销力度分布并不均匀，传统观光游览比例偏高，而文化活动、饮食风俗以及节庆活动等具有荆楚特色的非观光产品所占份额及旅游收入相对较低。从国际旅游业发展来看，国外休闲度假比例居高，而且吸引物类型多样，如美国的迪士尼主题公园、德国的工业遗产历史景区等内容形式较为丰富，吸引了成千上万的游客前往观光。从我国旅游发达省份来看，各省都在想方设法挖掘打造红色游、遗产游、探险游、亲子游等多元化的旅游产品与旅游品牌。因此，湖北省要大力发展文化旅游，从荆楚优秀文化的丰富内涵、古今兼容、动静结合的宝库中寻找能够吸引现代旅游者的要素，将三国文化、辛亥革命文化、武汉文化等多种文化旅游资源进行整合创新，开发对国内外旅游者更具吸引力的景观和风情；要通过合理调整和优化配置文化旅游资源，构建点、线、面有机结合，建立适应不同旅游消费需求的文化旅游格局，不断深化湖北省旅游业的结构改革。

（三）提升湖北旅游业的核心竞争力

文化的优越性和区域的竞争力之间是有结构性联系的，增强文化优越性的政策也可以显著提高区域的综合竞争力。区域竞争力是指在社会、经济、文化、环境等各个方面综合运用各种指标计算出来的区域吸引、促进、获取、利用各种资源而进行自身发展的能力。随着社会经济的发展，人们的生活习惯、审美情趣和价值观都发生了变化，地区旅游产业竞争力的提升不可能仅仅依靠经济、产业门类等单一硬实力的拉动，同时需要优秀传统文化、良好的社会氛围、较高的服务水平等软实力。科学合理地规划旅游目的地，促使地区特色文化优势逐步转变成能有效带动地区经济发展的文化资本，使之成为未来地区旅游业发展的重要力量。文化旅游对提升湖北旅游核心竞争力至关重要。文化旅游是“绿色经济”，能够为湖北经济与社会发展带来巨大收益，也能促进湖北省各大景区旅游收入及居民生活水平的提高；文化旅游能直接拉动目的地就业，促进创新创业，丰富社会环境的文化内涵，树立目的地良好的旅游形象。文化旅游发展能促进湖北相关旅游景区与企业管理水平的提高，扩大旅游品牌知名度，同时对湖北的社会、政治、经济、生态等各方面的竞争力能够产生重要影响。

（四）拓展湖北旅游业的深度和广度

文化旅游与社会环境实际上是互动关系，文化旅游为社会环境营造良好的文化氛围，促进社会和谐发展；社会环境的安定有利于文化旅游活动的正常开展，并推动中华文化大发展大繁荣。Russo（罗素）对于威尼斯的案例研究表明，吸引游客到访目的地的因素并非某一单体景点，而是整个城市及其独特的氛围[①]。随着交通的便利与经济的迅猛发展，湖北省公共文化服务建设水平不断提高，文化旅游活动的开展有助于使很多濒临失传或消亡的文化遗产得以传承发展，甚至实现创造性转化和创新性发展；能推动不同文化融合发展，为区域文化空间及社会环境的营造提供了良好的资源基础，进一步拓展湖北旅游业的深度和广度。同时，丰富多样的文化旅游活动可以拓展人们的视野、愉悦人们的心情、满足人们追求美好事物的愿望、提高人们的文化修养，良好的文化氛围也有助于整体提高广大人民群众的文化自信。

（五）明晰湖北旅游业的形象定位

旅游形象是旅游目的地的不同要素在人们心中的综合认知印象，有一个良好的旅游形象才能对客源市场产生吸引力，这也是旅游地综合竞争力的一个重要表现。很长时间内，湖北省的旅游形象没有什么个性，也没有一个清晰的定位，因此游客们提起湖北旅游地都不能在脑海中有一个清晰的印象，认识十分模糊，也没有突出的文化旅游特色。虽然湖北省也在极力寻找自己的旅游形象定位，但是大部分没有足够的概括性，其旅游景区对自己的旅游形象设计还不到位，没有吸引力。湖北本身具有深厚的历史文化底蕴，是荆楚文化的发祥地，包括以三国文化和辛亥首义文化为代表的历史文化和以武汉、宜昌、襄阳为代表的都市文化，还包括以武当山道教文化为代表的宗教文化和以屈原、王昭君、陆羽、杨守敬、李时珍、李四光等为代表的名人文化以及以土家风情为代表的民族文化等。

① 宋振春，李秋．文化旅游产业与城市发展研究 [M]. 北京：经济管理出版社，2012.

大力发展文化旅游，强化了湖北旅游形象，如“大道武当”“壮美三峡，秘境巴东”等旅游口号既符合地区特色文化，又能引起广大游客的兴趣，且进一步完善了湖北旅游形象系统，有利于湖北旅游辐射周边、走向世界。

二、湖北历史文化旅游开发——以荆州古城为例

荆州，古称江陵，地处长江中游，位于江汉平原西沿腹地，素有“鱼米之乡”的美称。荆州自古仓廪丰实，文化底蕴深厚，孕育和发扬了博大精深的楚文化，楚国在此建都400多年，历经20代；同时也是三国文化的核心区域，荆州地处吴、蜀、魏政权交界地，是兵家必争之要塞，“刘备借荆州”“吕蒙袭荆州”“关羽大意失荆州”等诸多三国时期脍炙人口的故事都发生在这里。荆州历史文化旅游区核心景区包括东门景区、张居正故居、关帝庙、关公义园、荆州古城墙、荆州博物馆、大北门朝宗楼、西门景点、南纪门景点等。1982年，荆州（江陵）入围国务院首批公布的24座历史文化名城之一；1996年，荆州古城墙被国务院公布为“全国重点文物保护单位”。

（一）荆州古城历史文化旅游区的资源特色

1. 见证历史的古城遗存

荆州古城历史文化旅游区位于荆州市中心城区，是全国重点保护单位、国家4A级旅游景区。旅游区主体为古城墙建筑，固若金汤的城墙与蜿蜒曲折的护城河构成了壮观绚丽的景观。荆州古城墙历史可追溯到2800多年前的周厉王时期，为三国蜀将关羽所筑，原为土城，南宋始建砖墙，元代拆除，明初又建，明末被毁，现城墙遗存为清代（1646年）重建。古城东西长3.75千米，南北宽1.2千米，城墙高8.83米，下地宽7.6米，城垛4567个，炮台26座，藏兵洞4座，有城门和城楼6座，城墙总长10.5千米 。荆州古城的主要景观包括宾阳楼、藏兵洞、炮台、城墙博物馆、文字砖、仲宣楼遗址、南纪门、远安门、曲城、安澜门、公安门等。荆州古城比较完整地保存了历史上金戈铁马时期留下的军事建筑，也融入了荆楚文化浪漫奇妙的文化因子，是感受荆楚文化、三国文化的必到场所之一。

2. 地域特色的文化资源

荆州是楚文化的发祥地、三国文化的中心、江汉民俗文化的腹地。楚国八百

年在这里留下了灿烂的楚文化，尤其以精美绝伦的青铜工艺与漆器制造工艺享誉世界。大量工艺复杂、体型优美的青铜器与漆器让后人不禁赞叹楚国先民的智慧与勤劳。三国时期，金戈铁马，荆州位于天下之腹，成为魏蜀吴的必争之地，恢宏的三国历史诗史和千古传唱的篇章在此书写，尤其是三国核心人物关羽，在荆州镇守长达10年之久，其诚信忠义的精神品德为世人所尊崇，“关公文化”也融入荆州百姓的日常生活之中。荆州位于江汉平原的腹地，荆州人民长期在这里耕作生活，演绎出了缤纷灿烂、神秘浪漫的楚民俗文化，如楚剧、汉剧、三棒鼓、马山民歌、雕花剪纸、楚秀等，既是荆州人民日常文化生活的表达，又成为现在文化旅游的活态的文化资源。另外，在荆州出土的丰富的文物资源也成为当今人们感知历史的凭借，如泥塑动物群、越王勾践剑、吴王夫差矛、马山战国丝绸、楚汉简牍等珍贵文物都蕴藏了丰富的历史文化，成为现今难得的文化旅游资源。目前荆州拥有国家级非文化遗产保护项目9项、省级33项、市级51项，共计93项。荆州极具地域特色的文化资源为文化旅游的建设和开发提供了丰富的素材。

（二）荆州古城历史文化旅游区开发的现状

荆州文化旅游资源得天独厚，尤其是以荆州古城为代表的三国文化旅游线曾被广大网民票选为全国20条精品旅游线路之一。近年来，荆州市委、市政府抢抓建设我国南方大遗址保护重要示范区和湖北省鄂西生态文化旅游圈文化中心之良好机遇，对古城高起点规划、高标准打造，坚持开发与保护并重大力发展文化旅游产业，高水准地策划了一批重点文化旅游项目，为建成5A景区打下坚实基础。

1. 加强历史遗迹保护

荆州古城一直是荆州旅游的名片，是三国文化的形象代表，发挥了不可替代的旅游观光的龙头作用。目前，荆州古城重在历史文物古迹的保护和合理利用表现为加强基础设施建设，并重在修复古城墙、整治护城河河水、复建历史街道。荆州市已累计投入4000万元对古城墙进行修复，力图展现历史文化名城的历史风貌。为维护和保持荆州古城“依托城墙，以水为轴，显城露水”的优美风景，荆州市投入重资开展一系列治水、清水、活水工程，恢复自然水系，清淤疏浚护城河，疏挖整治荆沙河、内荆襄河，实现城内内河水系水体连通，并将沮漳河水、长江水引入护城河，改善水质。根据荆州古城历史城区内传统街巷、文物古迹和历史建筑的保存、分布情况，荆州市划定三义街、得胜街文化街区和荆州古城南门历史文化街区两片历史文化街区。为了切实保护和恢复两片历史文化街区风貌，荆州市颁发了历史文化街区保护规划，成立了荆州市历史文化街区保护设施项目建设领导小组，累计投资近3000万元，基本完成了两片历史街区的部分道路、给排水、电力、通信等设施的改善及环境的整治，并对已挂牌的历史建筑及部分传统民居进行了修缮。

2. 打造关公文化旅游品牌

荆州与关公文化有着深厚的渊源。三国时期，关羽执掌江陵县（今荆州），在此书写了众多可歌可泣的英雄事迹。关羽集才德于一身，其侠义英勇、忠义诚信的精神和形象被后人赞颂千篇，被编入民间传说、神话、故事和小说并被广为传播，而他被奉为世人的“保护神”“财神”等神明形象，成为当地乃至中华大地的民间信仰。关公文化具有广泛的认可度、美誉度和影响度，是中华民族传统美德的集中体现。荆州古城历史文化旅游区以关公文化为品牌，投资15亿元，规划用地228亩，打造荆州古城五环5A级景区的核心项目——关公义园，该项目于2014年入选国家优选旅游项目，于2015年被纳入中国文化产业重点项目库并被评为湖北省第五批文化产业示范基地，一期工程于2016年6月17日正式开园。关公义园以“义”为文化主题，深度挖掘关公文化的历史内涵与现代价值，拟打造成为关公朝觐地和关公文化交流和体验中心。园区内威武嘉立着由著名美术大师韩美林设计制作的全球体量最大的关羽铜像，并建设有三国文化展示中心、三国文化体验中心和聚宝盆观演以及关公大戏台、武圣宫、结义堂、财神殿等设施。义园通过场景化的设置，展现关公“忠、勇、仁、义、礼、智、信”的精神内核，让游客走过“关公之路”体验关公的一生。

3. 古城旅游＋实景演出模式

荆州古城历史文化旅游区除了在推进遗迹保护、品牌和硬件设施的建设外，也推出了一系列的游览项目，主要有“荆州古城墙徒步健身环城游”“荆州古城墙考古游”“三国遗迹游”“荆州古城墙民俗游”“历史文化节庆游”“2018关公义园迎春灯展暨财神庙会”等。另外，荆州古城重点打造了具有三国文化特色的视听盛宴的演艺项目。2016年9月26日，《入城仪式》《刘备招亲》在荆州古城护城河畔首演；2017年5月19日《关公的世界》在关公义园进行首场汇报演出。三台实景演出均为北京奥运会主创团队朱海领衔，沈晨等为荆州古城策划打造。《入城仪式》实景剧目前每周末在荆州古城宾阳楼景区上演三个场次，用马术、武术、舞乐等艺术形式演绎了关羽水淹七军后凯旋的故事与场景，游客可观赏到关羽耍大刀、荆楚乐舞等表演；《刘备招亲》以全国首创的古船式水上舞台为形式，集楚汉舞蹈、传统武术、水上特技和演艺科技为一体，用蔚为壮观的场面展现了吴楚水战、荆楚婚俗等荡气回肠的故事，观众可见证破损的战船变身为华丽婚船的过程；《关公的故事》在演艺和观赏模式上独具匠心，多媒体多维式战车观演的设计让观众身处 270 度环幕和舞台之中，在会随着剧情的发展而升降、震动、旋转等的古代战车上观看温酒斩华雄、挂印封金、过五关斩六将、华容道、水淹七军、桃园结义等脍炙人口的三国往事，感受关云长义薄云天的一生。新版《刘备招亲》于 2017 年 8 月 11 日在护城河九龙渊公演，并在 2017 年 9 月表演 8 场。

4. 以文创新城驱动文化古城发展

在全域旅游的发展和旅游产业面临结构性升级的背景下，荆州市将文化旅游作为战略性支柱产业，以文化为动力促进旅游产业的全面升级。荆州市政府积极推进文化旅游项目的建设，先后确立纪南生态文化旅游区、美丽中国文化科技产业园、新界文化旅游主题公园、荆州文博园、熊家冢国家考古遗址公园、楚国八百年城市公园、荆州古城五环 5A 级景区等项目。2015 年，荆州历史文化古城旅游区的发展又迎来了新的机遇，荆州市政府与鄂西生态文化旅游圈投资公司拟定投资 500 亿元，启动荆州古城五环 5A 景区创建暨城南片区整体开发项目计划，其中拟投资 36 亿元创建荆州古城五环 5A 景区。“五环”是荆州古城历史文化空间载体，是指由“古城根”“古城墙”“古城下”“护城河”“环城带”五条带形区域构筑的完整旅游空间体系，包括宾阳楼、九老仙都、荆州博物馆、关羽祠、张居正故居、关帝庙、关公义园、龙凤庄、明月公园、三国公园等景点。项目拟将以 5A 景区标准建设五环内外 8 公里区域，实现荆州历史文化旅游区的景点与设施的整体升级。在推进景区开发的同时，项目拟将文化与创意产业融入关公文化园的南片区域新城镇化的建设之中，以此改变文化旅游单一业态的发展，探寻新城镇化背景下以文化产业兴城的城市发展与转型。

（三）荆州古城历史文化旅游区开发存在的问题

1. 形式大于内容，文化内容建设薄弱

荆州古城历史文化旅游区的开发模式以“三国文化”“关公文化”为文化支

撑点，整体开发荆州古城历史文化旅游区旅游资源，打造荆州古城五环5A景区。目前在已投资15亿元建设完成关公义园一期里，全球体量最大的关公雕像成为荆州古城历史文化旅游区的又一标志性符号，待荆州古城五环5A景区建设完成，将进一步提高荆州古城历史文化旅游区的整体形象、公共服务和旅游接待水平。完善的基础设施和景区项目建设仅仅是文化旅游建设开发的起步环节，而内容建设才是文化旅游持续性发展的动力。目前荆州古城历史文化旅游区的文化旅游建设形式大于内容，重视景区的基础设施的建设，但景区内容建设和功能业态还处于初级阶段，缺乏场景化的文化消费空间和深度的文化体验产品，文化体验未渗透到“吃、住、行、游、娱、购”等旅游要素中，缺乏具有影响力的文化节事和文化活动，对非物质文化资源的开发和利用不足。同时，荆州市与文化旅游相关的产业链条还不够完善，产业价值链的延伸和文化资源的转化能力较弱，文化创意产业发展的产值较低，文化及相关产业与文化旅游的发展未形成合力，资源优势未能转变为经济效益。

2. 文化资源挖掘程度不够，缺少具有特色的文化精品项目

文化旅游注重欣赏性、体验性，一定要具有吸引眼球、留得住人心的文化精品项目。文化品牌是现代文化旅游市场竞争的有力工具，是消费者选择旅游目的地和文化产品的依据。荆州拥有丰富的文化旅游资源，荆楚文化、三国文化、江汉民俗文化各具特色，但荆州古城历史文化旅游区对这些宝贵的历史文化资源的挖掘和开发都还处于较浅的层次，相对来说，上规模、上档次、有特色的文化项目较少，未能形成真正叫得响的文化品牌，其主要原因为如下几点：一是古城旅游开发是投资巨大、收益周期长、风险较大的项目，对投资商的吸引力不够；二是荆州古城旅游资源，除了古城墙为有形资源，其他的大多为无形资源；三是古城疏散的问题，一直都没有突破性的进展。此外，荆州城历史文化旅游区对“三国文化”和“关公文化”的文化资源的挖掘和展现还不够深刻。全国以“三国文化”为主题开发的旅游景点多达百处，荆州与三国文化存在深厚的渊源、蜚声中外，文化旅游品牌的打造上仍存在个性不足、缺乏故事性和感染力的问题，仅以“关公文化”来塑造荆州古城历史文化旅游区的品牌显得较为单薄。

3. 文化旅游宣传力度不够

文化旅游一定要做好宣传，没有知名度的文化旅游项目不可能吸引众多的消

费者前往欣赏。目前荆州文化旅游的宣传力度不够，文化旅游营销投入不足，荆州古城历史文化旅游区新开发的一些项目并不为人所知，以“三国文化”“关公文化”为主题的节庆活动较少，未形成具有影响力的文化品牌。因此，需要塑造荆州古城历史文化旅游区的整体形象，要善于利用古城资源，打造出独树一帜的文化旅游品牌，并加大宣传和营销力度，提高荆州古城历史文化旅游区的知名度。

4. 管理机制有待完善

目前荆州无旅游客集散中心，无大型停车场，在住、吃和购物方面不能满足游客需求。尤其是在吃和购物方面，没有体现荆州特色，与全国其他景区同质化严重。古城内外环景色不协调、不优美，交通不畅，尤其是旅游车和游客电瓶车没有专用通道，堵车现象严重，影响游客心情。

（四）荆州古城历史文化旅游区开发的提升策略

荆州拥有灿烂的历史文化，多姿多彩的人文景观是文化旅游开发的重要资源。但是，目前荆州古城历史文化旅游区的开发还处于“粗放式”阶段，有待进一步转型升级。要通过整合文化资源，挖掘文化内涵、打造特色文化品牌、加大宣传力度、加强景区内部管理、提升荆州古城历史文化旅游区的整体形象，避免陷入“千城一面”的尴尬境地。

1. 加强文化旅游内容建设，加快文化产业发展

目前，荆州市政府在文化旅游的建设和项目开发上不仅要推进“硬实力”建设，更要注重“软实力”的发展与培育。在人们追求美好生活的背景下，文化旅游消费注重品质，也更注重文化内涵和体验的获得感。荆州古城历史文化旅游区在大力推进基础设施和旅游景区建设的同时，还需要注重建设文化旅游的内容，推出具有古城特色、荆州文化内涵的特色文化旅游项目；要深入挖掘荆州历史文化资源和非物质文化遗产，理清文化脉络和主题，以历史故事为背景、故事情节为线索，打造场景化、情景式的深度体验和娱乐性较强的文化旅游项目，让游客嵌入到设计的历史情境中，如同观赏一部电影一般游览景区。与此同时，文化旅游的发展需要以文化产业为支撑。荆州市应积极推进文化产业的发展，科学规划文化产业发展蓝图，并培育文化产业市场主体，建设文化产业与文化旅游产业集群、搭建相关平台，大力支持在文化和旅游产业领域的创业创新发展，还要完善相关机制建设，营造良好的产业发展环境；要以三国文化 +、楚文化 + 等荆州特

色文化 IP 的发展为战略，充分与影视传媒、互联网，与媒体、社交会展节庆、创意设计、创作表演、文化工艺品等文化产业深度融合，并结合特色住宿与餐饮，全方位地展现和发展荆州丰厚的文化资源，延伸文化的价值链和产业链，实现文化效益与经济效益。

2. 打造特色文化品牌活动，促进荆州文化旅游辐射力

荆州古城历史文化旅游区文化旅游的开展主要以古城游 + 实景演出为模式，而以三国文化为背景打造的《入城仪式》《刘备招亲》和《关公的故事》的实景演出还在进一步的打造和升级中，未形成品牌效应；同时以关公文化相关的文化节庆关帝庙会影响力不足，未能带动荆州古城历史文化旅游区文化旅游的发展。荆州古城历史文化旅游目前已将关公文化作为重点开发的文化主题，应积极打造极具荆州文化特色的关帝庙会节庆活动。关帝庙会于每年正月和农历五月十三举行，汇集了祭祀祈福、文化娱乐、商贸交易等活动，集中展现了玩龙灯、划采莲船、骑马射箭、吹喇叭、套轿子等民俗传统文化。关帝庙会的打造具有广泛的民间信仰基础，同时关公文化中“忠义”“诚信”的精神符合社会主义核心价值观的建设，是中华民族优秀传统文化的代表。荆州市政府应积极支持关帝庙会的发展，将关帝庙会作为加强荆州“文化软实力”的重点项目，对庙会的形式和内容进行拓展，一是将荆州的非物质文化遗产项目的展示融入节庆活动之中，集中展现荆州传统文化的魅力；二是与文化创意产业融合发展，围绕关公文化打造系列文化产品和塑造关公形象；三是举办与关公文化相关的赛事与节庆，如举办关公英雄会武术大赛、评选天下“忠义”之士、关公戏剧文化节、关公美术工艺作品展等节庆活动，扩大并增强关帝庙会的参与性和观赏性。除此之外，在文化品牌的培育上，应加大关公文化在荆州及周边地区的影响力，培养和弘扬关公精神、积极举办和支持与关公文化相关的文化活动，并进一步挖掘关公文化的内涵和时代精神，扩大荆州关公文化的影响力，进而促进荆州文化旅游的发展。

3. 加强营销力度，提高荆州文化旅游知名度

文化旅游的发展需要源源不断的游客造访，旅游营销和宣传是文化旅游可持续发展必不可少的环节。荆州古城历史文化旅游区的文化旅游营销体系还待趋于完善，首先应建立荆州旅游数据库，以互联网大数据为基础，准确识别潜在旅游者，对国内外旅游客源市场和消费人群进行细分，对不同区域、不同人群采取定

向营销策略其次在营销渠道方面，整合政府、市场和社会资源，运用不同的传播手段进行营销。政府应积极举办对外文化交流和宣传活动，通过举办相关学术论坛、参与国际性文化活动、缔结友好城市等多种形式，增加对外文化交流，并发挥官方媒体的宣传效力，对荆州文化旅游进行全方位的宣传。在旅行社和互联网旅游平台的渠道推广方面应建立相关的合作机制，实现互利共赢。此外可运用社会组织来拓展营销渠道，如与关公文化相关组织进行合作，并举办文化活动，或与自驾游协会、文化爱好者协会等组织建立合作关系。要积极参与影视作品和节目的拍摄与制作，同时鼓励相关企业和市民积极制作彰显荆州文化魅力的影视与文学等作品，并运用社交媒体进行广泛传播，扩大荆州历史文化旅游区知名度和美誉度。

4. 加强对景区的管理机制

空间有序、产品丰富、管理完善的景区能够增加游客的观感与体验感，要运用全域旅游的思维来科学管理景区。要破除景区管理上的体制障碍和管理围墙，实行多规合一与公共服务一体化。可通过“一票制”与智慧旅游工程，来扩展游客的深入游；要完善交通、停车场来解决游客的可进入性与便利性；要改善旅游环境，把荆州丰富的江汉民俗活态文化融入景区中，增加趣味性和娱乐性，并通过物化或形态化荆州历史文化资源的方式来吸引游客。

第二节　中国白酒文化旅游研究

一、中国白酒文化旅游资源评价

文化因为旅游才更加时尚，旅游也因为文化才更加深刻。社会在进步，时代在发展，人们已经过了追求物质生活的年代，开始追求精神生活。因此针对旅游，人们开始追求其文化的内涵和品位，这就促使文化旅游的诞生。文化旅游资源是文化旅游发展的基础，对文化旅游资源的概念、分类体系和评价方法深入探索，十分具有意义。中国的白酒文化旅游，自改革开放以来，从以五粮液、茅台为典型的接待作用为主，发展到以博物馆和观光园区为主，再到现在以产区旅游和体验互动为主，酒文化旅游从一种道具变成一种工具，现在已经发展成为一个平台。

大家可以通过这个平台，积极推动新型城镇化、农业现代化和文化创意产业的繁荣和发展，各地酒文化旅游热潮也持续升温，文化体验、商务会展、休闲度假、娱乐表演、文化创意等酒文化旅游新兴行业也不断出现。

可以对消费者或者说游客产生一定的吸引力、可以被旅游行业开发和利用，并且能够产生经济、社会和环境效益的事物，这一切的总称就是白酒文化旅游资源。白酒文化旅游资源包括有形的物质景观，比如历史遗迹和自然风光；也包括无形的精神文明，比如民风民俗、艺术表演以及各类的传说故事等。在来源上，有的是自然现象形成的，有的则是人类后来创造的。其载体有的是实物，包括各种文物古迹等；有的偏向抽象化的社会现象，比如文明程度、社会的风气等。可以说，白酒文化旅游资源属于具有明显文化特征的资源类型，比如人文活动、建筑遗址等。要对这一类资源进行科学管理和开发，就必须先对资源进行分类评价。

（一）中国白酒文化旅游资源分类

中国白酒文化旅游资源的形成过程经历了漫长的历史，是通过酒文化历史发展演变而来的，这一资源包括自然资源和人文资源，并且可以吸引众多的游客。因包含内容广且杂，可以根据旅游资源的形态或者表现形式划分为两大类，分别为白酒自然旅游资源和白酒人文旅游资源。而酒文化资源中可供旅游开发利用的主要形式就有五种常见类型：酿造技艺、酒礼酒俗、历史遗迹、酒器酒具、与酒相关的名人名作。在这五种常见类型的基础上，根据酒文化的侧重点不同，可以将酒文化旅游划分为五种常见的旅游形态：农业生态旅游、节庆旅游、养生旅游、工业生态旅游、遗产旅游。其中，生态旅游主要就是去一些酿酒原料的种植园参观和体验；节庆旅游是去体验酒主题的文化节和地方节日；养生旅游主要表现为追求药酒医疗养生功能；工业生态旅游是指去酿酒厂进行参观，学习酿酒的知识；遗产旅游则是参观一些古代酿酒遗址遗迹和出土酿酒、饮酒的相关器具。

1. 白酒生态旅游资源

生态旅游资源的旅游景观主要为原生态动植物或水源、地貌。社会在不断发展，人们的生活已经从追求物质方面转变为对精神层面的追求。因此，越来越多的人开始向往回归大自然，想要欣赏到大自然的风景，感受原野的风光，了解原生态的地域文化，生态旅游也因此逐渐发展起来。白酒生态旅游可供开发的旅游资源包括两部分：一部分是自然资源，即酿造白酒所需原料的种植基地；另一部分是人文资源，即白酒产区及其周边所具有的独特民俗文化。

正所谓“一方水土养一方人，一方水土酿一方酒”，不同地域拥有的自然和人文环境是不同的，这种不同使得不同地区的酒具备独特的魅力和内涵。对酒的酿造来说，水土不同，酿酒风味也会千差万别。享有盛誉“名酒之乡”的四川，是我国酒文化花园中的一朵奇葩，尤其是以“六朵金花”，即五粮液、泸州老窖、剑南春、全兴大曲、沱牌曲酒和古蔺郎酒为代表的传统白酒汇聚在这里。四川为什么能如此名酒荟萃呢？多因这里得天独厚的地理条件。素有天府之国美称的四川，粮食充足、山多水美、气候适宜，而这里的白酒酿造历史悠久，工艺也极为独特，才使得这里名酒辈出、香飘四海。大概除了热辣似火的麻辣烫、清新优雅的川茶、锦绣明丽的峨眉、鬼斧神工的九寨沟以外，最能体现天府之国精髓的就是醇厚绵长的川酒了。四川的名优白酒众多，泸州老窖就一直是白酒行业的巨头，而泸州老窖的有机原粮基地建设也最能体现白酒的生态旅游资源开发。众所周知，想要酿造出纯正的有机白酒，除了用水天然纯净，采用传统古法酿造以及酿酒使用的有机谷物是必不可少的。泸州特产的糯红高粱从东汉以来就被称为“红粮”，这种高粱和北方所产的白高粱和黄高粱是不一样的，它们并不是为了食用所种植的，是专门为了酿酒而生的。所谓“生南为橘，生北为枳”，之所以这个地区能够种植“红粮”，和这个地区的地理情况是分不开的。早在 2002 年，泸州老窖就提出了建设有机原粮生产基地的设想，随后在泸州开设了相关的试点进行探索，并获得了不错的成果，取得了“无公害原粮基地”认证书和“有机转换产品认证”。在有机原粮基地中有两座紫色山坡“天星山”与“斑鸠山”被看成是这里的核心有机区域。经过数千年的演化和培育，泸州酿造出了绝妙的有机美酒。

对白酒原粮基地的开发无疑丰富了白酒文化旅游资源，进而推动了白酒产业的可持续发展。

除了上述人为创造的生态旅游资源外，还有许多由大自然的伟大力量塑造而成的、人力所不能及的奇妙景观。这些景观是自然美的体现，也是开展旅游的必备条件之一。如我国广大的西南地区，气候温和、物产富饶、山灵水秀，在川黔交界的地带，形成了一条沿岷江、赤水河伸展的“川黔名酒带”，川酒和黔酒就可以围绕着酒文化内涵的核心，打造出系列酒乡生态旅游产品，并组建成一个名酒产地旅游带。

2. 白酒工业旅游资源

目前来看，酒文化主体的工业旅游产品主要集中在葡萄酒、白酒和啤酒的开发上。相对于葡萄酒和啤酒文化，白酒文化更加丰富，也更加富有生命力，可以从两方面总结其原因：一是因为我国的白酒作为世界四大蒸馏酒之一，有着悠久的历史积淀，在我国仅酒厂就有 3 万多家、白酒的品牌就有 1 万多个，还产生了具有代表性的四大香型的白酒酿造代表技术；二是白酒的酿造都是依照古法，因此很多厂家选址就选在了一些自然生态环境良好的区域，这样自然也就为发展旅游事业打下了基础，形成了我国白酒工业旅游的独特资源。从发展的模式上看，白酒文化旅游一般采用的都是厂区观光＋酒文化展馆增识 + 传统现代酿造技术领略＋酒文化遗迹探源 + 购物区消费的模式，比如说四川宜宾的五粮液集团的花园式生态酒厂、辽宁道光廿五的满族传统酿造工艺、四川泸州老窖国窖广场的名优特产购物区、剑南春酒史博物馆和酒坊遗址、贵州茅台酒厂的“国酒文化城”、山西杏花村汾酒集团酒文化博物馆等。

白酒工业旅游模式直接开发出以参观大型酒厂、了解白酒酿造过程为主题的一系列旅游资源，并把工厂建成旅游景点，将酿酒工艺的过程透明地呈现在游客面前。这样一来既兼顾了生产，也发展延伸了酒企的产业链。白酒企业对工业旅游活动的开发，不仅可以为自己带来旅游上的利润，也是对自己家企业文化的一种营销策略，集品牌宣传、培育酒文化和利润创造于一体。拿杏花村汾酒集团的工业园区为例，设计的游览项目十分丰富，包括“成品包装线”参观、“醉仙楼”（工业园林）参观、“汾酒博物馆”参观、“陈年酒库”参观、“复古生产线”参观等。游客在汾酒博物馆进行参观，不仅可以对酿酒的整个工艺流程有一个具体的了解、学习汾酒文化的发展历史，也可以亲自动手体验酿酒的乐趣。其他的比如泸州老窖，也有一条“工业名酒文化旅游线”，整个旅游线路分为三条，开设了 20 多个参观的景点，比较著名的有“国窖广场”“中国第一窖”等。游客除了可以参观酿酒集团的“家底”，比如“百年窖池”“百年古井”“百年工艺”等，也可以参观洞藏文化，这一景点资源的开发为工业旅游注入了新的生命元素，既可以展示企业文化，又能够创收利润；游客也可以在白酒文化工业旅游中找到新的文化元素和乐趣，最终形成了洞藏酒工业旅游。这种新的旅游资源目前可以在四川郎酒、湖南酒鬼酒、贵州青酒等企业参观到，但是总体上还是处于构想的阶段。

3. 白酒节庆旅游资源

在中国，酒文化早已融入人们的日常生活中。每逢一些节日或特殊的日子，我国就会展现出浓郁的酒文化的色彩，世代相沿成习，几乎已成风俗。

（1）重大节日饮酒习俗

纵观中国的传统节日，我们就会发现，其实这些节日都有相应的饮酒活动，可以说是逢节必酒、酒必入节。在正月里，有很多有纪念意义的特色酒，在正月初一、立春、人日、上元、晦日这些特殊的日子里人们也都要饮酒，在这些日子饮酒大多数是一种吉祥、喜庆的庆祝。在正月初一，人们需要饮下屠苏酒，这是为了取得平安清吉之意。人们认为屠苏酒可以去除瘟气，这样能够保佑一家人在这一年健康平安。正月的晦日也就是正月的最后一天不管男女老幼都会在街上沥酒而拜，这种活动是在送穷。在唐代的诗人姚合就有专门写晦日的诗《晦日送穷三首》:“年年到此日，沥酒拜街中。万户千门看，无人不送穷。”这是一种特殊的酒文化现象，十分具有中国特色。我们的民族特点和心态也使得我们做出正月送穷祈富的行为，对这种酒文化的研究也是对古文化的进一步了解。

寒食、清明节也要饮酒，饮的是祭奠酒、悼念酒，也有欢乐酒。比如在《东京梦华录》中就有记载:“四野如市，往往就芳树之下或园囿之内，罗列杯盘，互相酬劝。”“缓人都门，斜阳御柳；醉归院落，明月梨花。”清明时节，春和景明，正是人们踏青游玩的好时节。我国人民在中秋节赏月必然要饮酒，并且这种习俗还是全国性的、全民性的。作为团圆的好日子，在中秋饮酒也代表着团圆的吉祥之意，也可以寄托人们对亲人和故乡的思亲和思乡之情，当然也不乏充满欢庆合家团聚的意义。《东京梦华录》也对中秋进行了记载:“中秋节前，诸店皆卖新酒，重新结络门面彩楼，花头画竿，醉仙锦旆，市人争饮。”在重阳节大家饮的是菊花酒。每年的农历九月九正是重阳节，秋高气爽，正适合郊外登高游玩。在重阳节有三种重要的活动，分别是登高、饮酒、赏菊。登高其实就是爬山，其实就是一种旅游项目，在古代就已经出现了登高这种旅游，既可以健身又可以赏心。人们在赏菊的同时饮酒，将登高游玩赏心悦目的雅兴发挥得尽兴。菊花酒具有延年益寿的功效，当然在重阳节也可以饮桑落酒、桂酒，都有很好的寓意。如此，重阳节的酒文化和登高旅游节自然是一项值得参与的旅游项目。此外，我国重要的传统节日除夕节也一定需要饮酒，首先要洒祭神灵、祖先，然后才可合家欢饮。

（2）人生欢庆饮酒习俗

“喜酒”是婚礼的代名词，置办喜酒也就是办婚事，喝喜酒也就是去参加婚礼。就拿贵州茅台酒的故乡地区为例，贵州是一个多民族的地区，生活着苗、布依、侗、水等民族，这里流行一种十分具有特色的酒俗——交杯酒。只这一种酒俗就分成了三种形式：一种是两个人各持一杯酒，同时将自己手里的酒递到对方嘴边喂下。二是主人和客人都举起自己的酒杯，然后和对方手臂勾在一起，各自饮下自己手里的酒。这两种一般是主人对客人敬酒的一种敬酒形式，交杯也就有了“交情”“交心”的寓意。第三种是大家围坐在酒桌边，每个人都举起自己的一碗酒，然后同时顺向一个方向举到相邻的客人嘴边，一块饮下，这种形式的交杯酒具有心心相印、肝胆相照的意义。

“满月酒”也称为“百日酒”，我国从古代就已经流传下这种风俗，当人们生了孩子之后要在孩子满月的时候摆几桌酒席，请自己的亲朋好友来庆贺，当然来恭贺的亲人自然也不会空手来，会带着礼物或者红包，送上自己的祝福。“寄名酒”这一酒文化习俗是指在古时候，家里的孩子出生了会请人算命，如果算出来这个孩子出生带着厄运、多灾多难，就会把新出生的孩子送到附近的寺庙里，当成寄名和尚或道士，如果家里属于大户人家，还要举办隆重的寄名仪式，在寺庙中拜完法师然后回到家中还要摆酒席，祭祀神祖，将好友亲戚邀请过来参加酒席痛饮。我国一直都有给老人祝寿的习俗，尤其是老人到了 50、60、70 整岁属于“大寿”，家里的子女都要为老人庆贺一番，办酒席邀请亲戚和朋友庆祝，这就是“寿酒”。还有，在我国百姓盖新房子是一件大事，尤其是其中十分重要的一个工序——上梁更是需要纪念，人们在上梁的时候需要办上梁酒，甚至还有些地方存在酒浇梁的做法。等人们的房子盖好，整个家庭迁到新房居住，也需要庆祝一番，这个时候就要办进屋酒，有两个寓意，不仅是为了恭贺乔迁之喜，还有祭祀神仙祖宗的意义。人们如果开张新的店铺，为了庆贺也要置办酒席，这是“开业酒”；店铺或作坊年终按股份分配红利时，要办“分红酒”。

（3）地方名优白酒节庆

①宜宾中国白酒文化节

自 2007 年宜宾成功举办了首届酒圣节后，2008 年，酒圣节被定为宜宾每年一届的节日，于每年 12 月 18 日举行。2011 年，有关人员将“中国宜宾酒圣节”

更名为“中国白酒文化节”。中国的白酒文化节举办的目的是通过搭建文化与产业相互促进的平台，让宜宾的酒产业提升品牌的效益，让包括酒文化在内的整个文化事业和产业进一步发展。

2015 年 12 月 18 日，中国白酒文化节之酒圣祭祀大典在五粮液酒圣山举行。“感天地造化之神奇，悟五粮传承之千年。”祭祀活动以敬黄天、厚土、五谷五粮、祭酒和出祭旗等为主体，大祭司、圣女、酿酒汉子、奉酒列队等角色演绎了宜宾人酿造世纪佳酿的劳动场景。清晨 6 时 55 分，祭祀大典开始，大典由祭旗、祭酒、出酒、群祭组成。酒圣山下八台大鼓，喧天雷鸣，青铜大罄，空灵悠扬；长约两米的铜铸香炉祭拜在山门之口；酒圣山上的幡旗，在晨暮的掩映下猎猎舞动，云烟缭绕；圣女雕像玉雪莹白，手托五粮液，雄狮倚卧在旁，立于酒圣山顶。道家大祭司手秉拂尘，道骨仙风，拂子朝空腾甩而出；酿酒的汉子环抱着陶土酒罐从山门两侧鱼贯而出，抱罐而舞，遒劲有力；手托三江圣水的圣女步履温柔，款款而来，衣袂飘飘。“以三江为证，圣山为凭，乃祭五粮酒圣之灵，昭神州神酒之道。”在请出大酒甑之后，酒甑被奉酒列队沿阶贡上酒圣山，遂“鼓号鸣，圣祖奉，五粮出，祭祀起”。群祭之后，人们举杯祭拜皇天后土，祈福来年风调雨顺五谷丰登，继而开坛起酒，香醇美酒顺酒圣山潺潺流下，“玉液成，酒路通，人间至此有雨露”。最后，在飞舞的烟火和金色的礼炮中，祭祀大典结束。

②泸州老窖国窖 1573 封藏大典

自 2008 年 3 月 23 日首次举办以来，“泸州老窖国窖 1573 封藏大典”一直备受社会各界人士的高度关注，这一盛典也成为中国酒城泸州标志性的文化名片，堪称中国白酒界最高规格的盛典。这一盛典最早是由“浓香鼻祖”泸州老窖发起的，在弘扬中国白酒文化、传承中华文明、展示中国白酒传统酿造技术等方面有着不可替代的影响力。

“泸州老窖国窖 1573 封藏大典”期间，很多来自全国各地的专家学者、艺术大师、文化名人、爱酒人士和收藏人士除了参与大典，还将参加“生命中的那坛酒”大型访谈活动。在活动过程中，嘉宾们分享他们与酒的人生故事，每个故事都映衬着一段难忘的经历。同时，泸州老窖也会为这些到场的嘉宾呈献珍贵的陈年老酒，供他们封藏、定制、分享。让更多热爱中国白酒文化和泸州老窖品牌的尊贵客户可以现场感受国窖 1573 定制酒的魅力。2014 年，适逢泸州老窖荣获万国博览会巴拿马金奖100年，泸州老窖2014国窖1573封藏大典将在传承历年大典传统精粹的基础上揭开华丽大幕，展开为期3天的中国酒城文化主题活动，以纪念泸州老窖荣获巴拿马金奖100年，并弘扬中国酿酒文化，传承中国浓香鼻祖、一代宗师的酿造精神。

③茅台酒节

作为我国大曲酱香型白酒的鼻祖，茅台酒在中国政治、经济、外交、军事等方面均发挥了重要作用，被尊为中国的国酒。每年的农历九月初九，对于国酒茅台，都是一个重大的节日。从这一天开始，茅台人要下沙投料，下河取水酿新酒，这就意味着，在国酒茅台这座美酒的王国，酱香型茅台酒新一轮的酿造周期拉开了大幕。从2004年开始，茅台集团将每年的重阳节定名为茅台酒节，由国酒文化研究会举办祭祀大典，以缅怀国酒先辈业绩、弘扬茅台传统文化。贵州茅台集团每年举办茅台酒节，迄今为止已成功举办了十二届。传承国酒精神，有礼有节，这不仅体现了国酒人对传统的守护与传承，更体现了国酒人对国酒文化价值的深度挖掘和高度重视。茅台酒节昭示了国酒人传承历史、将茅台传统文化弘扬出去的雄心壮志，也是在缅怀先辈，弘扬国粹，自强不息，薪火相传；目的也是在扬国酒之名，传酿酒之法，聚造者之心，出佳酿之志；旨在打造受人“尊敬的世界级企业，享誉全球的国酒茅台”。

总之，中国传统节日丰富多彩，民风习俗五彩纷呈，在不断发展的过程中有的早已消亡，有的却传承不止，而酒则深深根植其中。两者随着不断融合已逐渐发展形成一套传统节日之酒文化体系。现代白酒旅游的开发，若在这方面加以挖掘并造就特色，那么乐在其中、得益其中的不仅只是消费者、开发者，中国的传统文化也会得以继承和发扬。

4. 白酒遗产旅游资源

（1）酒窖

酒坊遗（窖）址，对企业来说非常重要，就像有人突然发现自己是名门望族之后一样，身价倍增。我国有着悠久的酿酒历史，根据现有的考古资料来看，酿酒行业早在传说中的黄帝时期就已经出现了，在夏禹时代继续发展。近几年，我国陆续发掘了四川全兴的水井街酒坊遗址和剑南春“天益老号”酒坊遗址，这几个遗址的发掘让酒文化旅游的价值增加。2004年，剑南春的“天益老号”酒坊遗址被誉为全国十大考古新发现，全兴水井坊遗址在1999年也被列为中国考古十大发现，在2001年的时候被列为全国重点文物保护单位。这两处遗址都是通过文物勘探和发掘出来的。可以发现，这两处遗址都属于“前店后坊”式酒坊遗址，古法酿造的工艺流程都可以在这几处遗址中被再现出来；遗址还保留了很多关于酿酒的建筑遗迹，包括炉灶、粮仓、瓷质酒具、酒窖、蒸馏设施等，同时像一些路基、房屋、作坊等遗迹也保留了下来，并且十分齐全。剑南春“天益老号”酒坊遗址的规模是最大的。

（2）酒器

随着历史的发展，社会经济也在不断发展进步，酒器的制作技术和材料、交期的外形也随着时代的变化而不断发生改变，酒器经过长期的发展已经产生了各种类型。按照酒器的材料又可以将其分为多种，包括青铜制酒器、玉器酒器、金银酒器（唐代金杯、唐代银杯、明代金壶、宋代银壶）、天然材料酒器（木、竹制品、兽角、海螺、葫菇）、漆制酒器、锡制酒器、玻璃酒器、不锈钢饮酒器、陶制酒器（彝族五嘴救护酒壶）、瓷制酒器、景泰蓝酒器、袋装塑料软包装、水晶制品（唐代玉方形杯、玉合杯、玉竹筒形杯）、铝制罐、纸包装容器等。

酒器会根据社会经济的发展和酿酒工艺的进步逐渐创新变革，尤其是到了后期，酒器并不单纯被当作一个盛酒的器皿，已经成为一种艺术品，其艺术价值也在不断增加。如果一件酒器是被挖掘出来的，被证实是古代的文物，那就增加了科学价值和收藏价值。酒器是酒文化的重要组成部分，了解酒器也是在进一步了解酒文化。我们在参观酒类博物馆的时候会发现有一个单独为酒器开设的陈列厅，这里面会陈列着各个时代出土的酒器。不同时代的酒器反映了不同时代的政治、经济和文化特征，并且形成了独特的酒文化，游客通过这种文化能加深对古代的了解。

（3）酒与名人、名作

有很多名酒都是因为名人才打出的名号，比如“何以解忧，唯有杜康”的杜康酒，再比如“智慧人生，品味舍得”的舍得酒。就是因为有了名人的加持，酒文化也更加丰富起来。我们可以从古代的文人墨客到现代的政界要人中听到很多关于名人美酒的趣事，比如东晋王羲之的“流觞曲水”、欧阳修的《醉翁亭记》。我们读欧阳修的《醉翁亭记》，可以从中感受到一股酒气。无酒不成文，无酒不成乐。天乐地乐，山乐水乐，皆因为有酒。“树林阴翳，鸣声上下，游人去而禽鸟乐也。然而禽鸟知山林之乐，而不知人之乐。”“明月几时有，把酒问青天。”作为著名的文学家，苏东坡对酒的热爱可见一斑，从他的诗中我们可以想象出一抹嗜酒如命和风度潇洒的文人形象，也可以从中见到李白和白居易的影子。我们可以从苏东坡的诗和词中品味出其中的酒味。李白更是嗜酒如命，他的很多诗歌都离不开酒，如果将他作品中酒的部分拿出来，整体上会觉得少了点什么。如此多的关于酒的文学作品和名人名事都能作为白酒文化旅游的优秀资源，各地的白酒文化旅游资源要巧妙地将名人名作和酒联系起来，增加旅游资源的吸引力。

（4）酿酒工艺

不管是传统的手工酿造工艺还是现代的酿造工艺都属于宝贵的酒文化资源，能够吸引无数游客前来参观。游客在参观游览的时候也可以对酿造的整个流程工艺更加熟悉，比如游客到山西杏花村汾酒集团酒文化博物馆参观，不仅可以对酿酒的整个工艺流程进行了解，还可以亲自体验一下酿制的过程，亲自参与酿酒。这样将游客的参与度提高，可以满足他们的猎奇心理。

5. 白酒养生旅游资源

近几年开始流行喝葡萄酒的养生方法。但是人们如果想到喝酒有什么危害，最先想到的就是白酒度数高，容易出现各种问题。我国有的地区拥有独特的“酒文化”，讲究“感情深一口闷”，如果没有喝醉反而被认为是不尊重人的表现，甚至经常会出现过量饮酒伤身的情况。这种情况下，人们对白酒的复杂酒体体系中对健康有益的、可减轻酒精伤害的另一部分生物活性成分不大了解。其实大部分人不知道的是，白酒生物活性成分堪称世界酒类之最，已经达到了 1500 种左右。

白酒养生功效大，相比葡萄酒有过之而无不及。若使用适量，白酒不仅能补充人体所需要的营养元素，而且还可以促进消化、保护心血管等，不论是从饮食方面还是药用方面，白酒的养生功能都不容小觑。

白酒养生旅游是基于酿酒资源周边的良好生态环境发展而来的。随着社会压力的不断增大，白酒养生文化旅游产品是现今社会最紧需的一种旅游形式，是老年人和度假疗养人士的好用品。黑龙江省的富裕县是当地的名优酒产区，这里的酿酒工艺和文化将蒙古族、达斡尔族、苗族、汉族等多个民族的文化都融入进去，人们也称富裕县为“酒城”。这里的龙头企业就是富裕老窖酒业有限公司，也正是这个企业让富裕县的“酒城”之名被叫起。这家企业荣获各种荣誉，包括“中华老字号”“国家地理标志保护产品”和“黑龙江省非物质文化遗产”等，同时这家酿酒公司不仅传承了黑龙江省的古老年酿酒工艺，还掌握了先进的现代化酿酒技术。一个酒厂如果想要酿出好酒，光有工艺是不行的，还要选择一个好地方。富裕县属于没有被污染的生态产区，空气清新、环境优美，整个县城的面积不大，县城的北部通向国家级旅游区五大连池，向南是齐齐哈尔市，两地只有 60 千米，周边还挨着扎龙丹顶鹤自然保护区和世界级湿地公园，如此得天独厚的生态环境和地理位置，正适合酿酒工业的发展。富裕县内有多条河流，其中两条天然河流分别是嫩江和乌裕尔河，还有两条人工运河。嫩江上游的乌裕尔河，被世界环保组织认定是一条没有污染的河流，因此富裕县酿酒用的水就取自这里。“水为酒之血”，可以看出酿酒的水源十分关键，会对酒的风格产生影响。经过对乌裕尔河水的检测，这里的水质酸碱适中、硬度小，里面还含有各种有益的元素，河水十分清澈，用这样的水酿出来的酒，天然带着独特的风味。另外，这里还十分适合养生，因为这里的水、土壤、气候、温度形成了独特的生态环境，如果酿酒工艺离开了这里的环境，就不会有现在的质量。这里天然的环境和资源成就了最为纯粹的白酒，人们也可以到这里休闲养生、涤荡心灵。

（二）中国白酒文化旅游资源价值

旅游资源评价可以说是旅游规划的基础，只有对旅游资源有一个科学的认识和掌握才能有正确的旅游资源规划和开发。文化旅游资源的价值构成包括两部分，分别是使用价值和非使用价值。文化旅游资源被使用时或者消费时满足旅游者某种需要或偏好的能力就是使用价值，这一价值包括经济价值、科教价值、观赏价值；游览参观点资源的内在属性是非使用价值，不管人们是否使用、怎样使用都和非使用价值没有关系，它包括文化价值、社会价值和环境价值。

无论是使用价值方面还是非使用价值方面，中国白酒文化旅游资源都极具特色价值和开发意义。

1. 白酒文化旅游资源的丰富性

数量的丰富性：我国有将近四万家白酒企业，更是有着大量的白酒品牌，有一部分像茅台、五粮液、剑南春等属于全国性的品牌，但是剩下的 99% 是地方品牌。无论全国性品牌还是地方性品牌，几乎都形成了一种共识，就是要做白酒必须做文化，也就是所谓的“酒文化”。大到几百几千人的酒厂，小到几个人的“作坊”，都在大打文化牌。有的虽牵强附会，但多数酒企的确有文化可作。

价值的丰富性：白酒文化旅游资源是精神文化与物质景观巧妙组合、现代文明与传统文化多元整合、高雅文化与民俗文化包容并存、传承意识与创新风范兼顾恪守的产物，不仅具有丰富的观赏价值、科教价值和经济价值，还具有广泛的文化价值、社会价值等。

2. 白酒文化旅游资源市场的广阔性

我国的国际旅游和国内旅游在近几年都有了飞速发展。我国的入境游客数量正在逐年上涨，并且位于世界的前位。我国的国内旅游在 2008 年达到人均出游超过一次，这还是最困难的年份，市场规模属于前列。其中，文化旅游产品上涨的趋势十分迅速，越来越受到人们的欢迎。很多外宾和外国的政要都来到五粮液的酒厂进行参观。法国驻成都总领事杜满希先生到五粮液参观后，就曾建议五粮液可以借鉴“波尔多模式”发展自己的酒文化旅游。

3. 白酒文化旅游对中国白酒走向国际烈性酒市场具有重要意义

我国的白酒要走向国际化的发展道路，实现这一战略目标的前提是将我国白酒品牌的国际影响力不断提升，对行业加大监管的力度，让我国的白酒特色在未来的国际市场上争取来更大的空间。但是怎样才能使我国的白酒品牌提升国际影响力呢？其实最为关键的是让白酒文化的内涵更加丰富，并加大推广的力度。现代的产品进入了严重的同质化时期，如果白酒只有优秀的品质却没有文化内涵是创造不出人人熟知的品牌的，因此可以让白酒和文化联系在一起，让文化作为白酒的灵魂和生命，才能使品牌做起来。

在新时代的品牌竞争，说白了就是在竞争品牌文化。只有让产品的品牌文化和目标的顾客群的需求、行为以及文化相符，才能获得竞争的优势。我们的白酒企业发掘出来的文化和本身的产品特点相适应，并且得到了顾客的喜爱和认可，这就让两者之间产生共鸣，并建立起品牌和消费者的情感关系，让顾客对品牌更加具有忠诚度，这些又都是竞争者没有的，那么就会让我们的白酒文化吸引一批外国消费者。

旅游业本身具有体验感知性强、覆盖面广的特点，可以帮助树立宣传地域形象、产品品牌以及地方的人文事项。经过对国外酒文化的发展经验研究，再结合旅游业的发展状况，产业融合发展是一个趋势。我们一提到葡萄酒自然也就首先会想到法国的波尔多地区，这里不仅可以品尝美酒，也是一个绝佳的旅游胜地，这种地域形象和产品品牌的融合让当地的旅游业和葡萄酒行业实现了双赢。

二、中国白酒文化旅游实例——以五粮液为例

（一）现有旅游产品

1. 类别及产品代表

如表 5-2-1 所示，为五粮液的部分旅游产品示例。

表 5-2-1　五粮液旅游产品示例

酒文化旅游产品类别	五粮液旅游产品代表
酒文化建筑	东大门广场、奋进广场、日月宫、果酒公司办公大楼、荣誉馆等
酒文化雕塑	参天大树、五粮神女、饮品八仙、杨惠泉等
酒文化园林	安乐泉、五粮液大道、世纪广场等
酒文化博览馆	五粮液文化博览馆三大展厅、五粮液金杯林等
酒文化艺术品	五粮液包装、装饰艺术品等
酒系列商品	五粮液老酒、五粮春、五粮液 1618 等

2. 五粮液部分景区

（1）金杯大道景区——金杯长廊闪荣光

五粮液金杯林是五粮液自 1915 年获巴拿马万国博览会金奖以来，荣获 40 多项国内外金奖中的 20 多尊奖杯的铜铸模型走廊。这一条走廊长度达到 300 米，曲径通幽。走在其中，抬头就可以看到闪闪发光的金杯，充满了厚重的荣誉感。

走廊中间有很多汉白玉制成的浮雕像，在走廊的东面是晚清举人杨惠泉的浮雕像，五粮液的名称就是他命名的；西面是五粮液酿造技术的传人邓子均的浮雕像，邓子均就是用的陈氏秘方酿造出的五粮液；南面雕刻着五粮液集团的公司之歌；北面的这幅浮雕是勾兑技术的创始人范玉平。这三位五粮液发展中的重要人物只将他们的出生日期刻上去，但是没有刻上逝世的日期，这一细节体现了五粮液人将这些功勋人物永远铭记，要让这几人活在人们心中。最上面挂着四面五粮液的厂旗。

这里有一座米黄色的古堡式建筑，其构思设计独具匠心。在这座建筑中的一

层，设有一间雅堂，整体风格平淡不张扬，在门前放着三尊五粮液重要人物雕像。

第一座是邓子均的花岗石坐像，他在中华人民共和国成立之初就将五粮液的秘方贡献了出来，在基座上刻着铭文曰：邓子均（1877—1959），宜宾人，五粮液秘方第八代传人，其技艺出类拔萃，酿造的杂粮酒（五粮液前称）于 1915 年获巴拿马万国博览会金奖，名震全球，并于 1909 年注册了五粮液第一代商标。1952 年年逾七旬的邓子均先生献出了祖传数百年的陈氏秘方，并担任酿造五粮液的技术顾问，为五粮液的发展作出了卓越的贡献。

第二座雕像是宜宾晚清举人杨惠泉的汉白玉立像，正是杨惠泉为五粮液起的名称。他的基座铭文如下：1929 年秋，杨与邓子均出席宜宾团练宴会，各界名流雅士、文人墨客会聚于此。席间，饮品杂粮酒，满堂喝彩，杨惠泉赞誉绝代佳酿而鄙其名不雅，故曰集五粮之精华而成玉液，何不更名为五粮液。语出惊四座，称妙叫绝，妙在酒名不言酒，绝在酒名诗意中。五粮液酒名从此问鼎世界，名扬天下。

第三座雕像是勾兑专家范玉平的无字青铜立像，他在中华人民共和国成立后担任五粮液酒厂的勾兑专家。在博览馆的大门左边的墙壁上也刻有内容，是一首关于五粮液的诗，由著名作家从维熙所作："香了一条大江，醉了一条大江。香得山高水长，醉得地久天长。香有香的名堂，醉有醉的文章。只因为，大江源头一壶琼浆；香了醉了，天下三千年时光。"

（2）东大门景区——五粮神鹰迎远客

在十里酒城的东边是东大门景区。这个景区囊括了很多现代化的建筑、雕塑和园林，也有很多文化气息浓郁的各种艺术形式，场景十分宏大，正是对五粮液集团公司企业的气魄和形象的展现。

①旗场

旗场坐落在东大门的广场南面，这里竖立着集团公司和子公司的 25 面旗帜。最中央是集团公司的大旗，两边的是子公司的旗子，在旗杆下面还放着四尊威武高大的护旗卫士雕塑，旗帜的排列顺序按照子公司的业绩决定，只有业绩好的子公司旗帜才有机会接近集团公司的旗帜，如果业绩差的话只能放在边缘的位置。

②东大门

在五粮液的东大门上，矗立着一面五粮液巨型不锈钢厂徽，整个厂徽的直径达到了 18.5 米，组合下面的雄鹰展示就有 36 米长，重量可达 300 吨。五粮液的东大门也被称为“国内企业第一门”。整个大门由建筑和雕塑组成，大门的基座是两组五级花岗岩阶梯形建筑，上面是不锈钢的“V”形雄鹰；再往上是厂徽的而另一部分，呈圆形，五级阶梯建筑节节向上，这里就象征着五粮液蒸蒸日上，远远看去就像圆形的厂徽跨驾雄鹰展翅飞翔，这一形象又寓意着五粮液集团公司奔向世界。鹰的形象有多重含义，首先是英文“VICTORY”胜利的缩写“V”。法国有“凯旋门”，中国的五粮液就有“胜利门”，整体构成了雄鹰展翅、旭日东升的形象。

整个大门意喻企业“内外同心，集杂成醇，有容乃大，酒奉天下”的文化理念。从门前看基座略高，五粮液雄鹰已腾空而起；从门后看基座略低，五粮液雄鹰展翅欲飞，令人叹为观止。（图 5-2-1）

图 5–2–1　五粮液景区东大门

③五粮液广场（东大门广场）

进入东大门，也就来到了东大门广场，这个从广场的面积达到了 1 万多平方米。广场上布置了很多鲜花，车来人往，十分热闹。在北面的草地上，设计了中英文的园艺造型，分别是“热烈欢迎”和英文版“Welcome”；在西面，矗立着正在弹琴的人面鹰身吉祥物，也是代表欢迎游客的意思；广场的北面放着《以此为镜》雕塑，整体的制作材料是不锈钢架和花岗岩。这里的雕塑上的内容为：“敬业奉公，精艺克靡，我们为消费者而生而长，先天下消费者之忧而忧，后天下消费者之乐而乐，如此而已，别无他求。”

（3）奋进塔景区——千里神马铸精神

位于五粮液酒厂东部，陈设着“万吨粮仓”“奋进塔”“五粮液包装车间（第一包装车间）”“五粮液史话”青石浮雕等现代建筑艺术品，另外还设计了几个诸如“饮中八仙”“无题”等酒文化雕塑。

①奋进塔

奋进塔整体的高度达到57米，迄今为止是国内最高的企业精神形象雕塑，这座塔的造型十分精妙，并且蕴含十分独特的内涵。奋进塔的具体位置在广场中部建造的池中，并不是单个的柱子造型，而是由五根长短不一的多面柱构成，这一造型的寓意代表五粮液的五种原料，不同的长短代表不同的配料比例；最下方的池水代表五粮液的琼浆，这一设计增加了活泼感，虽然十分简洁，但是十分生动。在塔的上半部分塔肩处放着一面时钟，这代表着岁月和时间；塔的顶端雕刻着一匹凌空扬蹄的骏马，代表着集团本身，在时钟之上跃起，也有着深刻的寓意，代表五粮液集团时刻都在和时间赛跑，时间是不会停止的，也就说明集团的前进之路也不会停止，生生不息、永无止境。（图5-2-2）

图5–2–2　五粮液景区奋进塔

②《五粮液史话》浮雕

《五粮液史话》浮雕是出自王国春创意，由叶毓山、江碧波合作制成的，属于我国最早的酒文化浮雕。这面浮雕位于奋进塔的东侧，整体的形状是环形的，并形成一条长廊；浮雕全长63.2米，高1.5米，整体可以划分成16个章节，包括人勤耕、僚人铜鼓、武帝赞、茶马互市等。浮雕的整体展现出宏伟的气势，并且依据巧妙的构思精雕细琢，展现的人物栩栩如生，也将五粮液的历史发展和时代的面貌更加艺术化地展现了出来。

③五粮液包装车间

五粮液包装车间，是一系列仿古塔楼式的建筑，绿瓦黄檐，一共有八层。整个建筑由主塔楼、副楼、小塔楼组成，主塔楼上矗立着主楼，副楼上坐落着三个小的塔楼，几个建筑遥遥相望，相映成趣。同时五粮液包装车间也是一栋集现代化生产功能与古典艺术风格于一体的特殊建筑，之所以在主建筑物上修建塔楼，是因为流水线包装需要大量的水，同时酒的储存必须选择高位，而副楼顶上塔楼，其实就是一个经装饰过的高位水箱，整体构思奇妙、气派壮观。

（4）鹏程广场景区——五粮事业显鹏程

①五粮液瓶楼

五粮液瓶楼坐落在鹏程广场东边的高台上，整个形象就像是一个巨大的五粮液酒瓶，它的对面就是酒圣山，代表着中国酒王的形象；整个建筑高度达到 66.8 米，最底部的直径也有 26 米，在世界上都属于最大的瓶形建筑物。在中间主瓶楼的两边还各建有一个小瓶楼，三个建筑构成了品字的形状。这一构思有着深刻的含义，代表要给消费者献出高品位的五粮佳酿，并且也要奉献给社会。整体的设计十分精妙。瓶楼的中心位置有一部工作电梯，坐上这部电梯可以直接上升到瓶盖的部分；电梯间的外面也有阶梯，可以盘旋而上，瓶肚的七层楼都可以通过这个阶梯到达。

瓶楼代表着五粮液集团，属于形象工程。通常这个楼并不是单纯作为形象工程，还是一个重要的综合性生产大楼。在这座楼的底层建造着一个抽水站还有一个化验中心；塔的中部属于集团的配电总站，并且配有微机全自动化配电监控中心，控制着酒城的 24 个无人配电站；楼的顶层其实是一个高位水塔，可以容纳 1600 吨的水。这座瓶楼可以被看成是集团总的能源部。另外，瓶楼还可以为岷江对岸的菜园坝二级机场导航。本身瓶楼的建筑十分高大，并且瓶身的色彩也十分艳丽醒目，在瓶身上还写有五粮液的红色大字的标志，完全可以为飞机导航所用。（图 5-2-3）

图 5-2-3　五粮液瓶楼

②鹏程万里（人面鹰身雕塑）

这面人面鹰身的雕塑坐落在瓶楼的前面，闪烁着银光，属于五粮液的重要标志。这座雕塑集“人的智慧，鹰的力量”于一体，整体形象是一个展翅高飞的雄鹰，体现了万里鹏程的寓意。在雕塑的下面建有一个斜坡，摆放着各色鲜花，并且五粮液的厂旗和厂徽都在这里。在雕塑的两侧是 28 级长阶直下广场，广场上摆放着“神州”“神酒”的园林造型。

③五粮瑶池

五粮瑶池就建在鹏程广场的中部，在水池还设有喷泉，在池中还建有五位洁白如银的五粮神女，分别代表酿制五粮液的五谷之一，故为“五粮神女”。喷泉闪射，飞珠溅玉，水雾迷蒙，宛若仙境。池旁一石，上书五粮液集团总裁王国春“鹏程广场”目录；广场两边，绿拥翠环，大道集结，“掌上明珠”“世界人民喜赞五粮液”及获奖金杯雕塑点缀其间。整个景区建筑与雕塑互相映衬，浑然天成，韵味悠远。

（5）安乐泉景区——天赐清泉流不尽

安乐泉景区坐落在十里酒城的中间地带，属于这个区域中最大的中国古典式园林。景区中包含各种建筑和雕塑，包括黄庭坚青石雕塑、碧春湖假山、“涪翁楼”“呼泉亭”“奔流桥”（纪念北宋诗人黄庭坚）、瀑布、“曲水流觞”等。其中建有很多方亭、怪石，有湖光山色，也有鲜花、竹林，整体十分清幽静谧，十分值得一游。（图 5-2-4）

图 5-2-4　安乐泉景区

五粮液生产所需要的水有一部分就是从安乐泉处取得的。通过史料，我们知道几百年前的“姚子雪曲”就是从这里取的水才酿成的。到了今天，这里仍然可以在每天产出数万吨的泉水供五粮液使用。

①安乐亭（涪翁楼）

安乐亭也称为涪翁楼，这座建筑是一座八角式的仿古建筑，共有八层，属于典型的我国古典建筑。这座亭子的左右亭柱上写着黄庭坚《安乐泉颂》和《醉落魄》诗。在一边的壁春湖畔还建有黄庭坚的青石雕像，这座雕像的形态是黄庭坚右手拿着笔、左手拿着书，正在仰天沉思，准备妙笔生花。雕像制作惟妙惟肖，情景出神入化。

②呼泉亭

在碧春湖的旁边建有一个“呼泉亭”，亭子的门柱上有对联：香醪甘洌三酿而来实人力；清泉甜凉一呼即至乃天赐。

③曲水流觞

“曲水流畅”建在醉翁楼之前的醉心湖的旁边，整体呈现九曲的形状。这条“曲水流觞”还有一个典故，说黄庭坚和很多友人在这里休憩玩耍，特地引来了溪水，这条溪水蜿蜒流淌，黄庭坚等人就将酒杯放在水面上漂流，如果酒杯停在谁的面前，就该谁饮酒并赋诗一首，因此被称为“曲水流觞”。

（二）白酒文化旅游体验项目

1. 五粮液十里酒城体验之旅

（1）五粮液厂区观光旅游

在五粮液厂区观光旅游，参观五粮液酒厂的一些著名建筑，如五粮液十里酒城十大景区等，能让游客亲身体验五粮液酒厂的酒文化建筑。

（2）五粮液酿造工艺旅游

打造酿造工艺旅游。游客通过参观五粮液果酒储藏车间、酿酒车间和包装车间等，亲身体验五粮液的酿造工艺，感受五粮液酿造工艺的精湛。

（3）五粮液酒文化博物馆旅游

推行博物馆旅游。游客通过参观五粮液酒文化博物馆的三个展区，亲身体验五粮液的发展历程并且感悟五粮液独具一格的酒文化内涵。

2. 宜宾酒文化节庆旅游

通过开启酒文化节庆旅游，让游客在酒类节庆中感悟五粮液的白酒文化。

（1）宜宾“酒圣节”

宜宾在2007年首次举办了“酒圣节”，之后这个节日被确定为当地的首个法定节庆日，同时也被评选为“四川十大名节”。

酒圣节主要以酒圣祭祀大典和“曲水流觞·歌赋书画赞酒都”活动为主体，突出了祭祀的“祭”和酒圣的“酒”字，用来敬献黄天、厚土、五谷五粮及祭酒和出祭旗等为主体的系列祭祀活动能将宜宾人在酿造美酒的劳动场景展现出来。“曲水流觞·歌赋书画赞酒都”活动则是酒圣节的另一个亮点，以宜宾人文风情、酒文化为主题，知名书画家现场挥毫泼墨、渲染氛围，再配以古琴、民乐和拳术表演，烘托出宜宾酒文化的历史氛围。而与前几次不同的是，此次“曲水流觞·歌赋书画赞酒都”中还会根据2010年华夏酒歌比赛中的优秀歌曲《美酒圣地》《相约酒都》等十首酒歌，约请和组织数十名歌手参加酒歌演唱会，进行演唱推广传唱。

酒圣节期间当地还举行五粮液“12·18”厂商共建共赢大会、“中国酒都”论坛——中外酒文化对话、“五粮液号”首航仪式、宜宾知名酒类企业电视展、第三届酒都圣女风采大赛、焰火晚会、网上酒圣节、五粮液厂商共建共赢晚会等一系列活动。

（2）中国白酒文化节

宜宾会在每年的12月举办中国白酒文化节，在活动上除了会开展酒圣祭祀、高峰论坛，同时也会增加一些新的活动，比如模特文化展示、“三名”（名优美食、特色小吃和名优特色产品）评选授牌仪式及美食品尝等多项活动。

另外，在白酒文化节日中，在宜宾合江门地标广场还会举行醉狮表演，也会表演醉拳、醉棍、醉刀、醉剑等；在节日期间，会举办星光大道情歌欢唱会，将参加过星光大道的草根明星邀请过来一起庆祝。

（3）宜宾其他关于酒文化的学术活动与文艺活动

宜宾酒产业酒文化研究中心、五粮液酒文化研究会、宜宾学院中国酒文化研究中心等学术机构，开展了丰富的学术研究活动，促进了以五粮液为核心的宜宾酒类企业的酒文化传播与发展。

以五粮液为代表的七户企业开展了企业酒文化建设。五粮液著名企业歌曲展播、企业文化故事等创新了酒文化传播形式。红楼梦酒业与新版电视剧《红楼梦》剧组开展了战略合作；五粮液集团与中国人民解放军总后勤部电视艺术中心合作的大型电视剧《大酒商》已在宜宾开机拍摄。华夏酒业举办了“华夏酒歌会”，高洲酒业举办了“金潭玉液国际巨星演唱会”，这两场演唱会带来的反响都不错。宜宾的酒类生产企业不遗余力地推动自己的企业文化走向丰富，并将自己的品牌内涵和地缘特色结合起来，加大了自己品牌的宣传。

第三节　江西茶文化旅游研究

一、茶文化旅游的类型与原则

（一）茶文化旅游的主要类型

近几年国内旅游业和茶产业发展十分迅速，越来越多的人开始对茶文化资源作为一种新型的旅游资源提出认可，全国多地对于开发茶文化旅游都表现出了极大的热情，各种茶旅产品百花竞艳，大致可以分为以下四类。

1. 自然风景

由于茶叶对环境的要求极高，大多数茶区的自然风景十分迷人，茶园本身便是不可多得的旅游资源。特别是名茶原产地，既有着得天独厚的自然条件，又有着深厚的文化氛围。近些年来，不少产茶区纷纷开发观光茶园，成为都市人休憩的好去处。

（1）名茶原产地旅游

我国名茶大多位于环境优雅的风景名胜区，在漫长的历史时期，积累了丰富的历史文化内涵。为了扩大影响，各茶产地利用现有资源，大力开展茶文化旅游产业。作为世界自然和文化遗产，武夷山拥有众多溪流河山，九曲回旋，俨然一片山水乡国，形成了基础绝妙且稀有的自然景观。虽然武夷山的很多古代文明都已经消逝了，但是我们可以从遗留下来的“古闽族”“闽越族”文化遗存窥见古时的文化风貌。武夷山是武夷岩茶的原产地，具有十分悠久的历史，这一独特的岩茶具有自己的文化内涵。在这里的茶文化景点包括水帘洞古代制茶作坊、有御茶园遗址、武夷茶事石刻等。不仅武夷山的岩茶有自己的独特风景区，我国其他名茶如西湖龙井茶、安溪铁观音、洞庭碧螺春、黄山毛峰、信阳毛尖、都匀毛尖等都有自己的茶文化旅游景点。

（2）观光茶园

观光茶园是把观光旅游与茶园结合在一起的一种旅游活动。一般是在城市近郊或风景区附近开辟特色茶园，让游客采茶、制茶，享受田园乐趣。观光茶园利用茶园景观、自然生态及环境资源，结合茶叶经营活动、茶文化及家庭生活，经过规划设计与建设，使游人体验茶园及茶农生活，达到休闲、观光、娱乐的目的。

我国华东、华南、西南等地盛产茶叶，其中不少被开发成观光茶园，吸引了很多游客前来游览。观光农业近年来发展迅速，久居城市的人们，更愿意在闲暇时回归大自然，到田野中享受泥土的芳香、寻求心灵的平静，油菜花田观光、果实采摘、庄稼劳动等成为都市白领青睐的活动。生态茶园已成为生态观光农业中的一个新亮点，是集茶园观光、茶艺表演、自采和自制茶叶、餐饮娱乐购物等于一体的新型休闲观光场所。

在我国广东的英德茶趣园，依托茶叶良种示范基地，设计了观赏茶园风景、讲解茶文化知识、安排采茶、制茶、茶艺表演、品尝茶餐、销售名茶和茶具等一系列活动。游客在欣赏优美茶园风光的同时，还能从茶事劳动中获得乐趣。

（3）茶事井泉

茶与水的关系密不可分，“欲治好茶，先藏好水”。好茶与好水相得益彰，相生相伴，但凡出产名茶的地方，便有名泉名井。但凡有名泉名井处，便有着许多风雅的茶事活动。随着茶文化旅游的兴起，历史上的名泉名井也成为旅游热点。

庐山谷帘泉、西湖龙井泉、虎跑泉、济南趵突泉、镇江中泠泉、北京玉泉、长江金沙泉等名泉都是文化底蕴极深的茶事井泉。被陆羽誉为“天下第二泉”的无锡惠山泉是历代文人钟爱的泉水，许多文人墨客、达官贵人纷纷到此品茗游玩、题咏不绝，使惠山成为远近闻名的旅游胜地。

（4）古茶园

中国是茶树的原产地，中国的西南地区，包括云南、贵州、四川被确认是茶树原产地的中心。如今，在西南地区还保留着大片的古茶园，这些古茶园是茶起源于中国的有力佐证，也是珍贵的旅游资源。云南西双版纳大力开发了古茶园游，易武、倚邦、攸乐（基诺）、漫撒、蛮砖和革登等六大茶山风光迷人，少数民族风情浓郁。景迈山古茶园被国内外专家学者誉为“茶树自然博物馆”，是世界上保存最完好、年代最久远、面积最大的人工栽培型古茶园。

（5）茶文化主题公园

茶文化公园占地面积大，风景优美，通过游园的形式，使游客可以获取相关的茶文化知识，欣赏到自然美景。近年来各地纷纷修建茶文化公园，如浙江江山、余姚、安吉、江苏茅山、福建仙游和福安、江西上饶狮山、贵州贵定、广东大埔、四川成都茶店子、云南普洱市佛莲山等地修建了风格各异的茶文化主题公园，吸引了大批游客前往游览。

2. 文化古迹

先民留下来许多遗迹、遗物和遗址，这些遗留物就形成了历史古迹，见证了漫长的历史。作为我们先辈的宝贵遗产，这些古迹属于不可再生的资源。我国具有悠久的产茶历史，在不同历史阶段，不同领域留下了数不清的茶文化古迹。

（1）茶文化遗迹旅游

我国饮茶已有数千年历史，现仍保留着不少古代栽茶、制茶、评茶、制作茶器、进行茶事活动的场所遗址。这些茶文化古迹是茶文化的物质载体，能满足人们探古寻根的求知欲望。随着茶文化的弘扬，各地对茶文化古迹纷纷加以保护和开发。湖州的茶文化历史久远，现存遗址有陆羽墓、三癸亭、大唐贡茶院等。湖州是茶圣陆羽的第二故乡，唐朝上元初年，陆羽隐居湖州苕溪，撰写了世界上第一部茶叶专著——《茶经》。陕西法门寺茶具博物馆展览了法门寺出土的唐代宫廷金银茶具；福建武夷山修复了元代贡茶院遗址和古代茶事摩崖石刻等茶文化古迹，使之成为游客访古寻根的好去处。

（2）茶古道游

茶古道不仅是茶的运输通道，也是民族、国家之间友谊的桥梁。这些茶古道是非常重要的茶文化旅游资源，沿途有着数不清的美景和古迹。如今，一些茶古道的价值得到了大众的认可，成为含金量极高的旅游产品，其中最具代表性的有西南茶马古道、中俄茶叶之路和海上茶叶之路。为了重现人类历史中的重要轨迹，许多地区联合起来进行开发，重新开启伟大的茶叶之路。

2013 年 4 月，由内蒙古茶叶之路研究会、二连浩特市人民政府主办的重走“茶叶之路”系列活动拉开了帷幕。其中，有 120 峰骆驼的队伍直接从二连浩特出发，徒步行走 8 个省市和自治区，最后再返回到二连浩特，接着再由车队接棒骆驼队再次出发，行过 12 个国家，最后一站是法国巴黎，在那里参加“世界茶叶大会”及“中国茶叶宣言”。2013 年 12 月 28 日，云南、四川和西藏三省区申报了中国茶马古道世界文化遗产，在首次联席会议上，参会的人员共同签署了《丽江宣言》，并针对茶马古道申报世界文化线路遗产工作进行热烈研究和讨论，为推动茶马古道文化的传承和保护以及弘扬工作献计献策。

与此同时，宁德、泉州、厦门、宁波等地为申报“海上茶叶之路”世界文化遗产争得不可开交，一片沸腾。相信在不久的未来，茶古道会成为炙手可热的世界级旅游热线。

（3）茶人足迹

著名茶人的足迹也成为众茶人的旅游目的地。各地纷纷开辟了茶圣陆羽足迹游，一些地区为《茶经》写作地争得面红耳赤。为了纪念吴觉农，上海兴建了茶圣吴觉农纪念馆，馆内陈列着当代茶圣吴觉农先生生前从事革命和茶叶事业活动的两百余幅珍贵照片和文稿、书籍等实物资料，并通过图片、文字、实物简洁明快地介绍了吴觉农光辉的一生，也表达出了茶人对茶圣的敬仰之情。吴觉农故居位于浙江上虞，上虞龙山是吴先生的长眠之处。龙山地处百官东南，西邻曹娥江，风景秀丽。碑额为陆定一题写，基座上刻着先生的生平事迹。许多茶人怀着崇敬的心情来到上虞参观，并为先生之墓敬上一束鲜花。

（4）茶具遗址

茶具遗址指的是历史上茶具生产、加工的场所，如江西景德镇古窑、吉州古窑，福建宋代建窑遗址、江苏宜兴紫砂茶具古龙窑遗址等。古人十分讲究茶具，宋代流行斗茶，建窑、吉州窑所生产的黑釉能衬托茶沫的洁白，为世人所痴迷。名茶与名窑往往相生相伴，如武夷岩茶与遇林窑址、浮梁仙芝与景德镇古窑、宜兴阳羡与紫砂古窑均是天作之合。一些地区在开发茶文化旅游时，参观古窑是不可或缺的项目。

3. 特色建筑

建筑是建筑物和构筑物的总称。茶文化特色建筑主要的用途就是来喝茶休闲，在建筑内外包括室内设计、图案、功能和装饰等都能将茶文化的主题展示出来，其目的就是将茶文化展现在人们面前。

（1）特色茶馆茶楼

茶馆茶楼是茶文化的物质载体和表现形式。在很早以前，茶馆就为人们的生活和交流提供载体，在这里人们可以交流各种信息和知识，也给人们提供一个身心休息的场所，为大众传播和民事活动提供诸多帮助。茶馆已成为人们生活中不可缺少的重要场所。茶馆在城市旅游中占据着重要地位，不仅是人们停顿休憩的场所，也是感受纯粹地方文化的窗口，不少茶馆有着原汁原味的地方戏曲表演。茶馆又被称为“阳光下的交际场所”，很多人把茶馆作为休闲和人际交往的纽带与场所。目前全国有 5 万多家各类茶馆、茶楼、茶坊、茶室，在一线大城市诸如北京、上海、广州、成都、杭州等城市的茶馆、茶楼最多。

现代的茶馆不仅仅只是品茶的场所，其经营已经扩展到将传统文化和现代功能相结合的特点。在这里可以孕育和传播精神文明，也可以交流大众文化，比如到处都是传统文化的内容，还会表演各种茶艺。比如上海的湖心亭茶楼，这座茶楼在明代嘉靖年间就已经建成了，直到清代的咸丰五年将这里开设成茶楼，经过百年的变迁，这里一直飘满茶香。这座茶楼的建筑充满了传统的特色，外观飞檐斗角、玄瓦朱窗，在内部摆放着红木桌椅，用的茶壶是紫砂茶具，顶上悬挂宫灯，墙壁上也悬挂了很多名人字画，是名副其实的观光、品茗的好去处，被称为“中华第一茶楼”。

成都素以餐饮文化发达著称，餐有川菜、饮有茶馆，故有“食在成都、饮在成都”之说。“头上青天少，眼前茶馆多”，成都人爱到茶馆饮茶，这便形成了众人聚集同饮的盛况，如人民公园的鹤鸣茶社便有上千张竹椅。“一城居民半茶客”，喝茶是品味成都的最佳方式，“慢下来，走进来”这样的招牌时常在茶馆出现，闲适的茶馆是成都慢步生活的意象。茶馆保留着历史文脉，是城市风格的外在表现和依托载体。在茶馆，人们可以欣赏到变脸、喷火、吹灯等四川绝技。在茶馆，可以窥得众生相，人们搓麻将、聊天、嗑瓜子、看报、打盹，或者静默不语。2013 年《中国梦之声》第二期选择在成都顺兴老茶馆布景，这是遵循了原版《美国偶像》以地标为景的原则。导演侯捷向外界透露了选景原因，他认为按照原版《美国偶像》节目，会在不同城市录制，突出当地特色。在成都站选景时，导演组跑过许多家茶馆，觉得这里有古朴和现代气息的结合，有着浓厚的成都特色。

（2）茶文化博物馆

茶博物馆包括茶博物馆、茶博物院等。茶文化博物馆以茶文化的展示和相关活动为重点，使参观者能够在获得茶文化相关知识的同时，也获得美感的享受。有些茶博物馆为参观者提供参与机会，使参观者能够身临其境，获得体验的乐趣。目前不少茶文化博物馆免费对外开放，成为大众的文化殿堂。各地兴建了各类专题性博物馆，满足了人们的求知欲望。

（3）茶叶工厂

茶叶工厂的主要功用就是生产茶叶产品和货物，是一种大型的工业建筑，人们可以在这里对茶叶生产加工的机械、工艺流程进行参观了解，对茶叶的科学技术和文化有进一步的了解。近几十年来，全球兴起了工业旅游的热潮，参观工厂、感受工业时代的魅力成为很多旅游者的兴趣所在。通过参观茶厂，人们可以全面了解茶叶产品的生产、制造、管理、鉴评的整个过程。一些茶企打开大门，欢迎旅行社组团前来参观；一些遗弃的茶厂也变废为宝，开发成怀旧茶厂之旅，如斯里兰卡的老茶厂之旅，极富怀旧气息。

（4）茶文化酒店、餐厅

以茶文化为主题将酒店的建筑风格和装饰艺术展示出来的酒店就是茶文化主题酒店，这里有着特定的文化氛围，顾客身在其中可以获取十分个性的文化感受。酒店的各种服务也都和文化主题相关，顾客可以通过个性化的服务获得欢乐、知识和刺激。青岛又一村酒店、峨眉雪芽酒店、婺源茶博园、雅安西康大酒店都是以茶为主题的特色酒店。杭州陆羽山庄度假酒店是中国首家以茶圣、茶经为特色主题文化的五星级度假酒店，位于著名的国家4A级旅游景区——双溪竹海漂流景区内，历史文化气息浓郁，风景清新秀丽。当年“茶圣”陆羽在此种茶论道，著就《茶经》。酒店毗邻日本茶道发源地径山寺，与陆羽泉隔溪相望，附近有良渚文化村、山沟沟、安吉竹种园等景区。

茶文化元素也在餐厅频频出现。目前各地出现了一股开办茶文化主题餐厅的热潮，如北京、上海、广州的盛天下茶文化主题餐厅和长沙0731茶文化主题酒店，江苏丹阳忆江南茶文化餐厅、北京吴裕泰内府茶文化创意餐厅等便以浓郁的茶文化氛围取胜，受到消费者的欢迎。

（5）茶交易市场、茶文化街

为了开拓更多的旅游市场，政府根据不同层次的游客发展起不同的茶文化旅游，这样不同层次和地区的游客都可以感受到自己感兴趣的茶文化乐趣，也方便游客购买茶叶。政府还修建了很多茶文化街，让海内外的游客通过参观茶文化街可以将这些茶叶的品牌宣传到海内外，这对茶叶经济的发展具有十足的促进意义。有着“中国茶叶第一街”之称的北京马连道茶城几乎囊括了所有的茶叶、茶具和周边的产品，这里有几十个茶叶的市场，还包括近万家商户，每日迎接大量的茶客来这里参观、交易。

郑州北茶城位于郑州古玩城（北区）文化广场，建筑风格各异，有江南小镇、苏州城郭、云南风情等等。每家店都有独特的文化韵味，如品牌文化、茶道文化、民族文化、武学文化、酒文化。

4. 社会风情

社会风情其实就是指民间风俗习惯，这也是一种泛指，是一个地区的居民在特定的自然环境下，在生产、生活和社会活动中所表现出的风俗习惯，这也属于一种民间文化，是由广大的中下层劳动人民创造的，他们拥有共同的地域、共同的历史，经过长期的历史沉淀形成了文化传统。我国的茶文化社会风情异彩纷呈，充满浓厚生活氛围的茶文化村、独具风情的茶风茶俗、精致高雅的茶艺表演、热闹非凡的茶节庆都成为旅游吸引物。

（1）茶文化旅游村

茶文化旅游村以村落为依托，融合了优美的田园风光、古老的建筑群、古朴的生活方式和淳朴的民风民情，顺应了人们返璞归真的愿望。游客们在茶园与农民一起采摘新鲜的茶叶，参与制茶过程，体验茶农的生活，享受劳动的快乐。浙江杭州市郊的梅家坞生态文化村、广东梅州雁南飞茶田度假村、南京江宁黄龙岘茶文化特色村等村落交通便利、地理位置优越，凭借茶文化资源成功地吸引了周边城市的游客。

总体来看，各种茶文化旅游资源类型并不能截然分开，往往是你中有我、我中有你。一些成功的茶旅产品往往囊括多种元素，如江西婺源上晓起村有“中国茶文化第一村”之美誉，村屋多为清代建筑，群山环绕，绿树参天，茶园遍地，茶亭等古建筑保存完好，一些古老制茶工具仍在使用，其“古今茶画展览室”展出了一百多幅古今茶画，茶园、茶亭、茶室、运茶古道、灵泉古井、茶作坊、制茶机械、运茶独轮车，处处与茶关联，处处显扬着茶文化的无穷魅力。

（2）茶风茶俗

文化的根基在民间，茶俗的根基在大众。茶俗是日常生活中奥妙无穷的赏心乐事，是达到自我完善境界的至情至性的人伦绝唱。绚丽多姿的茶俗，贯穿茶叶生产、经营、品饮的每一个环节。一个地区的生活方式与文化精神的诉求，已深深融入茶事活动中。强烈的地域文化与品茶习惯成为该地区特有的饮茶方式，最能体现地区的特性。

有些地区虽不产茶，但当地百姓却酷爱喝茶，形成异彩纷呈的茶俗。我国五十六个民族中，除赫哲族人很少喝茶外，其余各民族都有饮茶的习俗。少数民族地区的饮茶风俗，从烹饮方法来看，主要有烤茶、奶茶、酥油茶、油茶、擂茶、罐罐茶、盖碗茶等，有些地区还保留了生食茶叶的古老遗风。因物产不同、地域差异、季节变化，茶的配料丰富多样，如高山族柑茶、苗族虫茶、朝鲜族人参茶、黎族芎茶、达斡尔族荞麦粥茶、京族槟榔茶等，都极富民族特色。茶饮的风味也是多种多样，佤族爱饮苦茶，高山族、布朗族喜食酸茶，仡佬族、藏族、维吾尔族喜饮甜茶，纳西族、怒族喜好盐巴茶，侗族、苗族、土家族喜爱的打油茶则具有鲜香咸辣等多种口味。

茶文化已与各民族人民的生活水乳交融、难解难分，众多特色鲜明、文化底蕴深厚的茶风茶俗对四方游客充满着诱惑。出于求新求奇的心理，也许游客并不习惯各地古怪茶饮的味道，但并不妨碍他们为之一试的愿望。为促进茶业发展，许多旅游区充分挖掘当地茶风茶俗的文化内涵，吸引远道而来的游客。到藏地，人们一定要喝上一杯香浓的酥油茶；在潮汕，来一壶酐香的工夫茶必不可少；去英国，慵懒闲适的下午茶不可错过。品尝当地特色茶饮、感受特色茶风茶俗是旅途的精华之处。

（3）茶艺表演

各民族、各地区都有丰富多彩的茶艺。在云南的大理白族自治州，人们来这里旅游可以感受三道茶艺的文化魅力，这里的三道茶艺还受到过国务院前总理朱镕基的赞赏。大理州现存的有表演资质的三道茶歌舞旅游文化的企业就有 7 家，共有 200 多个从业人员，这 7 家企业每年的演出收入能达到 2000 多万。明显，三道茶歌舞表演已经成为这里的一项文化产业。福建安溪被誉为安溪乌龙茶香乡，这里有著名的安溪茶艺，这里的茶艺将传统和现代融为一体，这样人们在品茶的同时也可以感受茶艺的魅力。安溪茶艺在表演的时候有 16 道程序，十分复杂，且有很高的观赏价值，同时也有独特的集体表演，游客只要来这里旅游就可以有机会看到茶艺表演。

为了发展旅游业，一些古老失传的茶艺表演被恢复。蒙顶茶技、茶功、茶艺三绝是由宋代的禅慧大师创立的，他当时正在蒙顶山结庐修行，并根据蒙顶茶文化的基础创立了三绝。这三绝的很多技艺虽然已经失传了，但是经过专家学者的多年整理和挖掘，已经失传的“龙行十八式”“风行十二品”等绝技重新展现了在人们面前。

同时，相关人员还组建了一支“蒙山派”茶艺表演队伍，多次在旅交会表演，并在多家电视台亮过相。蒙顶山的“龙行十八式”茶技与传统的茶道大异其趣，表现出一种刚健向上的艺术风格，以阳刚之美独树一帜，是我国茶艺的一朵奇葩，曾在上海世博园大放异彩，为全世界所赞叹。2010 年 4 月，国家主席胡锦涛在上海世博园四川馆欣赏了蒙顶山茶技“龙行十八式”表演。美国、日本等 20 多个国家的政要，来自全世界 10 余万游客，都到四川馆欣赏过蒙顶山茶技“龙行十八式”表演。

（4）茶文化研讨会、艺术节

为扩大影响力，许多地方城市通过召开各种形式的茶文化研讨会、艺术节成功地吸引了海内外的媒体。如今，茶文化艺术节日益成为地方政府宣传茶产业和旅游业的重要举措。

被誉为“茶界的奥林匹克运动会”的国际茶文化研讨会在世界上都属于高规格的国际会议。这场会议每两年召开一次，目前已经举办了十三届，包括杭州、昆明、广州、湄潭、韩国首尔、马来西亚吉隆坡等都曾举办过。我国的国际茶文化研究会通过举办茶事活动，倡导“茶为国饮”，也带动了茶文化和茶经济的发展。

第二十届上海国际茶文化旅游节及中国三峡第三届茶文化艺术节在 2013 年 6 月 6 日到 7 日召开，举办的地点是湖北省宜昌市夷陵区。这次的三峡茶文化艺术节的主题是“品三峡茗茶、享幸福生活”，在会上，一共开展了七项活动，包括开幕式、经贸洽谈会、茶文化文艺会演、楚红专家评审会、斗茶大赛、闭幕式等。参加这次艺术节的嘉宾现场品茶、观看斗茶大赛，并且还对茶叶龙头企业和茶叶交易集散中心进行了参观，让人们对夷陵茶叶的现代加工工艺和制作技术有了更深的了解和印象。另外，这届茶艺节不仅吸引了很多游客前来参观，还吸引了十多家知名的茶叶企业和茶叶经销商，他们来自上海、湖北等地，来这里洽谈茶产品交易，并且交易的结果也很不错。

（二）茶文化旅游的开发原则

1. 彰显地方特色原则

旅游文化属于文化的复合体，是经过许多特定的地理范围才形成的空间文化产物。旅游文化的历史传承和空间移动扩散，都离不开特定的地域。任何旅游地都具有其独特的地方特性，一方水土养一方人，只有苏州和煦的水土方能培育出软糯的评谈，正是关中粗犷的地形才有悲壮的秦腔。一旦脱离地方特色，便容易沦为无源之水。俗话说：“千里不同风，百里不同俗。”不论是自然景区还是人文景观，都应尽量彰显地方特色、树立鲜明的形象，要有自己的特色、鲜明的主题、无穷的魅力，才能吸引众多的旅游者，增强旅游地的竞争力。

对一个地区的茶文化旅游资源进行开发，首先要做的事就是对当地的地域和历史文化背景进行分析。若旅游资源开发后完全无法展现当地的地方特色和历史文化，这样的开发就意味着浪费资源、贻害子孙。因此，认真细致地对开发地的地域和历史文化背景进行细致的分析，是旅游资源开发的首要前提。在历史记载和考古发现并不充分的旅游地，还可以通过对当代民族文化和民俗文化的考察分析，提炼出富有地方特色的景观特性。

旅游资源具有独立性和垄断性，难以模仿或复制。尽管许多有关民族风情的主题园仿制了逼真的村寨，但由于缺乏地域背景、周边环境和民族习俗等的依托，村寨缺乏原汁原味，在游客看来，真假泾渭分明，无法代替。

我国幅员辽阔，具有复杂的地形、多种多样的气候、不尽相同的水文及土壤特性，使得各地的茶叶生长也各具特色。因此，茶文化旅游的开发因各地不同的气候、地形、土壤等因素而有所改变。在其发展过程中必须要特别注意发现和保持自己的优势，并且要合理结合当地的自然和人文资源，以营造独特的休闲环境。台湾在开发茶文化旅游资源时注意挖掘当地特色，将茶文化融入当地的文化氛围之中，如嘉义农场拥有台湾最大的湖畔野营区，这里是野炊、露营的好场所，人们在清晨的时候可以在辽阔的大草原躺下，享受日光浴，到了晚上抬头就可以欣赏到繁星点点的星空；在这里还有一个蝴蝶生态园，游客不仅可以欣赏到各色花卉争奇斗艳，还能看到数百种珍贵的蝴蝶，是一场浪漫的生态之旅。嘉义农场根据当地的资源发展特色旅游，使得大量的游客被吸引过来进行参观。

近些年，不少地区大打“民族文化牌”，采用“文化搭台，经济唱戏”的方式，充分利用民族风情文化宣传茶文化旅游。土家族在饮茶方面有着很多讲究，还创造了包括种茶、采茶和制茶在内的茶文化。经过长期的生产和生活，这些文化的积淀使得他们创造出属于自己的茶文化。湖北五峰土家茶乡风情园、五峰银毫茶叶有限公司的经营理念是“打造绿色品牌、保护生态环境、挖掘民族文化”，该公司将本地的茶文化进行深入挖掘，并且设计修建了茶叶公园。在公园中不仅可以游园参观，游客还可以参与茶叶加工和采摘制作等活动，也可以观看茶艺表演，使得这里逐渐成为全省的农业旅游示范点。

各少数民族不同的饮茶配料及饮茶器皿，可以作为茶叶的配套产品进行开发、生产及销售。彝族民间加工的茶罐、茶壶、茶杯、冲茶筒、茶盒等，品牌齐全、色彩艳丽、式样美观，颇受中外游客欢迎。当游客使用这些专用饮茶器皿来冲饮茶叶时，能感受到浓郁的民族文化。

旅游和非物质文化遗产本身就有一种天然的渊源关系，很多情况下，我们将非物质文化遗产开发为旅游产品，不仅可以吸引游客，并推动当地的旅游行业的发展，还可以用另一种方式保护以及传承非物质文化遗产。

2. 突出独特性原则

从旅游经济学的角度来看可以将游客吸引过来参与旅行活动的，就属于这个地区的旅游资源。这种旅游资源既可以是有形的，也可以是无形的，但是都要具备独特性和观赏性。旅游资源可以带给游客符合生理和心理需求美的享受，这些是其他资源没有的。人们通过旅游资源可以找到精神、品质和性格等的对象化的表现。旅游经济其实就是一种特色经济，因为一个旅游资源如果没有自己的特色，那么就难以吸引游客，也就没有市场。旅游资源能否顺利开发，最为关键的就是资源的独特性，不管是自然资源还是人文资源，只有具备自己的特色才能展现出吸引力，形成自己的竞争优势。

寻求差异、突出特色是旅游资源开发的灵魂。在组合茶旅游产品时，要突出产品的独特性，满足主体追求殊异的旅游审美期待。

旅游景区要突出独特性，便要做到“人无我有，人有我优”，在开发时切忌模仿、抄袭，要有所创意。创意是旅游资源开发前总的设计意图或中心，在旅游资源开发过程中，一个好的创意是旅游景区竞争力、生命力的有力保障，也是其独特性最直接的表现。一些地区并无得天独厚的旅游资源，却能够成为热门的旅游目的地，创新便是其中的奥妙。旅游资源相对贫乏的香港便是通过走创新发展之路而成就了现代旅游业发展的奇迹。香港以中西文化交汇为依托，全力发展景点、酒店、美食、购物四位一体的旅游产业；注重特色文化内涵，深度挖掘旅游创意产业，通过追求产品的标新立异，不断举办精彩的旅游节庆；多样化的宣传手段、对旅游主题形象的不断创新以及利用名人效应提高认可度等方式，保持和提高了对海内外游客的吸引力。香港旅游的成功主要得益于将紧扣时代脉搏的、无穷无尽的旅游创意，有机注入旅游相关产业要素的每一方面，并贯穿城市旅游发展的每一个环节，由此而产生常变常新、美轮美奂的精细化旅游产品，加上政府机构的高效组织和有力的形象营销措施，使香港旅游一直蕴涵无穷的魅力而长盛不衰。

创新是茶产业源源不断的发展动力。我们可以借鉴台湾地区的茶产品的创新经验。根据台湾地区的茶产品发展方式，人们举行婚嫁的礼仪时也有喝茶敬茶的环节，我们可以将茶文化与婚庆文化结合起来，创新为“喜事茶”。天仁茗茶总裁李瑞河是创新达人，他曾认为，在公司各个管理领域中，他最有兴趣的，就是新产品的开发。受到母亲的熏陶，李瑞河热衷于开发调味茶，不断推出新口味的花茶产品，甚至还把乌龙茶和 XO 酒调和在一起，做成“茶酒”。他对茶食品很有兴趣，曾与食品厂商共同开发出乌龙茶糖、茶饼干、茶蜜饯等。李瑞河创办的天福集团还全力开发观光休闲农业，在四川夹江成都至乐山的高速旁边修建了一处观光休闲农业区，整个区域占地300多亩（约19.9公顷），这个农业区将高速公路服务区、茶叶休闲乐园和茶叶博物馆融为一体。观光休闲农业成为天福集团继茶系列产品开发之后的又一亮点。

3. 综合开发原则

如果景物只是单个的，没有形成大面积的聚落效果，那么就很难被当作旅游资源来开发。即使这个景物十分独特，有很高的欣赏价值，其吸引力也不会很高，因为游客选择旅游景点不仅考虑景点的观赏性，还要考虑经济价值，他们希望能够用最少的时间和金钱来游览更多的景点。同时，并不是一个景点就能吸引所有的游客，因为游客的旅游需求是不同的，单个的景物只能吸引到一部分受众，需要将美组合起来，富有层次，将不同类型、层次和尺度的景物组合起来，并且数量越多、比例越协调、景物之间的关系越紧密，才越能吸引更多的游客。

旅游资源具有时限性。气候的季节性变化会对旅游资源产生直接影响，北京西山的红叶，要到深秋才能展现其魅力；庐山、五台山等避暑胜地，盛夏季节才备受青睐。民俗风情中的节庆活动只能出现在某些特定的时段内，如傣族的“泼水节”、蒙古族的“那达慕大会”等。旅游资源的这种时限特性会导致有关旅游点呈现出旺季和淡季、热点和冷点，因此旅游开发商应重视不同类型旅游资源的组合，从而延长旺季时段，促使淡季不淡。

我国的茶文化旅游正处于起步阶段，不少地区的茶旅游产品功能少、深度不够，仍然停留在茶园观光、茶俗茶艺展示、茶叶文化节短期旅游的基础上，不能以文化旅游打动人心，不能够创造旅游的知名品牌，也无法留住更多的客人，回头客少。而且一些茶叶旅游景区本身地理位置比较偏远、交通不便，由于交通不畅，游客数量较少，大好的旅游资源被白白浪费。另外，一些茶文化旅游景点配套设施不足，很多的景点都只有茶园和茶场，而没有配套的住宿、休闲和娱乐场地，客人停留时间太短，即所谓“引得来，留不住”，这大大降低了茶文化旅游的附加效益。

杭州有多种类型的旅游资源，并且这些旅游资源组合有序，有着清晰的层次，具有很强大的整体性，不同年龄、性别、职业和文化以及爱好的游客都能在这里找到适合自己的景点。随着近几年游客越来越追求综合性的满足，他们更加向往具有特色的旅游景点。杭州茶文化旅游资源十分丰富，西湖龙井、虎跑泉水合为双壁，十八棵御茶树历史悠久，梅家坞茶文化村生态极佳。近几年来，“茶为国饮、杭为茶都”品牌的打响，让杭州的茶产业风生水起。而十大特色潜力行业大会的召开，更是让杭州的茶楼行业插上了腾飞的翅膀。杭州多方面开拓茶文化旅游产品，兴建了中国唯一的茶叶专题博物馆——中国茶叶博物馆，开辟了中国最大的龙井茶文化主题公园——杭州龙井山园，整治了龙井茶文化村，开发了福海堂茶叶休闲观光园。杭州依托西湖龙井茶文化，开拓了全新的旅游方式，其茶文化旅游囊括名茶、名泉、古迹、观光茶园、茶博物馆、茶文化村、观光茶园、茶文化街、茶楼等诸多元素，使消费者得到养生保健、返璞归真、具有文化品位的旅游享受。

4. 开发与保护原则

旅游资源虽然从理论上来说是可以永续利用的，但是对旅游资源的开发利用并不是永无节制的，永续性是有条件的永续，只有在旅游资源能够适度开发和保护的情况下才可以说永续利用的旅游资源。大部分情况下，旅游资源如果遭到破坏，基本上就不能恢复了，因此很多旅游资源属于不可再生资源。

一个旅游景区，往往同时存在多种不同类型的旅游资源。对旅游资源的开发，要将旅游的联动作用发挥出来，这样才能发起多元化经营。旅游行业的发展还要其他行业的发展带动起来，这样才能形成“一业兴、百业盛”的繁荣局面。开放要适当科学进行，要减少当地居民对当地原本的生态环境和资源的无意识破坏和毁损，可以学习借鉴非洲肯尼亚、坦桑尼亚等国家的野生动物园，使地理环境资源得到开发获取利润的同时还能得到保护。

经过无数的实践，我们知道，将历史古迹旅游资源进行开发其实是一件既有利又有弊的事情。对古迹旅游资源的开发带来的益处可以为历史古迹资源保护提供资金的保障，但是带来的不利因素很有可能破坏古迹旅游资源。当前，我国对历史古迹旅游资源的开发大多数是粗放型的开发模式，这样带来的破坏更加严重。比如西安秦始皇兵马俑的开发，由于当时技术条件有限，已经被开发出来的一号坑的彩陶已经开始褪色，这样就使得这些兵马俑的参考研究和旅游观赏的价值大大降低。另外，要承接大量的游客，就必须在旅游景区建设配套的基础设施，比如宾馆、道路以及饭店等，这样大量的、体量高大的建筑的增多会使得原有的历史古迹赋存环境遭到破坏。还有，游客乘坐的交通工具比如车辆、客船等会排出大量废气，对旅游景区的空气造成污染，生产生活排出的污水和生活废渣、垃圾等都会对当地的土地和水源造成破坏，历史古迹也会受到侵蚀。

有些地区在开发茶文化生态旅游资源时，只是将生态旅游等同于茶园观光，强调“欣赏自然”一面，而忽略了“保护自然”的目标，并没有在旅游开发中体现维护环境的社会功能，也没有考虑当地社区的参与和人的发展。有些地区开发的茶文化生态旅游徒有虚名，只是将生态旅游作为吸引游客的噱头，有些甚至威胁到当地的生态环境。

在发展茶文化旅游时，政府部门和相关管理部门要提倡绿色消费理念，并且加大宣传的力度，制定相应的法律法规，在社会上形成一种集体理念，让环保成为旅游者应该履行的义务和规范，这样才是一条经济效益、社会效益和环境效益共同发展的可持续性发展道路。要将国内的低碳茶文化旅游的成功经验作为学习借鉴的榜样，结合自身条件和特点，加强旅游规划，并且加强环境影响评价研究；要将环境容量测量出来，匹配恰当的旅游资源，利用最新的节能降耗技术，将对旅游环境资源的污染破坏降到最低。

二、茶文化旅游实例——以江西为例

（一）江西的茶文化优势

江西产茶历史十分悠久，有着源远流长的茶文化，历朝历代都为中国茶文化的丰富和发展作出过重要贡献。当代江西茶文化在全国具有举足轻重的地位，南昌、台湾、杭州被公认为中国茶文化研究的三大重镇，在国际具有较高的知名度和影响力。以上这些都是江西在发展茶文化旅游中的文化优势，也为江西茶文化旅游奠定了重要基础。

1. 历史名茶众多

在东汉时期，庐山就有僧侣种茶树，形成焙制茶叶的传统，这在《庐山志》上都有记载。到了唐代，全国都开始流行茶叶，江西的茶叶生产更是进入了大发展的时期，并形成了饮茶的风气。在当时的江西浮梁一带出现了著名的茶叶产区，茶叶贸易在这里频繁交易。除了浮梁，还有江州（九江等地）、饶州（鄱阳等县）、洪州（南昌）、虔州（赣州）等在当时都属于茶叶的产地，洪州的西山“白露茶”就被列为唐代 15 种名茶之一。

北宋政治家、文学家王安石曾经针对茶法提出了“夫茶之为民用，不可一日无”的说法，名人效用的推动使得当时的饮茶、斗茶的风气更加盛行，并且一直沿袭到历朝历代，茶也成为“开门七件事”之一。宋代时期，国内当属江西是产茶的大省，产量居于国内前列，不光数量上巨大，质量上也属上乘。当时民间出现了十分出名的极品名茶，即紫笋、阳羡、日铸、谢源、黄龙、双井，这里六种名茶江西就占一半。其中，江西的瑞州黄檗茶被称为“茶叶绝品”。江西地区直到元明清时期都一直是茶叶的重要产区，全国的茶税江西就占据了大部分。

庐山云雾茶种植历史悠久，古称“闻林茶”，因山上云雾缭绕，故又名“云雾茶”，有人从很早以前就总结了这种茶的特点——“条索粗壮，青翠多毫，汤色明亮，叶嫩匀齐，香凛持久，醉厚味甘”，堪称六绝。1982 年举办的江西茶叶评比，其中庐山云雾被誉为江西八大名茶之首。也是在这一年，庐山云雾茶在全国名茶评比中被定为中国名茶，在全国“十大名茶”中名列第六。在 2005 年的时候，庐山云雾茶申报成功了原产地保护，有了云雾茶的统一商标。井冈山地区盛产多种品种的茶叶，绿茶、乌龙茶、红茶、桂花茶等都可以在这里找到，这里生产的“井冈翠绿”有“色泽绿、汤色绿、叶底绿”三大特色，也属于江西八大名茶之一。

浮梁地区具有十分悠久的产茶历史，在东汉时期就有僧人开始种植茶叶，采集使用，到了唐代，这里已经成为著名的茶叶集散中心了。《元和郡县图志》卷载，天宝时浮梁县“每岁出茶七百万驮，税十五余万贯”，占全国茶叶税的八分之三。明代汤显祖在其《浮梁县新作讲堂赋》一文中，曾对浮梁茶有过生动描述：“今夫浮梁之茗，冠于天下，帷清帷幕，系其薄者。”1915 年，由浮梁县江村乡严台村江资甫“天祥”茶号经营的浮梁功夫红茶，在巴拿马博览会上荣获金奖，与斯里兰卡高山茶、印度大吉岭茶并称“世界三大高山茶”。茶叶已成为浮梁县域经济发展的主导产业，全县茶园总面积超过 10 万亩，其名优茶生产已成为赣东北茶区乃至全省的“领头雁”。

2. 江西曾为中国茶文化的丰富和发展做出过重要贡献

世界上第一本关于茶的书就是茶圣陆羽所写的《茶经》。陆羽曾经在上饶居住多年，并多次到江西等地进行考察，才完成了这本著作。江西在历史上也诞生了很多著名的文人墨客，比如欧阳修、杨万里、黄庭坚等，这些名人为传播茶文化、提升茶文化作出了不小的贡献。欧阳修曾经作出多篇关于茶的诗词，并且留下来了宝贵名茶的品鉴，这些都属于珍贵的文化遗产。在宋代，关于茶文化最值得称道的就是“斗茶”，杨万里曾就“斗茶”写过观斗茶诗，将斗茶的场景生动地描绘了出来；黄庭坚将家乡修水的“双井茶”赠送名人，这一举措将江西名茶的影响力更为扩大。

到了明代，南昌人朱权曾作《茶谱》，里面倡导“清饮”饮茶法，认为茶叶冲泡可被称为“开千古茗饮之宗”，这一种饮茶的方式一直延续至今，成为当代饮茶的主流方式，并对日本茶道发展产生了深远影响。在朱权看来，烹茶饮茗是扩心志之径、修身养性之道，简化品饮程序、品茗器具，昭显茶本身自然之性、清馨之味，讲求清心之境、高雅之侣，开清饮风气之先，深化中国茶道之境。余悦对此给予高度评价：“完全可以说，中国茶文化真正普及到整个社会，逐渐与社会生活、民俗风情、人生礼仪结合起来，并产生深入广泛的影响，只是在散茶的兴趣和瀹饮法的定型与发展之际。”[①] 另外，明代时期，南昌人喻政整理编纂了《茶书全集》，其中收录了唐宋明代的 40 多种茶书。《茶书全集》的出现使得许多历代茶书才得以保留。日本著名汉学家、茶史专家布目潮沨编的《中国茶书全集》的主体内容就是源自喻政编撰的《茶书全集》。

3. 当代江西茶叶在全国以品质和生态为优势

对于江西来说，最大的优势就是生态，江西最亮的品牌就是绿色。随着政策的变化，为了发展当地经济，江西政府抓住自己的优势，大力发展生态文明建设，将中央“五位一体”的总体布局全面落实，在发展经济的同时兼顾生态的保护，致力于建设一个富裕、和谐和秀美的江西，并打造一个全国生态文明示范省。江西省的森林覆盖率在全国排名第二，由于这里的空气和水土都没有怎么受到污染，十分适合种植茶叶。这里的有机茶园认证面积在全国各产茶省份位居第一。婺源被誉为茶乡，当地有 5.6 万亩茶园通过欧盟有机茶园认证，它致力于成为“中国有机茶第一县”。江西的茶叶走向有机的发展道路，因此具有无污染、无农药残留的特点，这也是它的优势名片。江西省的茶叶在近几年的食品检测等安全检测

① 余悦. 茶路历程 中国茶文化流变简史 [M]. 北京：光明日报出版社，1999.

中一直保持着100%的合格率，稳居全国第一。江西的茶叶基本上没有被媒体报道过存在问题，堪称名副其实的“生态茶”“放心茶”。

4. 当代江西茶文化有重要的国际影响力

在文化传播方面，不能小看学术的影响力。江西地区诞生了许多在国际上都有影响的茶文化专家，这些专家的关于茶文化的著作传播到美国、法国和日本等地，被当地的专家学习借鉴。江西茶文化的专家所发表的论文也经常在国外以外文的形式发表，这将对中国茶文化的学术影响力带来巨大的推动作用。从2003年开始，每年都有很多的江西省社会科学院的茶文化专家被邀请到日本讲学，将我们的茶文化传播过去。在国际上，只要有关于茶文化的国际活动，江西的茶文化专家必然会被邀请过去参加，并参与创意策划。

江西的茶艺表演艺术团还经常被邀请参加大型的国际活动。江西的茶艺表演团队都在云南世博会、上海世博会上进行过演出，不仅如此，江西的茶艺表演队还曾出国去到其他国家演出。比如在2012年，南昌泊园茶文化传播有限公司和江西农业大学南昌商学院共同组建的“泊园大学生茶艺队”在中国民俗学会茶艺研究专业委员会、江西省民俗与文化遗产学会的指导下参加了美国亚洲节的表演，并且受到了参与的人们的热烈欢迎。另外，由南昌泊园茶文化传播有限公司组建的“南昌国际茶艺表演队”参加了10月份在韩国首尔举行的“第七届世界禅茶文化交流大会”，并且连续表演了三场，常常爆满。

（二）江西茶文化旅游的战略构想

江西有着得天独厚的茶文化旅游资源，并且许多茶旅资源本身便位于风景名胜区，庐山、井冈山、三清山、婺源等产茶区便是品位高的旅游景区。但遗憾的是，江西的茶文化旅游开发虽已有一定发展，但与浙江、福建等地的茶旅游相比，仍有不少差距。江西茶文化旅游有着巨大的发展潜力，经过认真规划，江西茶文化旅游一定能迎来发展高峰。

1. 要加强江西茶文化旅游的规划和创意设计

茶文化旅游可以分成两种形态，一种是专题性的茶文化旅游项目、线路，另一种是增加在原有的旅游景点、景区和项目上的有关茶文化旅游的内容。在江西，只要在当地有茶叶和茶文化资源等优势内容的县区，都会把茶文化旅游项目列入整体的规划，然后再根据规划推动建设各类设施，将当地的茶文化旅游的接待能力提高。

想要将茶文化旅游发展得好，就要将文化和景区、景点相融，同时茶文化旅游还要有自己的特色，这就需要加强创意和创新。要牢牢把握住本地茶文化的特点，不断创新、融合，否则只能走向“千人一面、万景相似”的老路。国内最早开始的茶文化旅游就是广东的“雁南飞”，这个景点之所以能够发展起来，就是因为它的独特性和新颖的形式。在杭州，有一个关于茶文化的景点就是“十八棵御茶树”，它吸引了大量的游客前来参观，这也是依靠传统文化的宣传才带动起来的；杭州的湖畔居、青藤茶馆等也因为独具个性的文化创意吸引了大量的游客。

江西茶文化旅游起步较晚，但已是卓有成效。不少地区的茶文化旅游能与当地旅游资源进行整合，如婺源大力发展乡村旅游，上晓起将茶文化与乡村旅游有机结合，有“中国茶文化第一村”之称；浮梁将茶文化与当地瓷文化相融合，主打“瓷茶”品牌；遂川依托汤湖温泉资源，开发特色旅游，并主动融入大井冈旅游圈，将茶文化与红色旅游进行对接，推出了茶廉系列旅游产品；赣州上犹县园村在做大做强茶叶产业的同时，不断挖掘茶文化和客家文化内涵，并依托得天独厚的自然资源，大力发展茶叶观光、体验性旅游等项目，延伸茶叶产业链。该村新建了茶艺表演中心、茶园游步道和观景台，组建了客家茶艺表演队，初步形成集采茶、制茶、品茶、茶膳、茶艺表演为一体的体验性旅游项目。以上这些茶旅产品都积极地融入当地特色，已具有一定的知名度，值得其他景区借鉴。

在发展茶文化旅游时，应注意与地方文化进行融合，突出特色性、地域性、文化性。庐山是一座文化气息浓厚的名山，历代有大量诗歌赞美庐山风景及庐山茶。在开发庐山茶文化旅游时，可将茶与诗歌进行综合开发，建设茶诗博物馆、主题公园。赣南客家擂茶极富地方风情，客家茶俗别具风采，采茶戏诙谐幽默，加之《舌尖上的中国2》对赣南美食进行了立体的呈现，使得赣南美餐具有了一定的知名度，可考虑开发赣南客家茶美食旅游线路。井冈山是中国革命摇篮，红色旅游发展得风生水起，可发展与茶有关的红色旅游项目，如建设茶与廉政主题公园、帮助茶农干农活、组织学员体验茶农生活等。

2. 从政策层面支持茶文化旅游项目的建设

江西省是传统产茶大省，近几年来在茶园规模扩张、茶叶品牌效益等方面都有长足发展，但与其他产茶强省相比，仍然面临着“小、杂、弱、低”等问题。“小”

就是茶园规模偏小，“杂”就是茶叶品牌过多，“弱”就是茶叶企业实力不强，缺少巨型龙头骨干企业，而“低”就是茶园产出率不高。受制于“小、杂、弱、低”等问题的影响，江西茶叶外销占比很低，走向全国乃至全球的茶叶品牌屈指可数。

虽然目前江西的一些茶园已经建设起茶文化旅游项目，但是这些项目大部分都有一定的缺陷，有的起点不高，有的创意不够，单纯地只为了完成接待任务。但是我们要明白，只要这个城市想要发展茶文化旅游，想将茶文化旅游项目的水准提升起来，必须在投资和政策等方面增强，也就是大手笔地搞。这里有一个典型的例子：福建省的漳浦原本只是一个沿海县，也不是一个旅游县，但是后来天福茗茶集团在此投资建设了“天福茶博院”，这里一跃成为热门的旅游景区，天福茗集团还在这里开发了很多个茶文化的旅游项目，大批游客被吸引过来，促进了漳浦的旅游业大力发展。

江西属于产茶大省，当地很多产茶的区域对将自己的茶文化旅游资源的吸引力提升是支持的态度，因此要利用好这一优势，在政策上进行支持和引导。政府要将茶文化列为地方可持续生态发展和经济转型提升的项目，在项目开发的各个方面都要加大支持的力度。当前，江西国弘投资有限公司打算在南昌市斥巨资打造“中国茶文化博物馆”，并且要利用这个项目带动其他茶文化旅游的发展，大力建设配套的设施。当地的专家学者和相关的机构都在对这个项目进行商讨和研究，推动这个项目早日开始实施，这是一件有利于江西茶文化旅游发展的大项目。

中国茶文化与生态旅游研讨会于 2014 年 4 月份的时候在婺源召开，会上决定要促进江西的茶文化旅游资源的挖掘工作，将本地的名茶的竞争力进一步提升，形成一个知名的茶文化旅游区。会上聚集了社会各界人士，有 80 多人参加，包括国内知名茶人、江西著名茶企负责人，这个由江西省社会科学院、江西省旅游发展委员会等主办的会议对茶文化旅游的发展思路进行了热烈探讨，产生了大量的宝贵观点和意见，促进了江西本土茶文化的研究。

3. 设计和推介茶文化旅游线路

在不改变原有的旅游资源和设施的基础上，同时不增加新的投资，不用建设的周期，进行旅游线路的设计和推介，就可以增加新的旅游资源和产品，产生旅游效益。这里比较典型的是云南和四川等地组织重走“茶马古道”，将“茶马古道”重新推进人们的视野，形成新的旅游景观。

根据旅游组合原则，两个冷点可以成就一个温点，两个温点可能成就一个热点，不少地区的茶品牌和旅游资源均有所不足，但组合恰当就能起到提升旅游地形象的作用。如宜兴是中国陶都，所产的阳羡茶是历史名茶，宜兴将陶与茶文化相结合，大力开发陶茶旅游，茶业与旅游业均有较大起色。江西具有诸多高品位的旅游资源，其中庐山、三清山、龙虎山、龟峰等被列入世界遗产，井冈山是中国革命摇篮，景德镇是“世界瓷都”，南昌、九江是中国历史文化名城，江西的绿色旅游、红色旅游、古色旅游交相辉映。庐山、三清山、浮梁、婺源都是著名产茶地，将冷点、温点、热点进行搭配，就能够组合成富有吸引力的茶旅热线。

为了拓宽发展的思路，江西可以学习借鉴其他地区的优秀经验，根据自身的发展特色推出具有自己个性的茶文化旅游路线。“首届中国茶文化与旅游发展高峰论坛”在 2012 年 12 月举行，举办地是南昌市，在这个论坛开始之前，南昌市就邀请了全国的茶文化专家到南昌的很多茶文化旅游地诸如龙鼎茶叶城、梅岭茶园、茶叶交易市场、凤凰沟景区以及著名的茶馆参观，参与“茶文化一日游”，这是一次成功的尝试，带来的效果也很令人满意。

依托茶文化的优势和江西的各地特色文化，江西省在茶文化旅游线路的开发上有很大的优势。第一是开发县域性的茶文化旅游。在婺源、浮梁等茶区设计专题“茶乡游”，游客可以参观茶园、欣赏茶建筑、参与学习茶艺等各种活动，庐山可将茶园观光、名泉游览、茶叶制作、茶艺观赏、茶诗展览等茶文化旅游活动进行有机结合，也可以设计多条旅游线路供游客选择。

第二是区域性的茶文化旅游。比如可以将茶乡婺源、浮梁和景德镇作为整体推介，推出赣东北茶文化旅游，这样就可以形成一条瓷茶旅游线路；将南昌市、庐山、九江、云居山等地区组合起来，形成组合式的旅游产品，也叫鄱阳湖地区茶文化旅游；井冈山、遂川、吉州窑、东固等也可以组合起来，形成的就是大井冈山茶文化旅游，属于赣西南茶文化旅游。

第三是专题性的茶文化旅游。江西宗教文化十分发达，江西是禅宗宗派的主要发源地，也是净土宗的发源地，佛教祖庭名山多是江西佛教旅游资源的重要特征，可深度挖掘禅宗祖庭的禅茶文化，如游客可在宜丰黄檗山寺、庐山东林寺、宜黄曹山寺、吉安青原山净居寺、宜春仰山栖隐寺、奉新百丈山百丈寺等著名寺庙进行禅茶文化旅游。同时，江西的道教旅游资源亦十分丰富，龙虎山是中国道教的发源地，三清山、麻姑山、阁皂山也是著名的道教名山，可借鉴武当山、崂山道茶的成功经验，打造道教茶文化旅游，以推介江西各个产茶区的道教名胜。

4. 加强茶文化旅游专业人才的培养和培训

人才是事业发展的关键，为了保障事业顺利发展，需要大力引进有毅力、有能力、有信念、有知识的人才。同样的，江西省茶文化旅游发展的关键也是人才。针对茶文化的专业人才的培养，要在教育领域促进其人才的培养，可以为旅游专业的大中专学生提供茶文化和茶艺的专业课程；同样的，可以为茶文化和茶艺专业的大中专学生增设旅游文化的课程。

针对正在从事旅游行业的专业人员的培养，可以定期给他们做一些茶文化和茶艺相关的培训，并且这类培训还要颁发茶艺师和品茶师证书。为了激励这些从业者增加学习的热情，可以为获得了证书的学生由单位提供相关的学习费用，提供一些奖励等。这样，一直发展下去，茶文化旅游就会诞生很多优秀的人才。在单位奖励方面，如果某家茶业和茶文化的单位接待了大量的游客，也应该予以奖励，从而激励这些单位的上进心。

为提高武宁旅游从业人员的综合素质和专业服务技能，武宁县多次组织景区景点以及旅游管理部门的工作人员进行茶艺培训。培训的内容多种多样，例如茶文化、茶叶的分类、茶具知识、茶道知识与茶艺表演等。因为受训的人员基本上都是从事的旅游行业，因此在授课的时候老师会特别针对茶艺的礼仪和服务进行详细讲解。

（三）江西重点茶文化旅游区的规划与设计

江西的茶文化和旅游业的基础十分雄厚，因此在开展茶文化的专项路线上有优势也有基础。江西有一些茶区在提升茶文化旅游业的意愿十分强烈，在婺源和浮梁等地已经有了成功的经验。

通过对婺源、浮梁、庐山、井冈山等重点茶文化旅游区进行科学规划与设计，茶文化旅游将成为江西茶业与旅游业可持续发展的重要推动力。

1. 婺源——浮梁赣东北茶文化旅游圈

（1）旅游资源

婺源历史悠久，属于我国古建筑保存最多、最完好的地方之一。在这里的古建筑有明清时代的古祠堂（113 座）、古民宅（36 幢）、古府（28 栋）、古桥（187 座）。

多年前，婺源还是一个位于三省交界的偏僻山村。由于画家、摄影家们的慧眼，婺源逐渐声名在外，有了“中国最美的乡村”的称号。越来越多的游客来到这里，感受静谧的农村氛围。婺源具有诸多高品位的旅游资源，江湾景区在 2013 年的时候被评为国家 5A 级旅游景区，除了这一个 5A 级旅游景区，还有 7 处 4A 级旅游景区，并且这里是拥有 4A 级旅游景区最多的县份，整个县都属于国家 3A 级旅游景区。

婺源是一个多山地区，境内群山逶迤、烟云缭绕、气候温润、雨量充沛，很适宜于茶树的生长。早在唐代，婺源就是一个“绿丛遍山野，户户飘茶香”的著名茶区。唐代陆羽《茶经》中就有“歙州茶生婺源山谷”的记载。威廉·乌克斯《茶叶全书》中赞道：“婺源茶不独为路庄绿茶中之上品，且为中国绿茶中品质之最优者。”婺源绿茶以“色绿、香郁、味醇、形美”著称于世，婺源谢源茶是宋代全国六大名茶绝品之一。明代嘉靖年间，灵山的“天竹峰茶”被列为贡品。如今，婺源正着力打造“中国有机茶第一县”，婺源按照“生态化、良种化、规范化”的要求，推进茶产业快速、和谐发展。

婺源有着十分精彩的茶艺，这里从古代开始，就盛行文风，因此这里的茶文化不可避免地受到了当地文人的影响，使得这里的茶艺有了更深的内涵。在这里的茶艺表演形式多样，内涵丰富，囊括了各个阶层和生活场景，主要包括文士茶茶艺、富士茶茶艺、农家茶茶艺、新娘和新郎茶茶艺、菊花茶茶艺等。

（2）浮梁茶文化旅游

近些年来，在地方政府的高度重视下，浮梁的茶文化旅游有了一定的发展，一些景区大打茶文化品牌，既突出了景区的特色，也将浮梁的旅游竞争力提升了上来。这里有着江南地区保存最完好的古县衙——浮梁古县衙，在这一景区中体现了大量的茶文化元素。在景区内存在一座历史文化长廊，上面陈列了很多关于浮梁瓷茶的文字和图片介绍；这里还有一座“歌德堡号”的雕塑，这座雕塑的名称大有来头。歌德堡号是中国和瑞典之间进行贸易往来的一艘商船，在 18 世纪的时候，景德镇的瓷器和浮梁的茶就依靠这艘哥德堡号穿过海上丝绸之路被远销瑞典等国家。景区内还开设了一间浮梁茶馆，里面摆放了很多景德镇出产的茶具和浮梁当地的茶叶，另外还珍藏了很多名人的茶文化书画。

浮梁茶馆促进了旅游与茶文化的结合，为发展旅游经济搭建了平台和纽带。

瑶里瓷茶古镇是江西省首批历史文化名镇，从西汉建镇开始，迄今已有两千多年历史。瑶里，古名“窑里”，因是景德镇陶瓷发祥地而得名，素有“瓷之源，茶之乡，林之海”的美称。瑶里是景德镇陶瓷原料的重要产地，自古便有“高岭瓷土、瑶里釉”的美誉。瑶里曾是颇具规模的陶瓷生产地，制瓷历史悠久，在宋、元、明时期达到顶峰，是景德镇古代三大窑区之一。至今在瑶里区内已发现 30 多处古窑址，大多数都保存完好，是景德镇古窑址群保存最好的地区。浮梁茶在宋代被奉为朝廷的贡茶，瑶里则是浮梁茶的主要生产地，其生产历史悠久，穿行于境内的徽饶古道是徽商贩茶的必经之路。

（3）开发设想

婺源位于浙赣皖三省交界，过去是三不管地带，随着交通环境的逐步改善，婺源的区位优势逐渐突出，既能吸引来自上海、江浙的游客，同样也能吸引江西的客源。婺源——浮梁所处的赣东北是江西的黄金旅游圈，有三清山、龙虎山、景德镇等知名景区，临近南昌和庐山。

景德镇、浮梁是南昌至婺源的必经之地。婺源、浮梁有大量保存完好的明清古建筑，乡村旅游发展得十分火热，生态环境极佳。将婺源与浮梁的茶文化旅游进行捆绑营销，能够扩大影响，产生一定影响。婺源——浮梁茶文化旅游圈能与周边的山岳地形景观形成互补，对景德镇的城市形象亦有所提升，并产生形象叠加效应。

在研究和分析客源市场时，不能局限在本行政管辖地直接的现实的客源市场上，还必须扩展到周边旅游目的地的客源市场上。婺源原属古徽州地区，古徽州地区出产黄山毛峰、祁门红茶、休宁松萝、屯溪绿茶、婺源绿茶等名茶，婺源绿茶和祁门红茶并称，有“婺绿祁红”之美誉。婺源还与浙江开化接壤，距千岛湖约 188.6 千米，这一地区出产开化龙顶、鸠坑毛尖、千岛玉叶等优质绿茶。婺源优美的自然环境和淳朴的民风能够吸引来自黄山（世界自然遗产）、西递、宏村（世界文化遗产）、景德镇（世界瓷都）、三清山（世界自然遗产）、龙虎山（世界自然遗产）、庐山（世界文化景观）、千岛湖（5A 景区）等地的客源，故在发展茶文化旅游时占据得天独厚的客源优势。婺源—浮梁位于中国绿茶黄金三角洲，这个区域出产多种优质名茶，茶文化旅游发展较为成熟，已有较高知名度。可考虑以婺源为中心，整合周边旅游资源，形成景德镇—浮梁古窑—严台村—瑶里瓷茶景区—金山观光茶园—长溪—上晓起—屯溪—祁门—千岛湖的线路，同时还可增加徽饶古道、徽杭古道的徒步。这条线路涵盖了众多名茶和不同形式的茶旅产品，完全可以打造成茶文化旅游热线。

2. 井冈山——遂川赣西南茶文化旅游圈

井冈山作为中国革命的摇篮，具有重大的历史意义，这里的生态环境也十分优秀，具有“历史红、山林好”的特点。井冈山的森林覆盖率达到了96%，并且有着多种类型的植被和十分丰富的生物资源，这里的茶文化旅游资源也很丰富。除了井冈山，周边地区也具有丰富的茶文化旅游资源。吉安青原山的禅茶博大精深，永和吉州窑保存完好，遂川高山茶园风景迷人，湖南的炎陵县正大力发展茶祖文化，经过整合开发，它们能形成特色旅游线路。

（1）丰富的旅游资源

井冈山出产的茶叶品种繁多，有红茶、绿茶、桂花茶以及乌龙茶等，还有养生保健茶，这里的“井冈翠绿”还被多次评优，是江西八大名茶之一。井冈山之所以盛产各种优质茶叶，源于这里得天独厚的地理气候条件。这里光照适度，降雨量充沛，并且有着十分肥沃的土壤。这里的茶园基本上都位于海拔800米以上的高山，这样高的海拔自然有利于控制各种病虫害，因此也不需要喷洒农药，是名副其实的有机茶叶。这里的生态环境十分优秀，山高水秀，茶园的风光也十分秀美，并且还有着十分便利的交通。在花果山上的是茨坪茶场，常年花开，到处都是各类果实，朱德同志在1962年的时候重新登上井冈山，也在这里品茶赏花。这里还有一处著名的茶场，也就是五指峰茶场，茶场位于海拔1000米的次生原始森林中，优越的位置条件和魅力风光使得周边建立起生态休闲度假区，并且在周边分散着客家村落，十分富有民族特色。

在井冈山居住的多是客家人，客家人在井冈山斗争时期出现了很多先辈英雄，为革命事业贡献了自己的力量，例如袁文才、王佐、贺子珍等。井冈山属于山区，交通不太便利，因此这里的客家文化保存较为完好，游客可以观赏到客家民俗。客家人的村落依山而建，这里的人喜爱种茶，每家每户都会在房前屋后种上茶叶，自己采茶制茶，并且用自制的茶叶招待来做客的客人，并用自制的点心和佳肴为客人接风洗尘，十分热情好客。

（2）开发对策：建设“茶与廉政”主题茶园

井冈山拥有丰富的各类茶园，可以和当地的红色旅游以及干部教育结合在一起发展。这里有很多家干部学院、中央各直属机关开办的培训机构，可以招待上万人参与培训，井冈山的旅游业有很大一部分是培训带动起来的。

井冈山在2012年的时候开发了荆竹山等廉政教育景点，当地积极推进廉政旅游，以“创诚信旅游，建和谐景区”为主题吸引大量的干部前来学习。在当地的茶园中，建立了以茶与廉洁为主题的公园或展馆工，大量的干部前来参观、游览、学习。在茶园中为了增加廉洁文化的内容，竖立了很多和廉洁语录、诗词和小故事的标识牌，都是和茶文化有关的，并且还陈设了各个杰出廉洁名人的铜像。另外，专门建有中国廉洁文化的展厅，并循环播放相关的红色歌曲。参与培训的干部学员可以在这里品尝到井冈山茶，吃红米饭、喝南瓜汤，感受革命时期的生活，从而更好地接受廉洁文化教育。

在学员接受培训期间，井冈山干部学院积极推行十分具有特色的社会实践教学，学员在这里会被安排一到两天到基层去，和农民生活在一起，一起参加劳动。这一形式得到了学员的好评。培训机构在茶场开设了社会实践点，学员在这里可以和农民一起参与各种劳动，比如除草、施肥、制茶、采茶等，这样既让学员感受到“为民务实清廉”的内涵，又可以将他们作为劳动力解决当地劳动力不足的问题，让干部对民生民意有了真实的了解，在今后的工作上更加可以站在群众立场考虑。

不光是干部学员来井冈山学习，这里还设有全国青少年革命传统教育基地，可以让学生利用寒暑假的时间来这里参与社会实践。在这里，可以安排学生和茶农一起劳动，这样不仅可以加强对茶场的扶持力度，也能让学生培养热爱劳动、互帮互助的品德。为了加强对学生的教育、满足青少年强烈的求知欲，茶园可以建立茶叶科教基地，这样学生可以近距离接触茶叶的各种科学技术，对茶叶的基本历史等内容有更深的了解。

（3）旅游线路开发设想：兴建大井冈茶文化旅游圈

吉安县永和镇保存着我国现有保存最完好的古代名窑遗址之一——吉州窑，吉州窑主要烧制的是黑釉，最早开始于晚唐时期，在两宋时期达到兴盛，黑釉有着十分精妙的装饰；这里产出的“木叶盏”黑釉茶碗受到了茶艺爱好者的追捧。

目前，吉安县正在着手打造吉州窑大遗址公园。

在永和镇的周边分布着很多寺庙，其中最负盛名的就是青原山的净居寺。青原山是七祖行思和尚的道场，曹洞、云门、法眼三大禅学宗派就是他的继承者开创的。青原山有着历史十分悠久的禅茶文化，“饭后三碗茶”是吉州僧人的“和尚家风”。文天祥在《游青原》中对以茶参禅的景象有这样的记录：“活火参禅笋，真泉透佛茶。晚钟何处雨，春水满城花。”

遂川县产茶，并且是著名产茶之地，并且在1915年巴拿马国际博览会上，遂川县的狗牯脑茶荣获金质奖。这里有着汤湖、戴家埔、营盘圩等高山茶园，风景十分怡人。遂川是井冈山革命根据地的组成部分，有着江西省遂川县工农兵政府旧址、遂万联席会议旧址、草林红色圩场、万里长征始发地新江横石等众多红色景点。近年来，遂川大力发展红色旅游和茶旅游，并将二者进行有机结合。遂川以茶文化为载体，“添加”廉文化元素，茶与廉政文化共生共荣。遂川也属于“大井冈”旅游圈内的一员，因此开辟了“遂川—汤湖—井冈山”旅游线路，并推出集“赏茶山风光、看茶道表演、泡清香绿茶、品绿色佳茗、讲茶言茶语、作茶诗茶画、演茶歌茶舞”于一体的“茶山文化休闲游”。

泰和县蜀口洲为3A级旅游景区，有“千里赣江水，蜀口岛上茶；茶在岛上生，岛上生好茶”之说。所产蜀口绿茶获2010年上海世博会名茶评比“绿茶类”银奖。蜀口洲的蜀口村是庐陵八大文化古村之一，这里四面环水，拥有很多古迹名胜，景色宜人，在明朝时曾被誉为“小南京”。

井冈山的旅游发展在全国都属于前列，当地的政府部门将各地的茶文化资源整合起来，形成了“大井冈茶文化旅游圈”，也形成了一条精品旅游路线。以井冈山为中心，整个旅游路线为：吉安青原山禅茶—永和吉州窑—东固畲族擂茶—泰和蜀口生态茶村—遂川高山茶园—井冈山廉政主题茶园—茶盐古道—炎陵茶祖陵墓—茶陵中华茶祖公园。在这条线路上，包含了各色文化，比如少数民族风情、客家文化、红色旅游、商贸文化、宗教文化、自然风光、古建文化、村落文化、庐陵文化等，个个都属精品，游客都可以在这里找到自己感兴趣的景点进行参观。这条线路整体上是有着非凡影响力的特色茶文化旅游线路。

参考文献

[1] 林玲 . 智慧旅游背景下厦门市文化旅游产业的发展路径研究 [J]. 全国流通经济，2022（21）：119-122.

[2] 刘雪芹，张轩宇 . 城市文化背景下京津冀文化旅游产业协同发展研究 [J]. 价值工程，2022，41（14）：4-6.

[3] 周湘鄂 . 文化旅游产业的数字化建设 [J]. 社会科学家，2022（02）：65-70.

[4] 惠宁，丁海琨，马浩博 . 中国文化旅游产业融合发展研究 [J]. 社科纵横，2022，37（02）：115-118.

[5] 周文丽，张海玲 . 民族文化旅游景区服务质量感知对游客行为意愿的影响研究：游客满意度的中介效应 [J]. 武汉商学院学报，2022，36（01）：5-12.

[6] 时雨晴 . 云南茶文化旅游的空间等级、地域类型及优化路径研究 [J]. 中国边疆学，2021（02）：227-242.

[7] 石奇，王琼 . 江苏文化旅游产业新业态创新发展研究 [J]. 文化产业研究，2021（01）：33-45.

[8] 王爽 . 我国文化旅游产业的转型路径研究：基于媒介生态变革的视角 [J]. 山东大学学报（哲学社会科学版），2021（06）：54-61.

[9] 刘澈 . 文化创意视角的海洋文化旅游可持续发展 [J]. 社会科学家，2021（11）：67-71.

[10] 高乐华，段棒棒 . 文化和旅游融合发展研究综述 [J]. 中国旅游评论，2021（03）：86-102.

[11] 刘祥恒，李德明 . 中国文化旅游产业融合研究述评 [J]. 四川旅游学院学报，2021（05）：63-68.

[12] 李欢，杨亦扬 . 乡村振兴背景下江苏茶文化旅游的休闲农业发展策略 [J]. 江苏农业科学，2021，49（16）：8-13.

[13] 白彦，刘畅．文化旅游产业的经济带动效应研究：以枣庄市为例 [J]. 湖南社会科学，2021（04）：55-61.

[14] 李凤亮，杨辉．文化科技融合背景下新型旅游业态的新发展 [J]. 同济大学学报（社会科学版），2021，32（01）：16-23.

[15] 吴丽，梁皓，虞华君，等．中国文化和旅游融合发展空间分异及驱动因素 [J]. 经济地理，2021，41（02）：214-221.

[16] 沈晓敏．后疫情时代的文化旅游产业发展探究 [J]. 阜阳职业技术学院学报，2020，31（04）：87-90.

[17] 范建华，李林江．历史文化资源转化为文化旅游产品的几点思考：以广西花山岩画为例 [J]. 理论月刊，2020（10）：80-88.

[18] 邵明华，张兆友．国外文旅融合发展模式与借鉴价值研究 [J]. 福建论坛（人文社会科学版），2020（08）：37-46.

[19] 罗旦．井冈山市文化产业与旅游产业融合发展研究 [D]. 南昌：江西财经大学，2020.

[20] 丁卓．产业融合视角下开封市文化旅游发展路径研究 [D]. 信阳：信阳师范学院，2020.

[21] 范周，谭雅静．文化创意赋能文化旅游产业发展 [J]. 出版广角，2020（06）：6-9.

[22] 朱学同，刘锐．茶文化旅游体验价值创新策略研究 [J]. 茶叶通讯，2019，46（04）：495-499+523.

[23] 侯爽，刘爱利，黄鸿．中国文化旅游产业的发展趋势探讨 [J]. 首都师范大学学报（自然科学版），2019，40（04）：58-66.

[24] 刘凤．新型城镇化背景下文化产业与旅游产业融合发展研究 [D]. 长沙：湖南师范大学，2019.

[25] 黄永林．文旅融合发展的文化阐释与旅游实践 [J]. 人民论坛·学术前沿，2019（11）：16-23.

[26] 陈少峰，侯杰耀．文化旅游产业的最新发展动向 [J]. 艺术评论，2018（12）：7-13.

[27] 周春波．文化旅游产业融合与产业升级：机理与路径 [J]. 旅游论坛，2018，

11（06）：12-21.

[28] 张肃，黄蕊．文化旅游产业融合对文化消费的影响 [J]. 商业研究，2018（02）：172-176.

[29] 周叶．江西文化旅游研究 [D]. 武汉：武汉大学，2014.

[30] 黄韵儒．茶产业与文化旅游产业协同发展的模式分析 [D]. 长沙：湖南农业大学，2015.